Método Billionaire

Método Billionaire

Hacerse rico es fácil (si sabes cómo)

JESÚS MADURGA LÓPEZ

EDICIONES DEUSTO

Deusto es un sello editorial de Centro de Libros PAPF, SLU.
Av. Diagonal, 662-664
08034 Barcelona
www.planetadelibros.com

Diseño de la colección: Sylvia Sans Bassat

Primera edición: abril de 2025
Depósito legal: B. 4.338-2025
ISBN: 978-84-234-3875-4
Composición: Realización Planeta
Impresión y encuadernación: Limpergraf, S. L.
Printed in Spain - Impreso en España

PEFC Certificado
Este libro procede de bosques gestionados de forma sostenible
PEFC
PEFC/14-38-00305
www.pefc.es

Para mi esposa, Deb, por ser la luz
que ilumina mi camino; para mi hija Ivory
y mi hijo Massimo; para que sea vuestra
guía cuando yo no esté

Todos quieren ser millonarios, pero sólo hay un método para conseguirlo.

Incluso empezando desde cero, sin conocimientos, sin dinero y desde cualquier parte del mundo.

Sumario

Parte 2

Genera tanto ruido como para querer conseguir que cualquier persona del mundo te conozca

Parte 3

Vende como las leyendas para poder tener una vida legendaria

Parte 4

Si has seguido los pasos, es hora de escalar tus ingresos

Introducción

Empezamos: cómo ser millonario

Cómo llegué hasta aquí

Tendría yo unos quince años. Jugaba al baloncesto en el Real Canoe, un club de natación muy conocido de Madrid y que también tenía un buen equipo de baloncesto. Competíamos en primera división, bastante para mi edad, así que no éramos aficionados; eso era algo muy serio, y trabajábamos duro para estar ahí. Recuerdo que me esforzaba mucho en cada entrenamiento y cada partido, y mis padres disfrutaban viéndome jugar. Jugábamos todos los fines de semana, al menos hasta que pasó lo inevitable... Llegó la adolescencia, esa etapa de tu vida que empieza a abrirse paso junto con muchas otras cosas y cambia tu forma de entender el mundo y tus prioridades. Y estaba cambiando las mías, haciendo que me empezase a importar más salir de fiesta y quedar con chicas que jugar al baloncesto. Las hormonas y la testosterona, ya sabes...

Los findes empecé a salir por las tardes con mis amigos, y dos años después era insostenible seguir jugando al baloncesto. No sé cómo pasó, fue cada vez peor, cada semana me interesaba menos el partido del sábado por la mañana y más «el de la tarde». Me hacía mucha ilusión pero no era lo mío, yo nunca quise ser jugador de baloncesto, yo quería ser rico por mis conocimientos y mi inteligencia, no por mi habilidad botando una pelota, así que mejor salir los fines de semana, beber y conocer chicas que seguir jugando con todos esos tíos oliendo a gorila. En mi cabeza sonaba perfecto, así que se lo dije a mi padre.

—¡Eres idiota! ¡Siempre lo dejas todo a medias!

No es mal hombre y ha mejorado con los años, pero lo de tratar con cariño y respeto a sus hijos lo aprendió tarde. Es más de la vieja escuela, y como comprenderás, no era la primera vez que me decían algo así. Ellos pensaban que «cambiar» era dejar todo a medias, y yo pensaba que «cambiar» y «probar» era experimentar cosas para ver qué me gustaba. Por lo visto, yo tampoco ayudaba mucho, porque era más bien rebelde, así que no sólo se quejaban mis padres de mí, sino que también lo hacían en el colegio.

—Su hijo no para quieto, no escucha, es un vago, no sigue las normas...

No creo que sea nada malo. Es más, no seguir las normas es lo que hace que salgas de la «mátrix» y dejes el camino que sigue todo el mundo para buscar uno distinto, así que no puedo decir que me arrepiento. De hecho, a mi hija también le cuesta seguir las normas, y no la puedo juzgar, qué le voy a hacer, salió a su padre. El punto negativo de todo esto es que, aunque yo no la juzgo, mis padres y mis profesores sí lo hacían conmigo, y lo hacían tanto que decirme que no iba a ser nadie en esta vida se convirtió en costumbre y acabó por implantarse en mi cabeza como una creencia, llegando a asumir que no sería nadie en la vida.

¿Te lo puedes imaginar? ¿Cómo podemos juzgar a los niños y determinar su futuro desde tan pequeños simplemente por si te hacen caso o no? ¿O por si sacan buenas notas o no? Eso acabó conmigo. Fue sembrando en mí la semilla de la decepción y del fracaso escolar. Fui guardando mis ilusiones en una caja que tiré al mar y desapareció para siempre.

Ése fue el comienzo de una de mis peores épocas. Mi adolescencia estuvo marcada con un sentimiento de decepción y una falta de autoestima propiciados por un entorno confundido y sin conocimiento para educar. Sufrí una falta de confianza en mí mismo ocasionada por unas palabras que aún resuenan en mi cabeza.

—¡Siempre lo dejas todo a medias!

Aún siento cómo se me encoge el corazón cuando lo recuerdo. Es como un vacío en el que me siento solo en una esquina, acurrucado y a oscuras, indefenso y desprovisto de toda ilusión por lograr algo en la vida. ¿Sería verdad que yo no valía para nada? Me iba a mi habitación cabizbajo. Siempre los acababa decepcionando a todos, y cada vez era peor. No quería jugar al baloncesto, eso era lo que ellos querían que yo hiciese. Yo simplemente quería tomar mi propio camino. Eso iba a hacer, haría las cosas a mi manera y les demostraría que sí que valía para algo.

Poco después, en un intento de reconducirme para que me volviesen a gustar los estudios, mis padres me buscaron un trabajo limpiando unos juzgados. Interesante estrategia, porque, realmente, ver la otra cara de la moneda puede servir para que espabiles en un momento dado. No los juzgo, tal vez yo habría hecho lo mismo.

Recuerdo que limpiaba el garaje, un garaje frío y solitario, abierto a la calle, en el que en invierno hacía un frío terrible y no paraba de entrar polvo continuamente. Polvo que todos los días acababa en mi nariz, poniéndomela negra de barrer aquella suciedad. Tanto era así que, cuando me sonaba la nariz, los mocos no eran verdes, sino negros.

A veces, además del garaje y las zonas comunes, me tocaba limpiar las celdas y también las salas donde estaban los funcionarios. Limpiaba los baños que olían a mierda, y yo me sentía como lo que limpiaba. Luego iba a sus salas a limpiar las mesas y vaciar sus papeleras mientras algunos me miraban por encima del hombro, y otros, algo entristecidos, pensando tal vez en lo bajo que había caído aquel chiquillo que, con sólo diecisiete años, estaba limpiando todo aquello en lugar de estudiar.

Mi autoestima estaba desgarrada, no podía sentir más desprecio por mí mismo, pero, aunque todo indicaba que no valía para nada, en el fondo, muy en el fondo, yo sabía que valía para algo más que eso. Yo lo sabía porque siempre me había considerado una persona espabilada. Siempre había tenido más dinero que cualquier amigo mío, y no porque me lo diesen mis padres, sino porque me buscaba la vida. Siempre me salía con la mía y aprovechaba cualquier situación para sacar beneficio. Por eso creo que siempre quedó una pizca de esperanza dentro de mí.

Un mes después de empezar a trabajar en la limpieza ya cumplí los dieciocho años, y decidí que, ahora que ya no necesitaba supervisión paterna para firmar contratos, podía aventurarme a hacer algo. Así fue como monté mi primer negocio semilegal a escondidas de mis padres. Lo planifiqué mientras limpiaba, porque pensé que tenía que hacer algo para demostrarles a ellos y a mí que valía para algo más que para eso; así que, entre escobazo y escobazo, se me ocurrió hacer una fiesta de Nochevieja. De qué iba a ser el negocio si no, si yo sólo sabía salir de fiesta.

Me puse a investigar y contacté con una empresa. Pagué una fianza con los únicos quinientos euros que tenía: cuatrocientos del primer sueldo de la limpieza y cien que tenía ahorrados; y me quedé con un contrato de alquiler para pagar seis mil euros antes del veinte de diciembre, y sin dinero. Era finales de octubre, sólo había pasado un mes desde que había cumplido los dieciocho años, y ya estaba firmando contratos a escondidas. En mi cabeza sonaba bien, pero ahora, según lo escribo, puedo entender cómo se sintieron mis padres. De hecho, recuerdo que me dio más miedo ir a casa a contárselo a mis padres que firmar el propio contrato de alquiler, pero, bueno, ya no había vuelta atrás. Y si no te puedes imaginar el cabreo que tenían, te lo cuento yo:

—Ahora, ¿qué vamos a hacer? Me vas a dejar sin dinero... Esto es un desastre... ¿Para qué cojones haces nada? Estás loco...

Todo menos bonito, en la línea de siempre, pero no me desanimé. Insisto, tampoco los juzgo, estaba limpiando la basura de otros, ¿qué puedes esperar de alguien así? ¿Que monte un negocio de éxito? Ja, ja, ja, ja, imagínate. En mi mente quedaba bien, pero, claro, en la de ellos no debía de parecer una gran noticia.

Aun así, y a pesar de su reacción, yo lo había pensado a conciencia. Estuve un mes dándole vueltas mientras limpiaba, mirando qué negocio podría hacer para ganar dinero, cómo lo montaría..., y valoré todo lo que podía pasar. Conocía a mucha gente y no se me daba mal vender, por eso lo hice. Simplemente tenía que planificarme bien, así que, por las tardes, mientras limpiaba, comencé a pensar en cómo llegar a más gente, y por las mañanas, entre clases, y después del trabajo, visitaba a personas y chateaba por Facebook para conseguir vender entradas.

Tres meses más tarde tenía doce mil euros facturados y seis mil euros de beneficio. Les demostré que podía, y me demostré a mí mismo que valía para más de lo que me habían dicho. Había convertido quinientos euros en seis mil en tres meses con sólo dieciocho años, estaba orgulloso de mí y había demostrado al mundo que no era un despojo humano y que todos se equivocaban, así que, victorioso, lo dejé. Lo dejé, no hice nada más, ni una fiesta más ni nada. No quería tocar ese sentimiento de victoria porque pensé que me ayudaría en el futuro cuando lo quisiese volver a intentar. (Aunque luego verás que no fue así, pero sí me sirvió para volver a confiar un poco más en mí.)

Con eso tuve suficiente para acallar a mis padres durante un tiempo, hasta tener veinticuatro años, cuando creé mi primer negocio serio. Con veintiocho ya ganaba más que lo que había ganado nunca mi padre, y con veintinueve ya era millonario. Todo por demostrar que no era cierto lo que decían; que yo no «abandonaba», sino que seleccionaba en qué participar; y que ser un mal estudiante no define tu futuro, sino que son tus decisiones las que lo hacen. Y yo decidí ser rico, montar la agencia de marketing digital más conocida de España (NeoAttack), comprar un hotel en Alicante (Utopía Alicante) y crear la consultora de crecimiento empresarial cuya metodología única da nombre a este libro, entre otros negocios, porque hice más, muchos más. Ahora lo verás y aprenderás tú también cómo hacerlo y escalarlos, incluso si no sabes nada ni tienes conocimientos ni idea de por dónde empezar.

Sigamos...

El problema que resuelve este libro

Cuando empecé con mi primer negocio no sabía nada. Los trabajos que había tenido habían sido limpiando celdas, en una zapatería de señoras de El Corte Inglés y en una viña en Francia, cuando estuve viviendo allí. Es por eso por lo que no saber nada y querer tener éxito complicaron mi vida, porque, sin conocimiento, no hay nada. Precisamente, eso acabó ocasionándome unos graves problemas de estrés, ansiedad, desesperación y consumo de alcohol y, más tarde, drogas. Necesitaba una vía de escape. Odiaba mi vida, odiaba levantarme por la mañana con esa horrible sensación en el pecho, pensando que ganar dinero era horrible y que esto no era lo que yo quería para mí. No aguantaba pasar otro día con ese malestar. Odiaba el sistema, las universidades y las escuelas, porque los profesores que enseñan sobre cómo ganar dinero jamás en su vida han ganado nada relevante; porque quien se supone que te tiene que ayudar a ganar dinero, en realidad, es pobre, y porque nadie ahí sabe nada sobre crear riqueza..., y lo único que hicieron fue que perdiese tiempo y dinero.

En los dos primeros años me odiaba a mí mismo por no saber y por ganar menos dinero que cualquiera de mis amigos en sus trabajos. Y odiaba a mi padre, porque por él fue que nunca quise que nadie me ayudase y quise hacerlo todo solo y sin dinero. Y odiaba al mundo por hacerlo todo tan difícil y tan doloroso.

Este sentimiento venía fomentado por mi relación con mi padre, que desde pequeño me decía que no era suficiente, que había que hacerlo mejor, que podía más y que no tenía que abandonar porque eso era de débiles. Y, oye, como forma de motivar puede ser que funcione, pero en el corazón de un niño, si desde pequeño le dices eso, vas implantando en él una idea. Es una idea que germina y coge fuerza, la idea de que no vale para nada, que no es suficiente y que no es merecedor de nada en la vida. Porque si no es suficiente para su padre, tampoco lo será para el resto del mundo.

Este trauma me pasó muchas facturas. Necesitaba un extra de atención y contarle a la gente mis avances, porque, cuando se lo contaba a mi padre, él no me daba la enhorabuena ni me decía que lo estaba haciendo bien. Necesitaba validación externa constante. Estaba perdido, y nadie me decía qué tenía que hacer.

Recuerdo perfectamente cuando contraté a mi primer empleado, al cual le dije: «Tú eres un afortunado, porque a ti te dicen lo que tienes que hacer. A mí nadie me lo dice, y tengo que inventarlo constantemente». Piensa que monté una agencia de marketing mientras estudiaba la carrera de marketing y sin haber trabajado nunca en ninguna. De ahí mi frustración por no tener ni idea de qué se suponía que tenía que hacer. Y, aunque hoy entiendo mi frustración, la realidad es que esto no es del todo así. Hay otras formas de aprender y tener una guía, como este libro. Yo podía haber usado el conocimiento escrito por miles de personas para aprender, pero tenía un trauma tan arraigado que ninguna ayuda me valía. Tenía que crear un negocio solo, sin ayuda de nadie, sin dinero..., y conseguir ganar más que mi padre. Y no sabía cómo, pero lo iba a conseguir, y eso es precisamente lo que te voy a contar aquí y el problema que resuelve este libro:

1. Cómo ganar dinero abundante sin dinero ni conocimientos y desde cero, y sin quemarte ni morir en el intento.
2. Y cómo hacer que lo que haces se convierta en algo increíble y escale a cantidades que jamás habías pensado (muchísimo dinero, algo absurdo), y cómo ser feliz y exitoso sea cual sea tu concepto de éxito.

Todo el conocimiento del universo está en los libros. Se pasa de generación en generación desde hace milenios, y lo que leerás en este libro son los conocimientos de multimillonarios de distintas épocas, trasladados a la práctica. Por suerte, no he dejado de leer el resto de mi vida, sino que he aprendido que la lectura es importante en mi proyecto vital; así que, hoy en día, aquí obtendrás el conocimiento aplicado de más de quinientos libros que han pasado por mis manos y he aplicado. Te mostraré lo que me ha funcionado de cada uno y más enseñanzas de eminencias como Napoleon Hill, Brian Tracy, Robert Kiyosaki, Grant Cardone, Donald Trump, Andrew Carnegie, Michael E. Gerber, Alex Hormozi, Bob Proctor, Earl Nightingale o hasta Michael Jordan y Cristiano Ronaldo.

Este libro es precisamente para eso, para destacar, para ser único, para superar a todos los demás, para construir el futuro que te mereces y, sobre todo, para que lo consigas sin pasar lo que yo pasé. Para que tengas una guía que te lleve paso a paso y no pases por la ansiedad y la frustración, como me ocurrió a mí, y, sobre todo, para que eso no acabe en un problema mayor, como fue en mi caso con el alcohol o las drogas. Por eso te contaré cómo me hice millonario, pero no sólo eso. Te contaré cómo lo haría hoy y cómo lo he hecho con varios negocios millonarios que he creado y con cientos de personas que hoy tienen la vida de sus sueños gracias al Método Billionaire. Pero, atiende bien, quienes utilizan y asimilan este método son lanzados al éxito, aunque para ello hay que pagar un precio. Eso sí, el precio es mucho menor que su retorno, y esto lo verás a lo largo del libro. No es algo que se pueda comprar con dinero, es algo que te llegará si estás preparado para recibirlo.

Es algo que te hará ganar, independientemente del país del que vengas, del país al que vayas o de tu nivel académico. Tampoco importan tus ingresos o tu aspecto físico, ni si tienes algún defecto, algún problema, ni si te ha pasado algo en tu vida que consideras determinante para tu futuro. Esto lo han hecho personas tartamudas y cojas, no hay nada escrito sobre cómo debes ser o no ser para lograrlo, tu futuro lo escribes tú, y aquí está la fórmula para reescribirlo como te plazca. Si esto te suena bien, sigue leyendo, porque te lo voy a contar todo, y lo vas a poder hacer aunque no tengas dinero ni conocimiento, tal y como yo empecé hace años.

Siempre supe que sería rico

> Los pobres y la gente de la clase media trabajan para obtener dinero. Los ricos, en cambio, hacen que el dinero trabaje para ellos.
>
> Robert Kiyosaki

Cuando era joven siempre pensaba en ser rico. Me obsesioné con la idea de serlo, y gracias a eso acabé entendiendo lo que sí y lo que no hay que hacer para ser rico. No soy billonario (en inglés, *billionaire* viene a ser multimillonario a lo grande), pero entendí que para serlo hacía falta algo más que casualidad. Puedes llegar a tener mucho dinero de manera más o menos casual, pero para ser billonario hace falta mucho más que una simple casualidad. Hace falta un método. Después de investigar y trabajar duro durante muchos años, fui entendiendo poco a poco cómo funcionaba el dinero. Al principio eran pruebas, intuiciones y malabares para ver qué funcionaba y qué no. Más tarde fui encontrando evidencia dentro de todas estas pruebas y fui afianzando una metodología de trabajo para crear y escalar negocios con éxito. Lo llamé Método Billionaire porque creo que es la mentalidad con la que deberían montarse los negocios. Con la mentalidad de hacer algo grande, algo único, algo que cambie el universo. Algo que te haga billonario (o bien multimillonario a lo grande).

He hablado con cientos de ricos, y he visto cómo los negocios crecen y se extinguen. Siempre pasa lo mismo. Si se salen del método, el negocio decae; si siguen los pasos del método, el negocio prospera. Incluso me pasó a mí durante un tiempo que decidí no seguir la Metodología Billionaire. Entonces vi que yo tampoco era ajeno a ella, y que, si no la seguía, también me iría mal en los negocios y en la vida.

Aquí te voy a explicar esta metodología, que no es otra cosa que un paso a paso para conseguir un éxito abrumador en lo que quieras, y que te ayudará a llegar al menos al 1 por ciento del mundo y conseguir cuotas más altas de lo que sea que quieras en la vida sea donde sea que estés ahora.

Éste es el libro que tanto me han pedido mis conocidos, el que siempre quise escribir a mis hijos y el que regalaría a cualquier persona que quisiese en la vida. Es el libro que me hubiese gustado leer cuando era pequeño y se reían de mí diciéndome que no podría ser rico nunca, y es el libro que regalaría a aquellos que más tarde me preguntaron cómo lo había hecho. Probablemente, también es el libro que regalaría a los que me critican para que viesen que el dinero no es tan difícil de conseguir si quieres realmente conseguirlo y tienes FE; y a mis profesores de Administración de Empresas para que de verdad enseñen en la escuela algo de negocios basado en su propia experiencia y no en la de los demás.

Es el libro que mis fanes me han reclamado una y otra vez, preguntándome cómo había pasado de limpiar celdas a ser millonario con veintinueve años. Y por supuesto es el libro que siempre quise hacer para ti, lector, que buscas cómo ganar más dinero y conseguir una vida distinta a la que tienes actualmente, fuera de la mátrix y de las mentiras de los medios de comunicación, de los políticos y de la educación tradicional, que te quieren pobre y sumiso.

Información importante antes de empezar

Este manual está basado en cientos de casos de éxito de personas que ya han hecho exactamente lo que viene aquí escrito; y si haces todo lo que explico, al pie de la letra, es imposible que no triunfes en conseguir ganar todo el dinero que necesitas en la vida. Es imposible. De hecho, este libro está enfocado en ganar dinero, pero en realidad podrás aplicar estos principios para tener éxito en lo que quieras, sea lo que sea que tengas en mente.

Aunque hay un pero. El problema vendrá si lees este libro como cualquier otro que hayas leído anteriormente. Para que funcione deberás resetear lo que te han enseñado toda la vida y dejar de leer libros como si estuvieses en el colegio. Éste no es un libro para leer rápido y olvidar al día siguiente. Si haces eso no servirá de nada. Así lo hacía yo antes, y sabía mucho, pero nada me funcionaba. Si no pones en práctica lo que dice, estudiando cada capítulo, subrayando, apuntando conceptos, repasando y poniendo en práctica cada cosa que digo aquí y no dudando de lo que digo, será una pérdida de tiempo. Te lo puedo asegurar, porque esto no es algo que puedas aplicar leyendo una vez y rápido.

Piénsalo bien, porque ya has comprado el libro. Y no es por el dinero. Es porque quiero que te sirva, y si haces lo que viene aquí, sin importar dónde vivas o cuál sea tu situación actual, empezarás a ganar mucho más dinero en tu vida. Da igual si tienes conocimientos, recursos o si partes desde cero. De entrada, no necesitas dinero, y da igual si tienes doce años u ochenta. Y no lo digo por decir... Este libro recoge los principios de mi programa Billionaire Code, que aplican cientos de personas alrededor del mundo con resultados tales como los que te estoy diciendo.

Cuando estaba empezando a estudiar el éxito, antes de vender consultoría, decidí crear un manual. Una vez que lo hice, pregunté a mis empleados si alguien quería que le ayudase a mejorar su vida, y cinco de ellos dijeron que sí. Empezamos a hacer sesiones semanales aplicando algunos conceptos que vienen en este libro. Dos de ellos aplicaron lo que les dije y montaron su propio negocio empezando desde cero y sin dinero. Con menos de treinta años ya tienen un negocio con más de quince empleados y en crecimiento.

Otra persona, Immanuel Kant, empezó a seguir mis consejos siendo pobre y no teniendo casi ni para comer. Tuvo que vender un móvil para poder ir a verme a una ponencia en Alicante (él es de Canarias, España) y tener suficiente para pagar también la guardería de su hijo. Hoy, tres años más tarde, gana más de veinte mil euros al mes.

Mi mujer, Débora, estuvo un año y medio intentando emprender, y cuando decidió seguir mis consejos pasó en tres meses de cero a diez mil euros al mes entre su academia de ventas y su trabajo como *closer* de ventas.

Daniel Fraile, comenzó como SEO *freelance*, y al poco tiempo de seguir mis consejos empezó a conseguir más clientes. Hoy genera más del doble que cuando empezó, y eso que solamente accedió a mi programa más bajo.

Y no sólo hablo de gente que está empezando. Enrique y Fran, organizadores del evento Impúlsame, en Mairena del Alcor (muy cerca de Sevilla), siguieron esta metodología, y en cinco meses pasaron de veinticinco mil euros al mes a doscientos mil euros mensuales de facturación.

Podría mostrarte mil ejemplos más, pero creo que no es necesario. Sólo debes saber que eres tú el único que elige tu destino. La suerte no existe, tú la creas. Ser rico es sólo cuestión de determinación, independientemente del país del mundo donde estés. Esto ha funcionado en México, Colombia, Perú, Venezuela, Estados Unidos... Estos principios han sido aplicados una y otra vez por personas sin dinero, con dinero, sin conocimientos, con conocimientos, con negocios que estaban empezando, con negocios millonarios..., y en todos los casos han acabado ingresando muchísimo más que antes de empezar. Pero debes recordar una cosa. Sólo funcionará si sigues al pie de la letra lo que aquí viene, aunque no creas que vaya a funcionar; aunque pienses que no tiene sentido o que te puedes saltar alguna parte del programa; aunque escuches a otra persona diciendo algo distinto y dudes... Todo es importante, nada está escrito al azar, y, si lo sigues al pie de la letra, en un año mirarás atrás y no podrás creer lo que has logrado. Pero si te saltas partes, decides qué hacer y qué no, o bien si no lo haces tal y como te digo, no te servirá.

Cómo obtener el máximo provecho de este libro

1. Estudiar los capítulos, no leerlos. El problema típico es que la gente lee en diagonal. Si ésa es tu intención, puedes dejarlo ya. No te va a servir y vas a perder el tiempo.
2. Detente frecuentemente y reflexiona. No tienes por qué creerme. No tienes por qué entenderlo todo. Pero sí debes parar, reflexionar y analizar lo que aquí viene. Te ayudará a digerir y comprender mejor cada parte del libro.
3. Lee y subraya con un bolígrafo. Y, cuando una frase sintonice contigo, apúntala: la subrayas, la pasas a un cuaderno y la guardas. Eso te servirá para repasar y revisar los conceptos principales.
4. El conocimiento sin aplicación no sirve. La gente suele leer mucho y hacer muchos cursos pero sin aplicar nada. Por eso los bibliotecarios son pobres. Tú no quieres eso. Si no lo aplicas, serás igual que ellos.
5. Olvidamos lo que leemos, aprendemos lo que escribimos y comprendemos lo que hacemos. No conozco a nadie que haya leído un libro y recuerde y aplique todo a la primera. El conocimiento sólo se queda grabado después de leer, escribir y repetir. Si no lo aplicas y lo vuelves a leer acabarás por olvidar.

6. Haz una prueba de treinta días. Entiendo que dar una oportunidad a incorporar algo nuevo en tu vida puede ser complicado. Al final de los treinta días valora si te merece la pena seguir o no. Si es que sí, mantén la disciplina hasta el año, y ahí valora de nuevo. Tu vida no volverá a ser la misma.

La prueba de treinta días

Entiendo que pensar a un año vista puede ser complicado, por eso siempre hablo de una prueba de treinta días. Es gratis, no tienes que hacer nada más que seguir lo que digo en el libro al pie de la letra. Lo cual incluye leerlo varias veces para asegurarte de que lo aplicas todo bien. Treinta días de compromiso son suficientes para poder ver un cambio en tu vida. Eso no quiere decir que vayas a ganar diez mil euros al mes en treinta días —no quiero que confundas mis palabras—, pero lo que sí vas a ver es un cambio a mejor tan grande que podrás decidir si merece la pena seguir o no. No va a ser fácil, pero, cuando veas los resultados, te parecerá absurdo no hacerlo.

En el siglo XVII, sir Isaac Newton expuso las leyes de la física que hoy aplicamos a todo en el universo. Una de estas leyes es que para cada acción hay una reacción de igual magnitud y de sentido opuesto. Por eso, no podrás lograr nada importante sin pagar el precio. Porque debe haber una acción para tener una reacción. Debes empezar hoy, y la energía que pongas estará en proporción directa al resultado que obtengas.

No gano nada contándote algo que no sea verdad. De hecho, como verás a lo largo del libro, mi ganancia se encuentra en que tú ganes y recomiendes esto a más gente; y en que, cuando empieces a ganar, no sólo lo recomiendes, sino que te intereses por cómo puedo seguir ayudándote a ganar más dinero. Para eso no hará falta ni que termines el libro si sigues los pasos indicados. Sólo recuerda que no debes preocuparte y que debes actuar. La preocupación trae temor, y el temor paraliza. Aquí no hay nada en juego, no tienes nada que perder, sólo algo que ganar.

Y, bueno, por si tienes alguna duda más sobre si empezar o no, o sobre si esto funciona, simplemente, piensa que yo vivo de que me paguen cada mes. Mis servicios de consultoría no tienen permanencia y, bueno, tampoco creo que me dejasen publicar esto en la editorial más importante de habla hispana si todo fuese mentira.

Así que prepárate, porque, ahora sí, empezamos.

Parte 1

Principios del dinero que harán que tu vida nunca vuelva a ser la misma

1

Si no duele, no te mueve

Era septiembre de 2014, me había lesionado en el gimnasio y empezaba a tener demasiado tiempo libre. Cuando te sobra el tiempo pasa algo mágico, que es que tiendes a ocuparlo con otra cosa. La mayoría lo suele rellenar con vicios, pero en mi caso lo dediqué a pensar. Eso fue lo mejor que me pudo pasar en la vida: tener más tiempo para pensar; porque los pensamientos desencadenan ideas, las ideas desencadenan acción y la acción genera resultados. Esos resultados son la base del pensamiento que has tenido, así que, sí, siempre tienes resultados, pero, si el pensamiento es una mierda, tus resultados serán igual. Si el pensamiento es como el que yo tenía, que era sobre cómo podía ganar más dinero, entonces el resultado será algo mejor. En cualquier caso, lo que sí que tengo claro es que tener demasiado tiempo me hizo conectar con mi conciencia, y fue ésta la que me dijo que era el momento de retomar lo que dejé con dieciocho años y empezar a ganar dinero; así que era el momento..., tenía que emprender.

Siempre he sido muy emprendedor. Desde pequeño ya negociaba muy bien con los cromos e incluso haciendo cosas algo ilegales. Con dieciocho, como te he contado antes, monté una fiesta de Nochevieja. Y ahí paré todo, legal e ilegal, dejé todo y me centré en estudiar. Nunca se me dio muy bien estudiar, así que pronto me aburrí y acabé emprendiendo a los veinticuatro años. Fue ahí cuando me volvió la verdadera vena emprendedora.

Cuando tienes tiempo para pensar y salir de la mátrix te das cuenta de las cosas. Piensas y ves con más claridad, y yo vi que no tenía dinero y que quería tener mucho. Y había visto que mi padre ganaba mucho más que el resto, pero él tenía un negocio. Me sentía mal conmigo mismo porque mi confianza estaba por los suelos, y quería demostrarle a él y al mundo que yo también valía y que podía con todo.

Los había decepcionado muchas veces de muchas formas, y eso erosionó mucho mi relación con ellos. No vamos a entrar en si los decepcioné porque mi padre no me apoyaba en nada de lo que hacía, y por eso yo abandonaba, o porque yo abandonaba, mi padre no me apoyaba (es la primera opción, seguro), pero ese día decidí poner un punto y aparte a esa situación.

Fue ese dolor que tenía por dentro. Fue esa ausencia de validación de mi padre lo que había hecho que quisiera llamar la atención de mil formas, algo que nunca había logrado. Primero por las buenas, luego por las malas. Ni con la fiesta de Nochevieja conseguí unas palabras de aprobación por su parte, así que tenía que hacer algo más, algo más grande. Tenía que montar un negocio para demostrarle que, sin ayuda, sin dinero y sin nada, podía ganar mucho más que él.

He querido dedicar unas líneas a esta parte porque lo importante de todo esto es el dolor. El dolor es una emoción anclada a tu subconsciente que ha creado una creencia y que hace que actúes de una forma determinada. Un gran dolor crea acción masiva. Un dolor pequeño no crea nada. Mi dolor era muy grande, por eso decidí emprender. Tenía que demostrarle a él, a los profesores que me habían infravalorado y al mundo que se equivocaban y que yo valía para mucho más, que era mucho más capaz de lo que me habían dicho.

Los grandes problemas son los obstáculos que te pone Dios para ver si estás preparado para el siguiente nivel. Son bendiciones camufladas, porque, si los tomas como aprendizajes y usas eso para potenciar tu dolor e impulsarte, pasarás a la acción de una forma que jamás has hecho antes.

Yo siempre digo que una persona que gana cinco mil euros al mes está jodida porque probablemente no lea este libro, y si lo lee no le dará importancia, porque estará cómoda. No pondrá nada en práctica, y lo pasará todo por alto. Una persona que esté arruinada o que apenas gane dinero, o bien que haya vivido situaciones terribles como yo, estará mucho más dispuesta al cambio, porque el dolor hace que la energía se condense y que empiece el movimiento. Necesitas odiar tu situación actual para cambiarla, y, si no duele lo suficiente, no cambiarás. Por eso yo aguanté dos años sin ganar un salario mínimo. Porque odiaba que mi padre no me reconociese, y no iba a fracasar bajo ningún concepto. Sin ese dolor habría sido imposible, estoy seguro. Lo malo es que no todos tenemos un dolor tan fuerte. Lo bueno es que puedes crearlo tú mismo, odiando tu situación actual a pesar de que no sea la peor situación del mundo.

Por eso, que yo acabara consumiendo drogas o que tuviese un trauma infantil fueron bendiciones camufladas para conseguir toda la energía que necesitaba para avanzar. Porque el beneficio impulsa menos que el dolor. Siempre es más fuerte la necesidad de eliminar el dolor que el posible beneficio, y eso es muy poderoso. Cuando diriges esa energía a un lugar concreto creas una cantidad de acción que no se podría crear de otra forma.

Y, ojo, no es cuestión de odiar tu vida, sino de odiar lo que quieres que cambie en ella. Debes sentir asco por tu barriga, por tu casa, por tu coche, por tu actitud... Odia eso y tendrás la llave para empezar a cambiarlo. Ahora te enseñaré cómo.

La conciencia es la base de todo

Todo lo que llegarás a ser comienza por quién eres. Y quién eres se forja a partir de quién crees tú que eres. Tú no puedes querer ser rico si ya lo eres. Tampoco puedes ser algo con lo que no te identifiques. Tu conciencia es tu identidad, es tu YO, es tu ser. Tu ser es el conjunto de paradigmas que han formado tu genética, tu entorno y tu vida. Pero, en realidad, puedes ser quien quieras ser. Eres lo mismo, no eres distinto. El ser es igual, lo único que cambia es la reordenación de tus creencias en torno a tu historia de vida. Lo bueno es que ese concepto de ti mismo y esa historia se puede moldear, pues el ser es idéntico en esencia. Tu cerebro no es distinto, tu mente no es distinta, sólo es tu conciencia la que cambia y la que vamos a moldear para poder cambiar quienes somos y ser quienes queremos ser. Pero recuerda, no querrás cambiar si no duele; primero debe doler, y luego decidirás cambiar.

Tal vez ahora no lo entiendas. Tal vez suene raro o confuso, pero, según vayas avanzando, verás como todo cobra sentido. Todo lo que te pasa es el resultado de tu estado de conciencia, y este último viene de todo lo que deseas, amas y crees. Por eso habrá que cambiar la conciencia antes de cambiar el resultado. Por eso, primero eres, después haces y después tienes. No al revés. Debes asumir que eres esa persona que quieres ser, pensar como esa persona que quieres ser, no sólo imaginarla. Y para cambiar quién eres necesitamos cambiar tus pensamientos actuales por unos nuevos. Y estos nuevos pensamientos no aparecerán a menos que tengas nuevas ideas, promovidas por el rechazo a tu situación actual. Ésas son las ideas que vamos a ver aquí y que transformarán tu ser. Ideas que empiezan con un deseo. El deseo de querer ser diferente para poder obtener resultados diferentes.

2

Deseo: visualiza el deseo en tu mente

> Cualquier pensamiento suficientemente repetido al subconsciente acaba por aceptarse.
>
> Napoleon Hill

No vale con pensar qué quieres ser o cómo quieres ser, debes serlo. No es sólo desear con todas tus fuerzas, debes convertirte en tu *yo* futuro, y para eso tendrás que tener un deseo infinito por lograr algo y creer en ello. Y si no odias tu situación actual, no vas a tener un deseo ardiente por cambiarla, sino que vas a estar cómodo y te dará igual. El deseo es el primer paso para crear la persona que quieres ser. Y tienes que desearlo con todas tus fuerzas, porque no hay nada que afecte más a nuestra vida que un deseo infinito por lograr algo y creer en ello.

Así, yo me acabé visualizando como empresario con negocios millonarios, como escritor, vendiendo muchos libros y ayudando a millones de personas sólo con mis contenidos gratuitos, incluso cuando sólo tenía mil seguidores en las redes sociales. Tanto fue así que yo les avisé a mis empleados de que tendría cientos de miles de seguidores, incluso teniendo apenas mil entonces y estando al inicio. Ese deseo fue el que me llevó a hacer vídeos en redes, a crear negocios, a escribir este libro y a querer poner secretos en él que cobro en consultorías de miles de euros. Esto no habría sucedido si no hubiese deseado escribir ni hubiese trabajado para materializar esos deseos. Ni tampoco habría escrito todo esto que encontrarás si mi deseo no fuese que este libro perdurara en el tiempo y llegara a millones de personas, porque me lo habría guardado para cobrarlo. Dios fue quien me guio, y tal como lo hizo te lo voy a contar.

Quizá hoy lo veas fácil, pero, un año y medio antes, yo deseé que esto sucediese, y como no tenía ni contactos ni experiencia escribiendo, decidí sacar mi primer libro autopublicado. Se titula *El precio del dinero: secretos de un inversor inmobiliario millonario*, y lo autopubliqué, en lugar de publicarlo mediante una editorial, porque no tenía ni idea de este mundo. De hecho, mi deseo por publicar en una editorial fue lo que me llevó a escribir ese primer libro, porque pensé que así me probaría a mí mismo y podría demostrar que podía venderlo yo solo, cosa que seguro que interesaba a quienes me fuesen a publicar. Tal vez simplemente fue mi conciencia guiándome a través del deseo para poder publicar años después un libro con la mejor editorial de habla hispana. Lo que es seguro es que no fue una casualidad, porque yo lo deseé intensamente. No fue suerte, porque yo hice que sucediese. Eso no es casualidad, es causalidad. Me imaginé haciéndolo, y ésa es la fuerza del deseo. Nada puede suceder sin que lo hayamos deseado e imaginado en nuestra mente. Me vi como un escritor conocido, y actué como tal. Hice lo que mi cabeza pensó que era lo que había que hacer. Bien o mal, el deseo tiró de mí, y mi imaginación buscó la forma de materializarlo a través del deseo, y además fue con la única editorial con la que siempre quise hacerlo, porque es la editorial más conocida de habla hispana, y porque, para una gran misión, siempre se necesita el mejor acompañante.

Había leído libros publicados por esta editorial, y había visto personas a las que admiro publicar aquí, así que ese deseo estaba en mi cabeza. Y si no crees que los deseos se materializan y que cuanto más piensas algo, con ganas y emoción, más fácil es que suceda, simplemente vuelve a leer estas líneas y mira cómo la magia del universo tejió este libro que yo ya imaginé tiempo atrás. En eso consiste la fe. Cuando crees en Dios, sabes que está ahí y que te ayudará, pero antes de la fe viene el deseo. Sin deseo no hay pensamiento ni fe para llevar a cabo la tarea. Por eso, primero debes entender qué es lo que deseas y verte ahí. Haciéndolo, siendo y haciendo lo que deseas hacer. Imagínalo en tu mente y revívelo un millón de veces. Esto no lo hago sólo yo, lo hacen millones de personas de éxito en el mundo, como el campeón mundial de arte marcial mixta Ilia Topuria (@iliatopuria). Él ya lo dijo: «Yo lo soñé». Se visualizó una y otra vez ahí hasta que lo logró.

Así funcionan los deseos... Si tienes fe y deseas que suceda, simplemente acabará sucediendo. No es tanto como tumbarse y esperar, pero sí existe un método que te voy a enseñar para materializar esos deseos en lo que quieres, siguiendo el proceso que seguí una y otra vez para tener la vida que siempre has soñado. Y, para que entiendas lo que vamos a ver aquí, es como un escalador que desea subir una montaña. Nunca sabe cómo será el recorrido, pero sabe que llegará y adónde irá. Desea subir, quiere llegar al pico, y va a hacerlo. No sabe cómo será la subida, pero tiene claro el destino. Su deseo es llegar arriba, y se ve subiendo hasta la cima. Esto es exactamente lo mismo.

El deseo puede atraer una realidad simplemente anhelando algo lo suficiente y creando, a partir de ese deseo, un impulso único que haga que pases a la acción. Ese deseo irrefrenable es lo que hace que todo empiece a funcionar, y es la manivela que moverá el resto de los resortes de tu mente para emprender tu acción. Pero no vale cualquier deseo a media tinta; es importante que estés decidido a no ceder hasta alcanzar ese deseo, porque, de no ser así, nunca lo podrás conseguir. Por eso tantas personas fracasan en su búsqueda del éxito, porque su deseo no es tan grande y es sólo un pensamiento más en su cabeza. Les apetece, tienen ganas, incluso desean cambiar de vida, pero no es un pensamiento dominante en su mente; no es un deseo con suficiente intensidad como para convertirlo en acción. Debe ser una obsesión, algo que recuerdes cada día y que siempre esté en tu cabeza. Es la única forma de asegurar el éxito en la materialización del deseo.

Es en ese momento cuando visualizas y deseas, cuando decides comenzar. Y ese deseo es lo que luego acaba creando un propósito mayor. Porque puedes desear tener un gran negocio y ganar mucho dinero, pero, sin un propósito que lo respalde, ese deseo quedará en algo insuficiente. Ilia Topuria podía querer ganar el cinturón, pero el propósito no es ganarlo, es convertirse en una leyenda. Ésa es la diferencia entre un deseo y un propósito. Un deseo nunca es un impulso suficientemente grande como para aguantar los momentos de fracaso temporal que vendrán después de pasar a la acción.

Cuando empecé, mi deseo era ganar más dinero que mi padre. El deseo era enorme, lo anhelaba con todas mis fuerzas. Él había llegado a ganar quince mil euros al mes de beneficio, y yo quería superarlo. Pero ese deseo económico no era suficiente para lo que pasé, fue muy duro. Tuve días que volvía a casa en moto y sentía que no podía respirar de la ansiedad. Recuerdo en especial un día comiendo en casa de mis padres que me senté y me toqué el corazón. Me dolía.

—¿Qué te pasa, hijo?, ¿estás bien?

—Me duele el corazón, mamá.

Aún lo recuerdo como si fuese ayer. Era preocupante, y, de no haber tenido un propósito, quizá habría abandonado. Si hubiese sido sólo por mi deseo, habría abandonado. Por suerte, mi propósito era superior y no era meramente económico, detrás de ese deseo había un propósito que se había ido cosechando desde pequeño, y era demostrarle a mi padre, a mi familia y al mundo que se habían equivocado conmigo, que yo sí valía y lo iba a demostrar. Era algo trascendental para mi vida, porque, si no lo lograba, demostraría al mundo que yo era lo que ellos me habían hecho creer, y eso no podía ser. Sí, eso no podía ser, así que mi propósito pudo con todo. Aún no sé si eso fue un microinfarto o qué, seguro que era mi cuerpo avisando de algo jodido; pero yo no podía fallar. Era de lo que mi padre siempre había presumido, o lo que yo entendía que era lo que mejor se le daba, y tenía que ganarle en su propia cancha, sin dinero, sin su ayuda ni la de nadie y sin conocimientos. El propósito era perfecto, pero el punto de partida era una basura. Lo bueno es que hoy, mirando hacia atrás, todo tiene sentido, y sé cómo poder replicarlo, porque lo he explicado millones de veces, y aquí te lo voy a enseñar a ti... Así que sigamos con la lectura.

Imagina que ya alcanzaste tu meta

No alcanzarás tus metas si no imaginas que ya las has alcanzado, si no te ves como ganador. Interioriza esto, porque si no nunca llegarás donde quieres. El secreto para llegar es tener una imaginación controlada y enfocada en el sentimiento del deseo cumplido. Debes llenar tu mente con ese deseo y desplazar el resto de las ideas fuera de la conciencia hasta que sólo quede eso. No puedes pensar que no lo tienes, debes imaginar que ya lo tienes, porque si sientes que lo necesitas y te falta, no lo conseguirás, porque sientes carencia.

Siempre, cuando no controlas la imaginación y la atención no se mantiene en la meta y en ese deseo, da igual cuánto ores o supliques, porque no conseguirás lo que quieres. El deseo sólo funciona cuando se cree en él, cuando te imaginas ahí y sientes que ya has llegado. Sientes que eres esa persona que es capaz de conseguirlo y empiezas a actuar como tal. Así fue como Dios me guio hasta este momento. Y así te llevará a ti hasta el deseo que imagines si lo haces tal y como te he contado aquí.

Deja de malgastar tus pensamientos en cosas que no te benefician. Deja de perder tu tiempo en cosas que no merecen la pena. Centra tu imaginación en tu deseo y empieza a construir tu nueva vida. Pero, recuerda, no es sólo imaginar y ya está. Una idea tiene poder en la medida en que fijes tu atención en ella. Cuanta más atención en la idea, más poder. De ahí que me verás decir varias veces a lo largo del libro que la obsesión es algo positivo, aunque toda la vida te hayan hecho pensar lo contrario. La obsesión es atención en su mayor proporción, y no hay nadie que pueda con alguien que se ha obsesionado con lograr algo. Aún no he visto a un yonqui arruinado que no consiga su dosis ni a un rico obsesionado que no haga crecer su empresa. Son los dos lados de la moneda (la malsana y la sana), así que, en cuanto sepas lo que quieres, enfoca tu atención deliberadamente en el sentimiento de tu deseo cumplido hasta que todo lo demás desaparezca. El tiempo hará el resto.

3

Propósito: la iluminación de tu genio interior

No hay que indagar mucho en la historia para saber que los mayores hitos de la humanidad siempre han venido acompañados del propósito. Sin él no hay éxito extremo, sino un éxito más bien mediocre y poco llamativo. Muchos han sido los que han desestimado la fuerza de este punto, pero desde Gandhi hasta Luther King lo tenían. También Napoleón o Henry Ford, Steve Jobs o Michael Jordan. Para poder comprenderlo debemos estudiar las vidas de estas personas, y nos daremos cuenta de que, en todos los casos, no fueron vidas sencillas, sino más bien vidas complicadas en las que una y otra vez aparecían obstáculos en sus caminos, impedimentos que debían superar y que, según iban avanzando, parecían más grandes. No fue hasta que ya tuve éxito que lo entendí. Son las emociones que marcan tu corazón las que más fuerza crean en tu *yo* interior y que hacen que esa energía se convierta en una fuerza imposible de cambiar. Esa fuerza no se encuentra en ningún otro estado en la naturaleza, y sólo hay una forma de encontrarla fuera de un evento emocional grave. En mi caso encontré mi propósito empezando mi primer negocio. Fue sin darme cuenta, intuitivamente, y lo hice movido por una de las mayores emociones que pueden romperte por dentro: un trauma.

Si bien los traumas no son las únicas palancas, sí son de las más fuertes y de las que más se conoce que usaron los genios a lo largo de la historia. Beethoven estaba sordo, Oprah Winfrey sufrió abusos desde los nueve años, Michael Jackson tenía un padre que le pegaba y abusó de él, Grant Cardone consumía drogas... Es bien conocido que un trauma te puede destruir, o bien puedes utilizar esa energía en crear; pero no es la única forma de energía que hará que tengas una riqueza extrema, existen otras fuentes para completar el primer pilar.

Lo podemos ver en Luther King, y ha sucedido en cientos de ocasiones en la historia. La defensa de un pueblo, de una etnia, es uno de los activadores más fuertes del éxito que existe, porque te proporciona la fuerza que necesita el primer pilar para no desfallecer en la búsqueda del éxito en la vida. Sucedió con decenas de colonias al liberarse e independizarse en la historia. Sucedió con los cristianos en España cuando fueron conquistados por los musulmanes. Son cientos, si no miles, las historias en las que líderes del mundo entero lucharon por su pueblo y, a pesar de no tenerlas todas consigo, encontraron este primer pilar del éxito y lo hicieron suyo gracias a la fuerza del amor por su gente.

Y al igual que el amor por tu pueblo o tu etnia, el amor por la familia siempre ha sido otro gran propósito. Bien sea por el padre que perdiste o el hijo que tienes. Pocos elementos existen en la naturaleza con más poder que la familia para poder dirigir tu mente y alcanzar la inspiración para hacer tuyo este primer pilar. La familia genera un vínculo tan fuerte que se convierte en inolvidable, que crea fuerzas de donde no las hay, que hace que sigas adelante a pesar de todo y que luches aunque te cueste la vida. Sólo piensa en la madre que lucha por su hijo o el padre que sale a trabajar de sol a sol para cuidar de los suyos. No hace falta decir que un propósito así es uno de los más fuertes si de verdad lo sientes de corazón. Y, precisamente, ésas son las fuerzas que necesitas encontrar para sacar adelante un deseo de gran envergadura.

Es posible que ya lo hayas pensado, o tal vez no te hayas dado cuenta, pero son aquellas emociones que te rompen lo suficiente como para crear una acción masiva que no pueda ser frenada por nada ni nadie las que generan más impacto en el éxito de una persona. Y, por supuesto, una de las emociones más fuertes que existe es el amor por alguien. Luchar por tu amada es una de esas grandes emociones que crean la fuerza inagotable de tu propósito. Napoleón luchaba por la suya y llegó a ser emperador gracias a ella. Asimismo, cuando su amada murió, fue derrotado y desterrado definitivamente. Yo trabajo todos los días por hacer feliz a mi mujer Deb, por cuidarla y hacerla sentir plena. Ella me inspira y me alienta a seguir luchando, y así como yo trato de ser el mejor marido, ella trata de ser la mejor esposa y madre. Es esa combinación, ese amor que te impulsa y te da una fuerza que supera todos los obstáculos, que sale de cualquier lugar, incluso aunque parezca que ya no hay nada más que hacer, y que tanto ha creado ricos como los ha destruido. Porque también puede funcionar en el sentido contrario, así es el desamor. Muchos parten del desamor sin darse cuenta como propósito en su vida. A alguien le rompen el corazón, y usa esa fuerza de la ruptura para empezar a ir al gimnasio y alcanzar logros a fin de demostrar a su antigua pareja que merecía la pena, que era valioso. Lo que muchos no saben es que esa misma fuerza la podrían usar para lo mismo, pero ganando dinero de forma absurdamente masiva. De hecho, pasa lo mismo con la última de las energías de que hablo, que ha creado tanto como ha destruido..., y si no adivinas cuál es te lo digo: la religión.

Creo en Dios, aunque he estado muchos años sin creer. Empecé a creer después de más de veinte años sin hacerlo. Sentí que me había sido entregado un propósito que debía cumplir, y de verdad creo que ha sido así. No hace falta que creas en Dios si no quieres, pero, cuando tienes un sentimiento de creencia espiritual, algo te invade, una fuerza que está por encima de tu ser se apodera de ti y te impulsa a seguir adelante pase lo que pase. Jesús lo hizo en la cruz, pero cientos, miles, millones lo han hecho en la historia luchando por su Dios, por sus creencias religiosas. Muchos han vivido luchando y creyendo, arriesgando su vida y la de su familia por una causa que estaba por encima de ellos. La fe no tiene parangón, creo que es la única causa y energía que puede superar a todas las anteriores, pues no se me ocurre algo superior al Creador, a la conciencia divina, al Espíritu Santo. Es algo que está por encima de ti y de cualquier ser humano, algo que traspasa los siglos y la existencia de cualquier persona y ése sin duda es un gran fundamento para el éxito en la vida.

No se trata de elegir uno de todos los anteriores propósitos, se trata de entender cuál es tu propósito y cómo concebirlo. Con esto sólo trato de hacerte ver cómo debe ser la base de un gran propósito y cómo puedes hacer que se eleve por encima de todo para que sea algo tan profundo que no se pueda destruir, que no se pueda derrotar, que sea imposible de abandonar. Ésta es la cruzada de tu vida, y tienes toda una vida para esa misión. Mi misión es ayudar a la gente a entender el dinero y conseguir que vivan una mejor vida. La humanidad está sumida en un sistema de creencias y pensamientos de pobreza que destruyen a las personas, y mi misión es cambiar eso para que tengan una vida mejor. Voy a pasarme toda la vida haciendo esto, y me hace feliz, me da dinero y me hace sentir realizado. Dios así me lo transmitió, él me encomendó ayudar a la gente, y me hizo ver que, si ayudaba de corazón, el dinero vendría a mí en abundancia, y hasta ahora no se ha equivocado. Nadie podrá apartarme de ese camino, porque así lo creo, y la humanidad necesita ayuda. Estamos en una de las épocas en las que menos se valora el trabajo, en las que hay más vicios, menos personas exitosas y menos gente que cree en la excelencia y en tener un objetivo vital más allá de levantarse y tumbarse en el sofá o perder el tiempo con cosas insignificantes que no dan sentido a sus vidas. La gente necesita encontrar un propósito como el que Dios me encomendó, y éstos son los pasos para que tú puedas encontrar el tuyo y cambies tu vida. No hace falta que lo descubras ahora mismo. Ni siquiera es necesario que entiendas todo lo que lees, sólo que vayas interiorizando cada parte, que tomes notas y que las vuelvas a leer. Si consigues comprender y hacer tuya esta información, el camino al éxito es inevitable.

4

Creencias: cambia el paradigma de tu subconsciente

Los paradigmas controlan todo en nuestras vidas. Se crean con base en la repetición, como cuando te llaman por tu nombre, lo mismo. Tú sabes que te llamas así, y no porque te llamaron una vez así, sino muchas. Muchos de los paradigmas se pasan de generación en generación, a veces sin sentido. Recuerdo una vez que vi que una amiga hacía el pescado cortándole la cabeza. La cortaba, y después la cocinaba. Le pregunté por qué lo hacía así, y me dijo que siempre lo había visto hacer así a su madre. Le sugerí que le preguntase a su madre, a ver qué decía ella; y ésta dijo que lo había visto hacer así a la suya. Y cuando mi amiga le preguntó a su abuela, resulta que lo hacía así porque tenía una sartén pequeña en la que no le cabía todo el pescado, por eso cortaba la cabeza. Es decir, muchas veces heredamos paradigmas que no tienen sentido. Simplemente pasan de una generación a otra sin saber muy bien por qué. Pasan de generación en generación, de un siglo a otro, y acaban controlando tu vida, tu mente y tus decisiones.

Para que se entienda fácilmente piensa que tu mente es como un ordenador. Y para poder cambiar tu paradigma, tendrás que entender cómo funciona el ordenador. Eso sería como entender los programas que hay dentro del ordenador, cómo es el código y por qué es así. Tus programas se instalaron por fuerza de repetición. Desde cómo usar los cubiertos hasta cómo hablar, cómo comer o cómo andar. Así que para poder cambiar el código que tienes implantado, habrá que hacer lo mismo otra vez.

No te gusta leer. O bien sí te gusta. ¿Por qué? ¿A quién viste, quién te lo dijo? ¿Qué opinas sobre el dinero? ¿Tus padres decían que no era importante, que preferían ser pobres y felices o cosas similares? Ya te imaginas qué creencia ocasiona eso, ¿verdad? O tal vez trabajas mucho o muy poco, o bebes mucho alcohol. O quizá odies a los hombres. Las mujeres que odian a los hombres suelen haber tenido problemas con algún hombre importante en su vida. Son puras creencias hechas realidad en la mente de las personas. Cada cosa que haces tiene un origen programado en tu subconsciente. Fueron ideas que se fijaron ahí y crearon hábitos. A veces, esas ideas son lo contrario a algo que viste, si eso creó un trauma en ti. Por ejemplo, tengo un amigo cuyo padre bebía mucho, y él detesta beber. Otro, sin embargo, lo hace igual que el padre. Al hermano de mi ex le gusta pegar a las mujeres, resulta que su padre pegaba a su madre. Sea como fuere, esas ideas se instalaron ahí, y la única forma de arreglar las que no te sirven es mediante el condicionamiento del subconsciente.

No tienes una mala actitud. No eres mal estudiante. No tienes pocas ideas. No eres vago, ni siquiera eres pobre. Cuando empecé a leer a Napoleon Hill, en *Piense y hágase rico*, creí que Hill era un papanatas charlatán, porque nos contrataron en NeoAttack para promocionar la película documental, y la gente en la oficina se rio del título del libro.

—Sí, claro, piensas y te haces rico, ya está, ja, ja, ja —escuché decir a uno.

Compré el libro para ver de qué iba, pero ese comentario condicionó mi lectura antes de empezar. Leí el libro por encima, me gustó y ya está, lo abandoné y no hice nada de lo que decía ni le presté ninguna atención. No sirvió de absolutamente nada. Años más tarde, Mario Peláez (@mpelaezecom) me dijo que lo estudiase, no que lo leyese. Comencé a hacerlo y entendí lo malo que era odiar y tener ira para ganar el dinero. No fue hasta que leí repetidamente ese concepto que lo entendí, lo interioricé y cambié mi forma de actuar. Tomé conciencia primero, y luego entendí cómo cambiarlo. Y a base de repetición conseguí modificar mi paradigma sobre el odio y la ira. Hoy doy gracias por que Mario me insistiese en esto, porque realmente me cambió la vida.

Es lo que haces cada día, ese conjunto de hábitos forma tu paradigma y están fijados en tu subconsciente. Son cosas que se piensan automáticamente; estás programado para ello. Es como cuando vas en coche y llegas a un sitio y ni siquiera te has dado cuenta. Eso mismo. Y si nadie te dice nada, tú ni te das cuenta de por qué actúas así.

Me molesta que me cambien las cosas de sitio

Me molesta mucho que me toquen las cosas y no estén donde tenían que estar. Es un sentimiento implantado a base de repetición, porque mi madre me cambiaba todo el rato las cosas de sitio, y yo me cabreaba, y ella seguía haciendo lo mismo porque le daba putamente igual que me jodiese. Hasta que fui al psicólogo no lo entendí. Ahí analizamos día a día lo que me molestaba, y empezamos a encontrar los porqués para poner solución. Todo tiene un porqué, un origen, y si lo piensas lo encuentras. Si te enfadas por algo, busca el gatillo. Si lo encuentras, verás la solución. Y si te enfadas mucho por algo que no parece tan importante, entonces, créeme, algo gordo pasó ahí. A mí me pasa con que me tomen por tonto, por ejemplo. Fui a Túnez y empezaron a regatear comprando cosas en una tienda. Me decían precios altísimos, y yo me enfadaba mucho. Es porque sentía que me estaban tomando por tonto, pero en realidad es que ellos son así, no es que te tomen por tonto es que toman por tontos a todos. No es para enfadarse. Estaba haciendo una montaña de algo por un problema interno mío. Ahora, cuando me pasa, me relajo y no salto, aunque por dentro puede que me cague en la persona en cuestión por un momento; pero luego controlo mi pensamiento y lo dejo ir. Se siente uno mejor, porque enfadándome no iba a solucionar nada.

Otro ejemplo es que mi mujer me quita mi toalla, y eso me molesta muchísimo. También lo hace con mis calcetines. No lo entendía, y discutíamos. Ahora lo entiendo y lo acepto, porque me he dado cuenta de que ella no va a cambiar, y no merece la pena discutir por eso. Así que he comprado decenas de calcetines y toallas más para que la señora que tenemos en casa ponga siempre de más y no vuelva a pasar. Pero, hasta que no fui consciente, no pude entender qué me pasaba, y no podía dejar de discutir por esas chorradas. Me jodía porque, como me molesta que cambien mis cosas de sitio, pues eso activa un gatillo dentro de mí que hace que algo tan tonto como eso me ponga de mala hostia. Si lo entiendes lo puedes cambiar. A mi padre le pasa con el dinero, no le gusta que hablemos de dinero por si nos escuchan, se pone muy nervioso y se enfada, a veces hasta se levanta y se va si no paramos. Ni idea de por qué, pero siempre que nos encontramos y veo que está muy tranquilo le hablo de dinero para pincharle un rato. Eso lo aprendí de él, porque lo vi hacerlo mucho, y ahora obtiene lo que me enseñó. No es muy grave, sólo se pone a refunfuñar un poco, pero es muy divertido verlo así.

Entonces, te levantas por la mañana y vives en automático. Te pones a hacer una serie de cosas sin pensar. Son patrones que sigues y que probablemente nunca has analizado, pero que si los miras te darás cuenta de que no te van a llevar al éxito que deseas, por eso debes preguntarte: ¿por qué estoy actuando así?, ¿por qué me molesta esto?, ¿por qué hago esto otro?, ¿por qué no me gusta leer o me cuesta hacer ejercicio? No es que no se te dé bien hacer una cosa u otra, es que no has creado ese hábito, y tu paradigma, por algún motivo, ha creado esa creencia en tu subconsciente y te la has creído. Siempre haces las mismas cosas de la misma forma porque estás programado para hacerlas así, para vivir como vives, para pensar como piensas. Es como te han criado, lo que han implantado en tu cerebro tus padres y tu entorno, y has incorporado esto a tu vida desde que naciste, e incluso antes de nacer, en tus genes. Por eso es tan importante entender y aprender a cambiar tu subconsciente, porque nadie te enseña eso en la escuela (de hecho, lo suelen empeorar, porque no entienden sus propias creencias y se las pegan a los niños), y, probablemente, hasta que no cambies cómo piensas, no puedas cambiar tu destino.

Somos lo que pensamos la mayor parte del tiempo. Por eso son tan importantes tus pensamientos, y por eso importa que no dejes entrar nada que no sea positivo en tu mente. Debes tomar el control de tu mente. Tu cerebro sólo pensará en lo que le permitas pensar. Las ideas repetidas lo suficiente crean tu programación mental junto con nuestra herencia genética y social, nuestra educación, las emociones que vivimos, etcétera. Eso es lo que hace que tomes las decisiones que tomas y que te hace moverte en una dirección, por eso debes controlar tus pensamientos, porque esa dirección sólo depende de ti. Y, para cambiarla y cambiar tu energía y tu destino, debemos hacer lo mismo pero forzándolo, cambiando tus pensamientos y repitiendo nuevas ideas lo suficiente. Así cambiaremos tu paradigma:

1. Saca papel y boli y apunta tus metas en un cuaderno. Las tienes que apuntar en presente, como si ya las tuvieses. Esas metas deben ser grandes y merecer la pena. Por ejemplo, «tengo un Ferrari 488 que vale unos doscientos mil euros, gano un millón de euros al mes de beneficio, vivo en una mansión de dos mil metros cuadrados con piscina propia y jardín de diez mil metros cuadrados»..., pero también puedes poner cosas que quieres en ti, como «soy una persona constante, disciplinada, me gusta leer, leo todos los días treinta minutos, no fallo ningún día, entreno a diario, como sano, cuido a mi familia, no odio a nadie, no tengo ira, vivo en paz, soy feliz, me siento afortunado por la vida que tengo, me gusta mi trabajo...».
2. Lo harás todos los días por la mañana y por la noche. Es importante que lo hagas cada día al levantarte y antes de acostarte. Esto hará que poco a poco recordemos a tu subconsciente nuestro nuevo paradigma y eso por lo que hay que luchar a diario para que no se nos olvide y vaya conformando nuestros pensamientos a partir de ahora. Si eres cobarde y miedica, no pongas eso, pon que eres decidido y que no dudas, porque como te creas un flojo no vas a lograr nada.
3. Lee y vuelve a leer este libro, estudia los distintos capítulos, subraya las partes que más sintonicen contigo y apun-

ta al inicio tus metas para que cada vez que lo vuelvas a leer recuerdes todos los pasos que debes hacer y verifiques que estás siguiendo cada uno de ellos tal y como dijiste que harías.

Recuerdo cuando empecé mi primer negocio sin dinero. No tenía dinero, pero entendí rápidamente cómo lograrlo. Fui ganando cada vez más, y pasé de ganar cero euros en 2014 a ganar un millón en 2019. ¿Cómo había pasado eso? ¿Qué había hecho para conseguirlo? ¿Por qué tanto dinero y por qué yo, si no era tan listo? Me paré a pensar. En realidad me habían educado en la creencia de que había que estudiar mucho para ganar dinero, pero yo tampoco era un gran estudiante. Me habían dicho que había que ser muy listo para ser rico, pero yo era de los peores de la clase. ¿Cómo podía ser? ¿Cómo había logrado hackear el sistema? Al final lo vi claro. En realidad, el sistema siempre fue así, pero el problema eran las creencias de la gente, que estaban erradas. A mí me intentaron inculcar el mismo paradigma que al resto, pero en realidad tenía unas creencias distintas debido a mis padres, y fui impulsado por un trauma muy fuerte que hizo que nunca desistiera en mi camino.

Esto es importante, porque incluso mis padres me decían que estudiara y que había que estudiar bla, bla, bla..., mierdas que no valen para nada. Pero, por mucho que me dijesen cosas, yo lo que veía era algo distinto. Mi padre no había estudiado y ganaba más que todos los demás, así que, por mucho que me dijeran algo, no me lo creía. Esto es clave, porque cuando enseñamos a los niños pensamos que si les decimos no bebas (alcohol) porque es malo, pero tú bebes todo el rato, te van a hacer caso. Amigo, ni puto caso. Aprendemos más por la vista que por los oídos, así que cuidado con lo que haces, porque es lo que aprenderán.

Me llevó años darme cuenta de esto. Al principio no lo entendía. Sabía que no era el más listo. Tampoco tenía la mejor memoria ni era el mejor vendedor, pero siempre pensé que ganar dinero era fácil y nunca me creí el cuento de que había que estudiar mucho para ser rico porque mi padre no fue a la universidad y ganaba diez veces más que mis profesores y mucho más que la mayoría de los empleos que ellos promovían o que tenían los padres de mis amigos. Por eso nunca me lo creí. Sin embargo, sí que me creí que los ricos eran mayoritariamente empresarios y que cualquiera podía serlo. Veía a conocidos de mi padre que no eran los más listos pero ganaban mucho, por eso mi paradigma siempre fue distinto al del resto, y eso me permitió pasar a la acción de aquella forma. Y, si en algún momento pensaba en abandonar, mi trauma me seguía impulsando haciendo que no lo dejase.

Eso fue todo. Y eso es lo que tienes que hacer tú: cambiar tu paradigma. Por eso es necesario que cada día hagas este ejercicio. Si haces esto todos los días, poco a poco irás metiendo estos pensamientos en tu cerebro y te convertirás en la persona que quieres ser. Ese mantra repetido unido a una fuerte emoción de conseguirlo hará que poco a poco tus esfuerzos se vayan dirigiendo hacia allí. Hacia esas metas que has escrito. Simplemente por la repetición, tu cerebro actuará por ti. Por ejemplo, si has dicho que eres una persona a la que no se le quiebra el carácter y que no se enfada ni chilla, si lo has repetido quinientas veces día a día durante doscientos cincuenta días, cuando vayas a chillar, tu cerebro sacará esa información y te recordará que tú no eres así, haciendo que poco a poco te vayas convirtiendo en esa persona que quieres ser y vayas forjando tu nuevo paradigma.

No existe ninguna otra fórmula para cambiar el subconsciente y crear o generar una creencia distinta a la que tienes. O empiezas a repetirte algo distinto o seguirás pensando lo mismo día tras día. En resumen, los hábitos comienzan como una forma de deseo definido. Los deseos son impulsos ordenados desde los pensamientos. Los pensamientos dominantes son los que se mezclan con los sentimientos más fuertes y los hábitos de pensamiento se establecen mediante la repetición del pensamiento y un gran sentimiento unido a ellos. Así, si controlas lo que ves y escuchas frecuentemente, podrás controlar tus hábitos de pensamiento, tus deseos, tus acciones y tus resultados. Lee este párrafo de nuevo..., y seguimos.

¿Controlas tus creencias o ellas a ti?

El entorno casi mata mi éxito, y probablemente está matando el tuyo. No lo digo yo, lo he visto miles de veces: un padre, una madre o un primo que te aconsejan sobre negocios pero jamás en su vida han tenido uno, o que te aconsejan no tener uno porque lo mismo te arruinas pero ellos en su vida han tenido dinero. La verdad, prefiero intentar ser rico que quedarme pobre. Porque ganar cinco mil euros al mes y ganar mil euros al mes es lo mismo. Eres un esclavo de las dos formas.

Estaba emprendiendo, y un día después de clase me quedé con los compañeros de la universidad. No era algo habitual, normalmente tenía bastante trabajo y me iba a casa a currar en mi recién creada agencia de marketing, pero ese día me quedé. Estaba agotado, pero quería hacer algo de vida, era mucho esfuerzo y me merecía un descanso. Y, de hecho, esto fue lo que le dije a una compañera, que estaba cansado de trabajar y no ganar nada, que era muy frustrante pero que estaba ilusionado.

—Pues no haber emprendido —fue su respuesta.

Me fui. Me fui de allí porque sabía que ése había dejado de ser mi lugar. Comprendí que el resto de las personas que no eran emprendedoras no iban a entender mi motivación, y que lo que necesitaba no era un pisotón, sino apoyo. Ellos no sabían lo difícil que era ni confiaban en que pudiese conseguirlo, con lo que en lugar de apoyo tuve lo contrario. Fue muy duro, y ésa no había sido la primera vez. Mis padres tampoco me apoyaron al inicio. Insistieron en que siguiese estudiando, porque si no lo iba a dejar y no me sacaría la carrera. Por supuesto, yo hice las dos cosas a la vez, y al final aceptaron que no iban a conseguir que cesase en mi emprendimiento (deseo irrefrenable); y, por supuesto, terminé mis estudios universitarios. Aunque no sirvieran para nada en lo que yo quería en la vida, los terminé.

Años más tarde, me pasó lo mismo con mi familia. En una comida de Navidad conté que ya tenía nueve empleados, y me dijeron que estaba contratando muy rápido, que tuviese cuidado a ver si iba a perder el dinero y no podría pagar los despidos. ¿Te imaginas lo que es tener que estar lidiando con esto a diario? Y no sólo con amigos, sino con tus seres queridos. Todos tirando por la borda mis esfuerzos y llamándome a la calma. ¿Para qué quieres trabajar tanto? Todos vamos a acabar en el cementerio. No está pagado todo el trabajo que haces. La vida es muy corta. Mejor no trabajes tanto. Te vas a arruinar... Ésta ha sido la tónica siempre. Hasta me pasó con mi tío, a quien amo con locura; un día que me vio hace años y nos fuimos a tomar un café juntos, le conté que ya ganaba treinta mil euros al mes de beneficio, y él me dijo que era una barbaridad y que yo era la última persona de la familia que pensaba que ganaría tanto. Por supuesto, yo sabía que nunca habían confiado en mí, pero la verdad es que no era el tipo de respuesta que estaba esperando, sino algo más como, qué bien, Jesús, qué cambio has hecho en tu vida, estoy orgulloso de ti.

Por suerte, a mí la opinión de mi familia siempre me ha importado entre poco y nada, y no porque no los quiera. Me duele porque es mi familia, pero nunca he hecho caso a ninguno. Y eso que algunos tienen negocios, pero tienen negocios pequeños, no lo que yo he querido hacer siempre, por lo que, en cuanto a dinero se refiere, no son un referente a quienes preguntar. (Lo siento por los que me estáis leyendo y sois mis familiares, no os odio, es lo que pienso, y ya está.) Aprendí que, si quieres resultados, debes fijarte en quien los tiene y dejar de escuchar a los demás. Hay que escuchar al que gana más que tú, no al que gana menos. Hay que escuchar al que tiene la vida que quieres, no al que no la tiene.

¿Escucharías a un tío que tiene una novia horrible, un monstruo del lago Ness, hablando sobre cómo ligar? Sería como escuchar a un obeso de doscientos kilos hablar sobre adelgazar. Seguro que no le harías caso, ¿verdad? Entonces, ¿por qué sí ibas a hacer caso a tus familiares o amigos pobres sobre qué decisiones tomar en tu emprendimiento o incluso sobre si debes emprender o no? Exacto, no debes hacerlo. Tu familia es probable que te quiera mucho, pero eso no hace que sus decisiones sean mejores, y es algo que debes entender. Tú ya sabes adónde les han llevado sus decisiones. Aprende, y no les hagas caso. Es como ser de izquierdas. Puedes querer ayudar a los pobres, pero la realidad es que luego el socialismo crea pobreza, y el dinero lo ponen los ricos, con lo que no tiene ningún sentido, porque al final se acaban cargando el país. Pues esto es exactamente igual. O, mira, esta siguiente es mejor..., si eres de izquierdas y estás leyendo algo sobre cómo ser millonario eres «mongolo», porque si ganas el dinero deberías repartirlo; entonces, para qué lo vas a ganar, ¿no crees? Pues eso. Tengo otra más, espera... Sería como el feminismo que quiere la superioridad de la mujer con respecto al hombre, que es justo de lo que se han estado quejando todo el tiempo respecto al hombre. Por eso yo soy igualitarista, porque quiero que seamos iguales, nadie más que otro. Iguales aunque distintos, ojo. Las feministas quieren la «igualdad» en puestos directivos, pero luego para albañiles o para la guerra no se meten a revisar la cuota de género. Sin sentido, ¿verdad? Pues exactamente lo mismo con el dinero. Por eso debes ser coherente. El dinero va a la gente coherente, no a los zumbados (generalmente, luego está Maduro y gente así, que son terroristas y no cuentan en esta ecuación). En el mundo debemos ser coherentes, y simplemente con un poco de coherencia verás cómo te va mucho mejor en la vida. Y, oye, si tienes algún problema y por lo que sea eres de izquierdas y feminista, es probable que este libro no te sirva, porque va para personas con sentido común y cerebro encima de los hombros. Si el socialismo no ha funcionado en ningún país, ¿por qué lo apoyas? Si no te ha ido como esperabas en la vida hasta ahora, ¿por qué sigues haciendo lo mismo?

Tus amigos también te hacen pobre

Y lo mismo pasa con los amigos, no pienses que es sólo la familia. ¿Dónde crees que te va a llevar tener amigos pobres? Es más, si eres pobre seguro que será por ellos. ¿Sabes eso de que somos las cinco personas con las que más tiempo pasamos? ¿Lo has escuchado alguna vez? ¿Y qué piensas?, ¿que para ti no se aplica porque eres un genio, verdad? Ja, ja, ja, ja... Bien, porque tengo que decirte que es cierto. No que eres un genio, sino que estás bien jodido. Porque somos seres sociables y hay algo que se llama herencia social y que determina tus creencias. Y tú estás en armonía con las creencias de tu tribu, porque si no fuera así dejarías de querer quedar con ellos. Si os reunís los sábados y se ponen a beber y salir de fiesta o comentan el lunes la serie de Netflix que han visto el fin de semana, te sentirás raro si no estás ahí y no haces lo mismo. Si critican a los jefes de sus empresas, tú harás lo mismo. Si se quejan de trabajar mucho, tú harás lo mismo. De hecho, seguro que eso se convirtió en paradigma hace tiempo y lo defiendes a capa y espada delante de todo el mundo. ¡La tiranía opresora del empresario! ¡Me tienen explotado porque no cobro nada! Vamos, no jodas. Panda de inútiles. Monta tu negocio y deja de quejarte, joder.

Y si entiendes que todo es cosa tuya y vas haciendo las cosas de manera distinta, poco a poco te irás distanciando, porque no tendrás nada en común y no te sentirás a gusto con ellos. Es ley de vida, no hay mucho más que decir al respecto. Lo aceptas o no, es fácil. Y, mira, te digo más... Recuerdo que, cuando empecé a ganar dinero, yo contaba lo que estaba haciendo, y mis amigos pensaban que yo les contaba que ganaba veinte mil euros al mes porque quería chulear, y nada más lejos de la realidad; cuando no ganaba nada, también se lo contaba, pero en ese caso dio igual, porque era pobre y lo vieron normal. Simplemente estaba hablando sobre mi trabajo, igual que hacían ellos, pero yo ganaba más que todos juntos, y eso, con el tiempo, se convirtió en un problema. La gente quiere que te vaya bien, pero no mejor que a ellos, y donde había amigos, dejará de haberlos si hay suficiente dinero de por medio. No por nada, sino porque, si has empezado igual que ellos y ahora te va mejor, eres la clara representación de sus hábitos y de que ellos también lo podían haber hecho, así que dejarán de querer verte, porque pensarán lo mal que lo están haciendo y les dolerá.

Ganar dinero cambia tus hábitos, cambia tus gustos, cambia tu mentalidad y, por supuesto, atrae cosas mejores a tu vida. Tú eres vibración, y atraes lo que eres, atraes tu misma vibración. Escuchaba a unos amigos decir que ganar cinco mil euros al mes era ser rico (ja, ja, ja..., como Hacienda en España, que dice que con ganar tres mil quinientos euros al mes eres rico, tócate los huevos), y me metía en discusiones interminables en las que yo, por dentro, pensaba que debían de tener algún tipo de retraso mental, y ellos decían que yo era un flipado. Así que la cosa no terminaba bien, como te puedes imaginar. Acababa conmigo regalándoles mil euros a cada uno para que no se sintiesen tan mal. No, es broma. Pero no acababa bien; así que fui dejando de verlos.

Y luego están las diferencias económicas en los viajes y otras actividades. Tú quieres ir a Kenia de safari en *business* y darte un masaje en los pies mirando el Ngorongoro, y ellos pueden ir a Gandía (una pequeña ciudad costera de Valencia) debajo de un puente. Una vez dormí debajo de un puente en Gandía. Literalmente, no teníamos dinero, y dormimos debajo de un puente (se podía porque hacía mucho calor). Era joven y había que elegir gastarlo en ir de fiesta o en un sitio para dormir, y ya te puedes imaginar lo que fue. Así que, simplemente, atraes lo que eres. Cuanto más ganas, mejor viajas y menos te apetece ir a dormir debajo de un puente, o a una playa infestada de gente borracha, cigarros en el suelo, gritos..., y sin espacio para ti.

Tal vez hoy lo veas lejos, pero te sucederá, y lo mejor sería que lo forzases, no sólo que te sucediera, porque cuanto más te aísles de pensamientos negativos, más fácil va a ser que te concentres en los positivos y que nadie eche abajo tus ideas. Júntate con gente que gane más que tú, mira sus vídeos en redes sociales, lee sus libros y escúchalos. Este punto creo que es uno en el que nadie me hace caso y sobre el que siempre me acaban diciendo que ojalá me hubiesen hecho caso antes. Y lo puedo entender, porque el círculo social es una de las cosas que menos estamos dispuestos a perder; pero, oye, la vida son decisiones. La primera vez que escuché el tema del entorno tampoco le di importancia. Hoy te digo que es algo que acorta el camino. Simplemente porque es ley de vida. Si ves a alguien que gana doscientos mil euros al mes de beneficio y ves cómo gasta el dinero y la vida que tiene, acabas viendo que no es tan distinto a ti y que en realidad tú también puedes llegar ahí. Es más, ves sus hábitos, aprendes de él y empiezas a emular lo que hace. Al final te conviertes en lo que piensas la mayor parte del tiempo, y tu entorno influye; modifica esos pensamientos y esa realidad. Es una ley universal.

Igual que si eres el más rico de tus amigos pobres y ganas el doble que ellos, probablemente tiendas a conformarte, porque, como ganas mucho más que ellos, te sientes por encima de la cadena evolutiva y dejas de querer trabajar para ganar más. Es algo de lo más normal del mundo. Te sobra para los planes que haces con ellos, y sientes que es suficiente porque ves que tienes mucho más que ellos. Pero si en lugar de aceptar la situación social que te rodea..., si en lugar de eso, te juntas con gente rica, eso te fuerza a seguir mejorando, porque no ves que llegaste a tu meta, sino que aún estás en camino. Es un error de percepción tan típico como que es uno de los motivos por los que la mayor parte de la gente se queda acomodada y no gana más. No ven que sea posible, y sienten que ya han ganado. Ven tan lejos poder ganar más que no son capaces de entender que es muy posible y que se han estancado debido a su propio entorno.

Y, claro, a estas alturas pensarás cómo encontrar estas nuevas amistades y cómo evolucionar. Es muy sencillo, empieza por leer libros y seguir a personas a las que te quieres parecer en redes sociales. Elimina todos los estímulos negativos, incluso películas de gente con vicios, malos pensamientos, engaños... ¿No te ha pasado alguna vez que ves una película y te deja con mal cuerpo? O bien, ¿no hay momentos en que te apetece beber o salir de fiesta? Es el mismo principio. Estás metiendo a tu subconsciente mierda que luego se va a representar en tus pensamientos. Deja de seguir a toda esa gente que no hace lo que quieres hacer y no tiene la vida que quieres tener. Y empieza a seguir a los que te gustaría parecerte. Poco a poco verás adónde van, dónde se juntan, qué hacen..., y tú empezarás a ir también y te empezarás a juntar con ellos. Con suerte podrás encontrar un mentor, y tu carrera crecerá mucho más rápido. Créeme, la compañía es un factor tan importante que acaba determinando el futuro de la mayoría, y por eso muchos nunca acaban de salir de la pobreza.

No es que los ricos sean clasistas. Es que ellos ya entendieron hace tiempo este principio y no quieren contaminar sus pensamientos con pensamientos negativos de alguien sin dinero. Puedes ofenderte o verlo claro. Pero luego no digas que no te avisé. Y si quieres empezar a ver lo que yo hago para coger ideas, puedes seguirme en Instagram. Te dejo aquí un código QR para que me sigas, veas mis historias y puedas empezar con esa limpieza de estímulos para ir enfocando tu mente hacia el éxito.

Dejar las drogas es como dejar de ser pobre

Entré a un centro de desintoxicación de adicciones. Luego te contaré como acabé ahí, pero lo importante no es eso. Te voy a contar esto porque quiero de corazón que entiendas cómo estás arruinando tu vida, y para ello no hay nada mejor que una situación real que lo ilustre. Y me da igual si no estás «tan mal», no es necesario tener una adicción o estar en la mierda para necesitar poner esto en práctica. Hay gente que es adicta a ser pobre, es posible que sea tu caso, ahora lo vas a ver.

Verás..., era una época muy mala. Lo recuerdo perfectamente, yo ya tenía dinero y había empezado a consumir drogas fuertes. Dejar eso no es fácil, y, aunque lo había intentado solo, no lo conseguía, así que decidí pedir ayuda. Fui a un centro que me recomendaron y empecé mi tratamiento. Por si no lo sabes, cuando tienes una adicción, lo primero que te hacen cambiar son tus hábitos y tu entorno. Cambia tu conducta para no volver a los mismos patrones que te llevaron ahí, y cambia tu entorno para que no te lleve de vuelta ahí. Uno de los ejercicios más importantes es ver qué desencadena el pensamiento adictivo. Es decir, por qué llega esa idea a tu mente. Siempre es por algo, normalmente algo te lo recuerda y genera alguna emoción, ya sea una persona, un lugar o una cosa. Y eso hace que te venga ese pensamiento de consumo que desencadena el deseo de consumir. Sencillo hasta aquí. Y, piénsalo, es lo mismo con la pobreza. Hay gatillos que desencadenan que sigas siendo pobre. Por ejemplo: tus amigos diciéndote que salgas de fiesta; o tu entorno diciéndote que para qué vas a trabajar más si vas a cobrar lo mismo, o que para qué estudias si eso no sirve para nada, que es mejor salir un rato. Entonces, tu cerebro dice: «Pues tienen razón»; y cedes a la pereza y dejas de esforzarte. Cada gatillo accionado desencadena una reacción en tu cerebro, y esa reacción, ese pensamiento, crea una conducta. Lo que ves y te dicen frecuentemente determina tus creencias. Tus creencias determinan tus pensamientos, y éstos, tus hábitos.

Dejar las drogas es como dejar de ser pobre, y, por supuesto, es igual que dejar el tabaco o el alcohol. Si la gente lo tomase como una adicción les sería mucho más sencillo, porque es que en realidad lo es. Sigues siendo pobre y seguirás siéndolo mientras no cambies lo que ves y la percepción de lo que te dicen. Si te dicen que el dinero es «malo», eso ha creado tu paradigma, tus creencias. Si lo dicen en la tele y lo dicen mil veces, eso genera el doble de creencias. Y si lo decían también en casa y en la iglesia cada semana, dos tazas más. Y, claro, tus acciones serán coherentes con eso. Porque no quieres tener dinero, porque es «malo». Y si te dicen vámonos de fiesta que la vida son dos días, pensarás que es así y perderás tu vida en dos días.

Si no tienes los resultados que buscas es porque haces lo mismo, tienes los mismos hábitos, y entonces consigues los mismos resultados. Y no sólo eso, cuando tratas de cambiarlos, te encuentras con tu entorno, que parece decirte que no pasa nada por hacer «x». Sustituye «x» por beber, salir de fiesta, fumar, ir de putas, jugar a las cartas, jugar a videojuegos..., me da igual. Y entonces lo vuelves a hacer y ves lo mucho que te gusta, y acabas por tener de nuevo ese hábito. Y así es como nunca te acabas librando de él. ¿Resultados? Eres adicto a la pobreza.

Ser pobre es tan adictivo como la droga más dura que haya, y no mucho peor, pero también te destroza la vida: anula tu capacidad de decidir, limita tu vida y anula tu humanidad. Debes empezar a decidir entre salir a cenar con tu esposa o pagar la luz de casa, entre los pañales de la niña o comprarte ropa nueva. Eso lleva al ser humano a la humillación, y no creo que haya nada (o si hay algo serán pocas cosas) tan humillantes como la pobreza. Saca lo peor de ti, te hace discutir con tus seres queridos, te hace ser un lastre para tu familia, te lleva al límite en todos los sentidos... Es como una droga. O peor, porque al menos la droga la tienes localizada y sabes lo que te pasa, conoces el problema. Con la pobreza no es igual, porque está tan normalizada como el alcohol, así que, si eres pobre y todo tu entorno también lo es, te dices que no pasa nada. Igual que si todos beben a diario o todos los findes; es lo normal, así que todo en orden. Vamos, un puto desastre.

Dejé de salir con mis amigos. Cambié mis patrones de conducta, tuve que hacer caso a todo lo que me decían en rehabilitación, y lo hice al pie de la letra porque no iba a consentir seguir así. Yo no estaba destinado a ser un drogadicto (porque una persona que se droga es un drogadicto, independientemente de la frecuencia, cosa que a algunos se les olvida), sino a tener la vida que siempre había soñado. Había decidido que ése era mi punto y aparte, y estaba dispuesto a hacer lo que fuera, así que lo hice. ¿Cómo lo hice? Como cuando me hice rico. Asumiendo mi responsabilidad y cambiando mis hábitos. Simplemente hice lo que me dijeron en el centro de rehabilitación. No hables con tus amigos de fiesta. Elimina sus números o bloquéalos. Cambia tus hábitos. No pises un bar ni para un café. No estés con gente que bebe (ni en mi boda hubo alcohol). No veas películas de alcohol o drogas. Bebe agua si es posible. No tomes cócteles ni cerveza sin alcohol.

Eso es un gran sacrificio, dirían algunos. Otros, como yo, pensamos que lo haría un millón de veces por tener la vida que tengo ahora. Mi vida es como las películas que ves en el cine. Tengo la mujer, la casa, los coches, la familia, los viajes... Tengo todo lo que he soñado, y ése es el precio que tuve que pagar, y lo pagaría un millón de veces. Y hoy puedes entender que tú tienes ese mismo problema y tienes la oportunidad de cambiar. Puedes tomártelo en serio, hacer como hice yo y decidir que no estás dispuesto a seguir siendo pobre. Es una decisión que lo cambia todo. Luego empiezas a pasar a la acción y cambias los estímulos que te hacen volver a donde no quieres volver. Empiezas a cambiar tu nivel de frecuencia cambiando tus pensamientos y tus hábitos, y toda tu vida cambia.

No es fácil. Para mí no fue fácil. Al principio me resistí. Decía que no iba a hacerlo, y, luego, a la semana siguiente cedía. Y después decía lo mismo con otra cosa, y volvía a ceder, y así, poco a poco, fui cambiando cada cosa que me decían. Me resistía porque cuesta cambiar por completo tu paradigma. Debes cambiar tantas cosas que te puede parecer imposible. Mis conversaciones eran algo así:

PSICÓLOGO: No quedes con estas personas, elimina sus teléfonos.

YO: No, no quiero. ¿Por qué he de hacerlo?

PSICÓLOGO: ¿Has consumido con ellos?

YO: Sí.

PSICÓLOGO: ¿Y qué te hace pensar que no te volverán a ofrecer?

YO: No, no va a pasar.

Luego recaía un compañero y veía que contaba que le había pasado porque había dejado una puerta abierta a la adicción. Porque no había hecho caso. Y entonces me cagaba y pasaba a la acción. Tú no vas a tener tanta suerte, porque sólo tienes este libro y mis palabras, no hay compañeros para que veas que, si vuelven a sus hábitos, vuelven a la pobreza, para que entiendas lo que hay en juego. Y eso es lo peor, sin duda. No tener la oportunidad de ver cómo otros que no han hecho caso empiezan a leer y a aplicarlo, pero se dejan una puerta abierta y fracasan es algo que hará que no te lo tomes tan en serio como yo. O sí, pero es más complicado. Es así.

Por eso, en muchos de estos centros utilizan el sistema norteamericano de Alcohólicos Anónimos, en el que hay un grupo para que otras personas cuenten su experiencia y veas cómo ellos fracasaron por no hacer caso. Así te ahorras tener que pasar tú por ahí. Es la fuerza del grupo. Y por eso en mi consultoría Billionaire Code tenemos una comunidad en la que publicamos, para que el grupo se apoye y nadie caiga. No estoy inventando nada nuevo, esto es de primer curso de tener éxito en la vida. Únete a un grupo que haga lo mismo y serás más fuerte.

Es el motivo por el que también te invito a publicar en todas las redes sociales bajo el *hashtag* #metodobillionaire tus avances, para que puedas ver cómo otros también lo aplican y nos podamos apoyar entre todos para ser más fuertes; es gratis, y te ayudará a mantener el ritmo y no decaer. Es la fuerza del grupo, de la comunidad. Emprender es muy solitario. Al final, la mente humana es como es, por eso llegó un momento en que cambié y decidí hacer caso sin entender. No juzgué, no cuestioné, simplemente hice caso, y ya está. Fuera teléfonos, fuera redes sociales, bloqueados todos.

Sólo hay algo positivo en las drogas que no lo hay en el dinero, y es que, como has caído tan bajo y son tan dañinas, parece que entras en modo supervivencia y estás más dispuesto a hacer lo que sea para cambiar. Eso no pasa tanto con el dinero, porque, si no has caído lo suficientemente bajo, parece que no duele mucho y que puedes seguir igual. Hoy lo entiendo, pero, créeme, en su momento no lo entendía; por eso es importante que hagas caso incluso aunque te parezca que algo no tiene sentido, y que sigas todos los pasos al pie de la letra. Porque, si no lo haces, es posible que recaigas. Lo he visto miles de veces.

Y, bueno, te lo he explicado para que lo entiendas, y creo que no es ninguna locura. Es prioritario que cambies tu entorno y quites de tu ámbito a esas personas que dudan de ti y te hacen dudar, que te hacen sentir vergüenza cuando les dices que estás emprendiendo, que te meten miedo, que te hacen sentir odio, ira..., toda esa gente no debe estar en tu vida. Y no digo que tapes los sentimientos, no pasa nada por sentirte triste, es un sentimiento normal en las personas y lo tenemos que sentir. Pero el odio no ayuda. El odio no genera nada positivo, sino sólo destrucción. Odiar a alguien es como querer envenenarlo y tomarte tú el veneno. Tú lo odias, pero quien sufre las consecuencias del odio que tienes eres tú, no el otro. Te lleva a conversaciones interminables criticando, hablando mal y perdiendo el tiempo. Te lleva a vibrar en el rango más bajo y a no atraer nada positivo a tu vida. Yo no me acercaría a una persona que veo que critica a los demás. No me acercaría a alguien que veo que continuamente está enfadado. No vas a atraer nada ni a nadie que merezca la pena.

Y lo siento si esto no es lo que esperabas. Yo he estado en lo más bajo y en lo más alto. He dormido debajo de un puente y en un hotel de dos mil euros la noche, y sé dónde no quiero volver a estar, y sé lo que hice para salir de ahí. Puedes tomar esto superficialmente y seguir igual, y hasta puedes seguir leyendo este libro. O bien puedes empezar a cambiar tu vida desde hoy. Y, si aún no lo entiendes, no te preocupes, empieza a aplicar lo que digo y sigue leyendo. Al final lo vas a entender.

Creencias limitantes y tiempo

Cuando empecé a tener tirón en redes sociales y llegué a un millón de seguidores entre TikTok, Instagram y YouTube, empezó a escribirme mucha más gente. Esto hizo que comenzasen a llegar los típicos mensajes tildándome de vendehúmos. Siempre es igual. Ya lo conté en mi primer libro. Cuando no ganaba dinero, nadie me llamaba vendehúmos. Cuando era pobre y limpiaba celdas, nadie me decía que era un vendehúmos, e incluso, cuando no estaba en redes y ganaba millones, tampoco me llamaban vendehúmos. Simplemente porque no me conocía nadie, y entonces nadie me podía decir nada, pero todo cambia en el momento en el que te expones.

Si ven que tienes dinero y vendes algo en redes, eres un vendehúmos o un estafador. O bien eso, o bien comienzan a insinuar que no tienes tanto dinero, con frases como las siguientes: «Si tienes tanto, ¿qué haces haciendo vídeos?», o «Si tuvieses tanto no estarías grabando», o «No veo a Amancio Ortega haciendo vídeos como tú».

Quiero hacer una reflexión sobre la deficiencia mental que entrañan estos comentarios, porque es de un nivel muy bajo de conciencia y me parece un insulto para los pobres que los relacionen con esta gente, porque se puede ser pobre sin ser idiota. Simplemente, una persona que piensa desde la escasez pensará en términos de «si tengo esto no tengo lo otro». Como si hubiese que elegir entre tener dinero o seguir queriendo ganarlo. Pero, sin embargo, a un futbolista famoso que cobra millones no le preguntan por qué sigue jugando; a ellos no. O, bueno, incluso a Cristiano Ronaldo no le preguntan por qué se ha hecho un canal de YouTube si tiene tanto dinero; eso tampoco.

Multiplica tu tiempo para ganar más

Estas personas con grandes creencias limitantes son las mismas que dicen que no saben de dónde saco el tiempo, pero ni ellos mismos saben en qué pierden el suyo; por eso no logran entender cómo me las arreglo para hacer tantas cosas, porque no se enteran ni de su propia vida, así que cómo van a entender la del resto. No seas de esos, analiza las cosas con perspectiva. No repitas las creencias del resto como si fueran tuyas y porque sí. Piensa dos veces antes de hablar. Simplemente pensando te darás cuenta de que la gente inteligente entiende muy bien a qué debe dedicar su tiempo y a qué no, y qué hacen para multiplicarlo.

Exponerse ante la cámara, sólo me puedo exponer yo, y, para ganar más dinero, tengo que hacerlo. Prefiero que salga mi cara, porque soy el recuerdo de mi propia marca. Es algo que no puede hacer nadie y que, además, en redes como YouTube quedará para siempre y podrá reproducirse millones de veces durante años sin tener que hacer ni un solo minuto más de esfuerzo.

Lo mismo pasa cuando empiezas a quedarte sin tiempo para tu trabajo. Primero debes optimizar tu tiempo y hacer más trabajo en menos horas, y luego acabarás contratando a una persona para que haga ese trabajo por ti. De hecho, si ganas algo de dinero, siempre que esa persona cueste menos que tu hora, deberías pagarle en lugar de encargarte tú de esa tarea. Esto es algo que no hace mucha gente y que se ve a menudo: personas contratando empleados en su negocio sin tener aún una persona de ayuda en casa. No tiene sentido, si es más barata una persona que limpie y cocine que un técnico en tu empresa, ¡contrata a alguien ya, por Dios! Así es como funcionan los ricos, siempre piensan en cómo multiplicar su tiempo.

De hecho, escribir este libro es una forma de hacerlo. Llevas ya un tiempo leyendo este libro, tal vez incluso releyéndolo, como debería ser. Y conoces mis empresas, mis redes sociales..., y tal vez has acabado viendo mucho más de mí, pero, como comprenderás, no he tenido que dedicar ni un solo minuto a contarte esto, porque yo sólo tuve que dedicarle tiempo una vez. Una sola vez fue suficiente para impactar a millones.

Y con los vídeos pasa exactamente igual. Grabas un vídeo y lo ven millones de personas en redes sociales. Bueno, a lo mejor tú no porque no tienes redes o no haces nada en redes, pero a mí sí me ven millones de personas, y, hoy en día, el recurso más valioso de alguien es su tiempo, su atención. Las marcas se pelean por tu atención, porque quien tiene la atención tiene las ventas. Los futbolistas cobran por la atención de la gente, los periódicos venden la atención de la gente y pagan a escritores para captarla. La televisión hace lo mismo, incluso las redes sociales venden la atención de la gente en anuncios, o las películas hacen lo mismo con los actores, en cine y en televisión.

Por eso, los *influencers* pueden crear una marca de la noche a la mañana y venden millones, simplemente porque tienen la atención de mucha gente. Ésa es la magia de las redes sociales; y, por supuesto, Amancio Ortega llegó tarde a eso, pero entendió que podía tener la atención de la gente si ponía sus tiendas por donde más personas pasaban. Ésa fue su manera de captar la atención del público de su época.

Por eso quería que reflexionásemos sobre las típicas frases de pobre crónico. Porque, como no te quites esa mierda de la cabeza, no vas a ningún lado. Los ricos de este siglo nacen en internet, y todo el mundo puede ser rico consiguiendo la atención del resto. Y, por supuesto, para no caer en las creencias típicas, tienes que analizar lo que repites como un loro y por qué lo repites. No se trata de escuchar un vídeo y dar tu tarea por hecha, ¡y ni siquiera bastará lo que te diga yo en este libro! Aprende a tener pensamiento crítico y a entender por qué haces las cosas como las haces y dices lo que dices. No dejes que te coman el tarro con argumentos de esclavos sin cerebro. Antes, las personas llevaban «cadenas» limitantes, y ahora están atados a creencias impuestas por el sistema para hacerles pensar cosas absurdas, como que no hay dinero en el mundo (sólo para que así se lo queden únicamente unos pocos). Hablo de esas creencias que has escuchado toda la vida, como: «Si eres rico, ¿por qué trabajas?». Porque eso debería ser al revés: precisamente porque trabajo tanto soy rico. O creencias para mantenerte pobre, como: «Prefiero ser pobre y feliz que rico e infeliz». Pero ¿acaso el dinero te quita la felicidad? ¿A qué rico le has escuchado decir eso? No conozco a ningún rico que no quiera serlo para poder ser feliz. Hasta hoy, no he conocido ningún caso así, y no creo que lo vaya a conocer, porque el dinero ayuda a ser feliz, y no al revés. De todas formas preguntaré a mis amigos millonarios. Cuando nos juntamos, no veo a nadie que me quiera regalar su dinero, pero, oye, lo mismo cuela, quién sabe.

Simplemente es una cuestión de pensamiento crítico, no de repetir como loros. El dinero no te hace malo ni bueno, ya eras malo o bueno, sino que, simplemente, potencia lo que eres. El dinero no te hace infeliz por tenerlo; simplemente pregúntale a alguien rico sobre esto, y verás como es mentira. Pero ¿qué te va a decir un pobre o alguien que en su vida ha tenido éxito o dinero? Que no es importante; por supuesto que te dirán eso. Si no son capaces de tenerlo, no van a decir lo contrario para sentirse mal. De hecho, si se hubiesen hecho esa pregunta y hubieran sido sinceros consigo mismos, tal vez habrían empezado a hacer algo diferente en su vida para dejar de mentirse y crear una realidad diferente, y no sólo pensar en que algún día tal vez les toque la lotería y dejen de trabajar. Cosa que es irreal, porque el dinero que toca es una basura, y no sabrían conservarlo. Porque tener dinero no hace que dejes de trabajar, sino que hay que trabajar para conseguirlo. Si no lo haces, no llega. ¿No ves qué cantidad de incoherencias?

La educación de hoy en día necesita trabajadores, no empresarios. Necesitan gente débil, no valientes. Por eso, en tu colegio se reían de los que se equivocaban cuando preguntaba la profesora, y nadie hacía nada ante eso. Porque no quieren a valientes. No quieren gente que destaque. Prefieren que estés solo, no que resuelvas cosas en grupo, como en los negocios. Prefieren que memorices, no que comprendas, como necesitas hacer con este libro para poder aplicarlo todo. Y, sencillamente, lo que hacen es dejar que los empresarios aparezcan solos, porque son aquellos que han decidido salir del sistema y buscar otra vida distinta. Iban a aparecer de todas formas, porque son mentes inquietas. Son personas que quieren romper las cosas, probar el sistema, ver si es real que hay un camino distinto y probar sin miedo, y volver a intentarlo..., y también negarse a pensar como el rebaño. Pero, para poder buscar esa vida, tendrás que olvidar todas esas creencias que te han enseñado año tras año, como que el dinero es difícil de conseguir, que es «malo», que no es importante, que no sirve, que no lo necesitas, que se vive mejor sin él, que trae muchos problemas, etcétera.

No es así. Nada es real, simplemente debes reaprender y entender cómo va el juego. Es como cualquier otro deporte. Si no, mira este vídeo en el que explico cómo monté un negocio y, en un mes, pasé de cero a diez mil euros al mes de beneficio.

Cuando ves cosas como ésta, te das cuenta de que toda la vida te han estado engañando y que ese relato sobre el dinero no es cierto. Y, ahora que vas a empezar tu propia aventura, verás que no sólo encontrarás un montón de creencias que tendrás que cambiar porque no son ciertas, sino que la vida del emprendedor es más complicada aún, simplemente porque no sólo tienes los problema de emprender, sino que cualquiera que esté a tu alrededor tratará de que no lo hagas, convenciéndote, criticando o menospreciando tu trabajo, diciendo que para qué trabajas tanto, que para qué vas a emprender, que eso no es seguro, que eso no es vida, que no merece la pena y bla, bla, bla. Yo ya he escuchado de todo. Son sus miedos hablando por ellos para que no hagas lo que nunca tuvieron el valor de hacer. Porque si lo consigues será el reflejo de lo que nunca llegaron a tener por no intentarlo, y sería demasiado doloroso para ellos, así que mejor que no lo hagas. Se sentirán mejor. Pero si tú eres distinto, si no eres como ellos, no te sentirás mejor si te haces eco de sus palabras. Necesitas dar ese paso, así que asume ese cambio en tu mente, y cuestiónate todas tus creencias a partir de ahora. La forma de hacerlo es muy sencilla, simplemente pregúntate si algo es real o es infundado. Por ejemplo, ¿ganar dinero es difícil?, ¿es eso algo real o no? Bueno, pregúntale a un rico a ver qué dice, y saca tus conclusiones.

Lo mismo con cada cosa que veas que te han dicho siempre y de la que no estás seguro. Por ejemplo, si realmente los ricos no son felices. Pregunta a ricos, y saca tus propias conclusiones. O si los ricos son malos... De esta forma dejarás de repetir lo que dice todo el mundo, empezarás a cuestionarte todo y a ver que nada es lo que parece y que ese camino que parece más largo y empinado tal vez sea el mejor, a pesar de todo. Piensa de una manera fuera de lo normal, desde una nueva perspectiva (o *out of the box*, como se dice en inglés), y encontrarás un mundo nuevo del que aprender y con el que crecer personal y profesionalmente, o bien sigue igual, y simplemente tendrás lo mismo de siempre.

5

Pensamiento: la manzana es la que inicia el movimiento

No ha habido ser humano en la tierra que consiga algo sin este pilar: el pensamiento. Precisamente por eso hay tantas personas con traumas o con un amor infinito por sus hijos o su familia y sin apenas resultados ni éxito en ningún campo. Tal vez tú te sientas así, y por eso pienses que no tiene sentido un propósito de éxito; pero, si piensas esto, lee atentamente lo que sigue, porque este pilar será el que necesites para poner en marcha tus planes de éxito en la vida.

Para entenderlo tenemos que entender a Jesucristo. Jesucristo tenía fe en Dios, creía en su padre, pero el cristianismo no se convirtió en la religión más grande del mundo porque Jesús tuviese fe ni porque tuviese el propósito de llevar la religión cristiana a todas partes del mundo. Piénsalo bien, no fue hasta que se paró a pensar en la tarea que se le había encomendado cuando empezó a difundir la palabra de Dios. Los años anteriores no sabemos nada de él, están vacíos, y eso tiene un motivo.

Es el mismo motivo por el que yo no empecé a ganar dinero hasta que monté mi negocio. Y debes entender esto, porque en otro caso, si no lo entiendes, no trascenderás el siguiente nivel, y tu aventura en la vida acabará. No fue hasta que me lesioné el brazo que tuve mucho tiempo para pensar. Fue precisamente ese tiempo que tuve para pensar lo que creó mi fuente de riqueza. El pensamiento desencadena la acción. Empecé a pasar demasiado tiempo en casa, y ahí decidí empezar a ganar dinero. A partir de ese momento empecé a utilizar toda la energía de mi pensamiento para transformar mi deseo en acción, en algo material y tangible, y, aunque esa energía siempre había estado en mí, ¡nunca la llegué a usar porque no me había parado a pensar!

Quiero que lo entiendas bien. Lo has estado viendo toda la vida pero no le has prestado atención. Te lo han contado en clase, te han explicado millones de veces los pasos, pero no los has visto, porque no estabas preparado para ver. Piénsalo bien, a Newton se le tuvo que caer una manzana en la cabeza para decidir lo que iba a hacer, y no fue hasta que le cayó que se puso en marcha y descubrió la ley de la gravedad.

Él tenía los conocimientos, tenía predisposición, era un gran matemático ya por entonces, pero eso no era suficiente. Necesitaba saber el qué para poder materializarlo. Como un barco que sale de un puerto, si no «piensa» adónde va, nunca podrá llegar. Y es por eso por lo que, hasta que no te pares a pensar en tu manzana, el éxito nunca llegará.

La manzana aparece después de muchos árboles

Las manzanas se encuentran porque decides moverte, empezar a hacer. Haces, te sientas bajo ochenta árboles, y, al ochenta y uno, la manzana cae. Pero tú ya estás en camino, tú ya estás haciendo... Las manzanas no aparecerán en tu casa sin mover el puto culo. No debes esperar a que lleguen, debes empezar a buscarlas..., y, cuando piensas en cómo encontrar, encuentras.

No hagas como esas personas que se pasan la vida leyendo libros sobre cómo buscar manzanas, entendiendo sus colores, los tipos de manzanos y cuándo maduran para caer, pero que nunca salen a pasear. Ésos son muy cultos, pero muy pobres. Eso no funciona así. Es el movimiento el que genera el éxito, empezar a pensar y repetir. Es la puta repetición lo que hará que tu cerebro, por sí solo, sin ayuda, consiga encontrar el éxito. Es más importante leer y aplicar, que leer ochenta libros y no aplicar nada. Por eso, mi misión en este libro es que lo leas hasta que se rompa de tanto usarlo. No por leer más te harás más rico ni tendrás más éxito. La manzana aparece cuando decides ponerte a andar. Recuerda, todo progreso depende del aumento de tu atención. Un conjunto de pensamientos crea una idea, y las ideas que impulsan la acción son las que dominan tu conciencia, que son las que tienen tu atención. Enfoca tus pensamientos, crea ideas y pasa a la acción.

Pensamientos y sentimientos negativos

El mundo se mueve con energía. Es la energía la que se atrae o se repele y esto depende de la ley de la vibración. No puedes atraer algo con lo que no estás en armonía. Por eso, si odias el dinero no lo atraerás, es simple. Así pues, los sentimientos negativos atraen una frecuencia de vibración menor, y los positivos, una mayor.

Contraté a una interna en casa y empezó a trabajar. Todo fue bien hasta que un día mi mujer vio en sus estados que hablaba mal de la gente rica, que decía que trabajar de interna era la esclavitud moderna y que no paraba de subir cosas criticando y hablando mal de otros. Al día siguiente, la interna cayó enferma. Le dijo a mi esposa que no había podido dormir y que se encontraba mal. Es normal, cuando tienes tanto odio junto acabas reflejándolo en tu salud. No es la primera vez que lo veo: una persona con mucha ansiedad o depresión y que pasa por un episodio fuerte, y al día siguiente enferma. Es su cuerpo diciéndole que pare, que cambie, que se está haciendo daño. Pero la gente no suele cambiar, porque no cambian su paradigma, sino que se retroalimentan con más información negativa que sigue llenando su tanque de mala vibración.

No es bueno tener a una persona así cerca, porque te contamina con su energía negativa. Como hablaremos después, cada persona tiene una frecuencia de vibración, y atraes lo que eres. Y, si estás cerca de una vibración muy distinta a la tuya, colapsas y tienes que huir. Eso es lo que le pasó a nuestra interna.

Pasó la primera semana y fue aguantando, pero, cuando llevaba dos, ya no podía más. Su negatividad se quería imponer a todo lo que veía en nuestra casa, y acabó colapsando con sus estados de WhatsApp, hasta que enfermó. Puede que hubiese podido cambiar, pero no paraba de mirar el móvil todo el día, consumiendo información que alimentaba sus pensamientos y seguía nutriendo su conciencia sobre lo malos que eran los ricos. Y, claro, estar con un rico en casa y tener que trabajar para él la hizo explotar.

Debes eliminar todo lo negativo que tengas en tu vida para poder tener éxito. Desde aquellos pequeños problemas domésticos, como las discusiones con tu pareja, hasta algo que no te guste de tu casa. Cada detalle que haga que entren pensamientos negativos en tu cabeza hará que tu energía cambie, y eso afectará las acciones que emprendas y tus resultados. Cuando estás feliz, la energía vibra contigo, tienes ganas de comerte el mundo y parece que nada te puede parar. Cuando estás enfadado o tienes miedo, no tienes ganas de hacer nada, y tu cerebro te manda parar. Por eso debes alejar la negatividad. Es un círculo vicioso: la negatividad acumulada trae pensamientos negativos, y éstos, acciones negativas y resultados negativos. Y así día a día, sin poder salir de ahí. La solución es relativamente fácil. Tu nivel de frecuencia es lo que ves frecuentemente. Cambia lo que ves o lo que te genera esos pensamientos y cambiarás poco a poco tu nivel de energía. Si no me crees, simplemente piensa por qué los borrachos se juntan con borrachos, los empresarios con empresarios y los deportistas con deportistas. Y es exactamente igual a nivel mental; tú tiendes a juntarte con quien sientes que tienes cosas en común, con quien «vibras» en la misma onda, y, si mejoras tu vibración, atraerás cosas mejores a tu vida. No es muy difícil de comprender; simplemente, un empresario no quedará con un borracho o alguien que salga todos los findes, porque ni van a hablar de lo mismo ni piensan igual ni tienen los mismos gustos. No van a estar cómodos. Simplemente, su vibración es distinta.

Tu dinero es un reflejo de lo que piensas

Y si pensamos en términos de éxito económico, no es muy diferente a esto. Si eres pobre es porque vibras en la pobreza. Tal vez siempre has sido pobre y por eso no entiendes de otra cosa; lo ves todo el rato y es lo que te han enseñado. Ocurre también con los amigos con los que te juntas, con las cosas que haces. Todo te lleva ahí. Recuerdo lo que me decía la gente cuando emprendí. Mi círculo era muy tóxico: todo era salir de fiesta, no hacer nada y gastar. Y era a eso a lo que me impulsaban. Cuando cambié mi círculo por uno más sano, quedamos para hacer planes sanos y hablamos de cosas que tenemos en común relacionadas con nuestros negocios. Nos retroalimentamos con eso y no decimos cosas negativas, sino todo lo contrario. Así funciona el dinero. Los empresarios no son empresarios por arte de magia, sino porque piensan como empresarios. En sus distintos niveles, por supuesto. Hay empresarios con mucho éxito y con poco éxito. Simplemente, unos han llegado a un nivel de vibración mayor porque han entendido mejor cómo funciona la mente humana y han hackeado su mente para convertirse en la persona que querían ser y para alcanzar las metas que querían alcanzar, es muy sencillo.

Lo que no ve la gente es que los ricos vibran distinto. No es que no quieran juntarse con los pobres por clasismo, es que no hay nada que hablar con ellos. Yo odio las costumbres de los pobres, no a ellos. Odio lo poco que se quieren y lo poco que se cuidan. Odio la negatividad que tienen, la poca fe, la actitud crítica e irritable y lo poco que les gusta trabajar. Y ellos me odian a mí. Si me siento con un pobre y le digo que me acabo de comprar un reloj de cien mil euros o que me fui a vivir a una mansión de tres mil metros cuadrados, me va a odiar. Y si le hablo de la ilusión que me ha hecho la nueva estrategia de captación, me mirará raro o pensará que soy gilipollas por emocionarme por mi trabajo, o bien no me entenderá. O bien, directamente, alguien pensará que soy un arrogante y un gilipollas, porque ese alguien no tiene dinero, y entiende el hecho de tenerlo como algo arrogante; pero algún rico amigo mío lo vería como algo emocionante y como un logro. Así me pasó con mi amigo Leonard Dimas Bueno cuando le dije que me compré un Rolex de cien mil euros. Su respuesta:

—Guau, está guapísimo. A ver cuándo consigo yo uno.

Él no pensó que era mentira ni que era falso, ni se le pasó por la cabeza. Lo que sí se le pasó es que él también quería uno y que iba a trabajar duro para conseguirlo. Y por eso los pobres hablan de fútbol y series de televisión, y los ricos, de dinero. Es pura vibración, no hay más. Y si te juntas con ricos y te callas y no hablas, verás como poco a poco empiezas a entender, y acabarás haciendo lo mismo que ellos y consiguiendo los mismos resultados. No estoy exagerando, tus emociones definen tu riqueza, y, si no sabes gestionarlas y eliminar las emociones negativas, te arruinas. Así pasa cuando muchos ricos cortan con sus esposas, que acaban arruinados porque no saben gestionar las emociones. Y también pasa con los pobres cuando les toca la lotería, por eso no tardan mucho en perder todo el dinero, porque su nivel de conciencia sobre los estados de vibración es muy bajo. Si buscas en internet las frecuencias de vibración, verás un triangulito que tiene unas frecuencias. En la más baja está la vergüenza, y desde ahí va subiendo. Culpa, apatía, sufrimiento, temor, deseo, ira, orgullo, coraje, neutralidad, voluntad, aceptación, razonamiento, amor, alegría, paz, iluminación. Siendo la vergüenza la más baja, y la iluminación, la más alta. Y no es necesario estar en las más altas para poder atraer cosas positivas a tu vida. Simplemente hay que ser consciente de cómo funciona esto, porque así verás por qué no te va bien y podrás empezar a cambiarlo. O podrías no hacer nada y no atraer dinero.

No me escuches a mí, escucha a William Shakespeare: «Nuestras dudas son traidores que muchas veces nos hacen perder el bien que podríamos ganar si no temiéramos buscarlo». Tal vez no has emprendido porque tienes dudas. Incluso tal vez no has empezado a hacer lo que te he pedido al inicio del libro porque tienes dudas. Las dudas son las que te impidieron también pedir un ascenso o dejar tu trabajo. Qué crees, ¿que te va a ir bien en la vida dudando? ¿O teniendo vergüenza? ¿Te da vergüenza emprender y fracasar y que se rían de ti? Por eso te mereces ser pobre. ¿Crees que no se rieron de Edison cuando quiso crear la bombilla? ¿Crees que a él le afectó? No, porque tenía fe y operaba desde la paz y el amor. Por eso lo recordamos hoy. Quería ayudar a la gente, y su deseo fue mucho mayor que cualquier vibración negativa que pudiese tener.

Y lo mismo pasa con la ira, el miedo o la culpa. Y por eso seguro que no has conseguido nada aún. Porque ellas mandan sobre ti, y no tú sobre ellas. Tus sentimientos negativos te frenan en un estado que no es el que atrae el dinero. Sólo atraes tu equivalente, y, si no tienes claro esto, mira a las personas con las que más tiempo pasas. Dime, ¿querrías que tus hijos fueran como ellos? ¿Acaso son ricos o tienen algún mérito reseñable? Si es que no, seguramente tampoco quieras que sean como tú, sino que desearás que hagan cosas importantes. Así hacen muchos padres con sus hijos. Ellos no pudieron conseguir nada y tratan de hacer que sus hijos lo consigan siguiendo los mismos pasos que siguieron ellos o que sus padres siguieron con ellos, y, claro, no funciona. Y no me vengas con que quieres que sean buenas personas y mierdas así. Pueden serlo con dinero también. Que lo importante es que sean buenas personas no quita que prefieras que sean buenas personas y con dinero y éxito. ¿Me equivoco? No sé, espero que no seas de aquellos a quienes les da igual todo, porque te habrás confundido de libro. Yo quiero que mis hijos sean trabajadores, honestos, buenas personas... y que tengan dinero. Y no me vale con una opción, las quiero todas, porque quiero lo mejor para ellos, no sólo un poco de algo y ya está. Sólo como hipótesis, ¿sabes por qué los tuyos quizá lleguen a ser pobres? Porque tal vez aprenderán viéndote a ti: una persona que empezó a leer un libro para ser millonario y que se propuso entenderlo y trabajarlo, pero que nunca empezó a seguir los pasos del libro. Y aprenderán eso, a fallarse a ellos mismos, a no cumplir su palabra. Porque se aprende observando. Así aprenden las personas.

Tú aprendiste de tus padres, y ellos, de los suyos. Y si nadie rompe eso, continúa el ciclo de pobreza. No vas a atraer nada positivo si tienes miedo. Cuando la cosa se ponga un poco dura, huirás. De hecho, cuanto antes actúes, mejor, porque el tiempo hace que le des más vueltas, que tengas más ansiedad y que te cueste más pasar a la acción. Lo has hecho siempre así, y por eso aún no eres millonario. No has logrado grandes cosas porque el enemigo de la acción masiva es el miedo. El miedo está provocado por las emociones, no por el pensamiento racional. El miedo es el enemigo de la fe, de la confianza; y, querido o querida, sin fe no hay dinero. Tú no tienes miedo porque vaya a pasar algo malo, lo tienes porque piensas que va a pasar. Eso no es racional, es emocional, no existe, está sólo en tu cabeza. Primero hay que confiar en uno mismo y en lo que se está haciendo, y luego llega todo lo demás. Nunca al revés. El miedo es lo contrario de la fe. Ambos son invisibles y no existen, sólo en tu mente. Pero, puestos a elegir, prefiero la fe, porque sólo con fe se consiguen cosas imposibles y se logran resultados increíbles. Nadie logró nada sin fe. Recuerda esto para siempre o no sólo serás pobre tú, sino que condenarás a eso a tus generaciones futuras. De hecho, seguro que ya lo haces sin querer, diciéndoles cosas como que el dinero es difícil de conseguir, que cuiden de no perderlo, que sean precavidos o que no rompan esto o aquello porque cuesta mucho dinero. Les metes miedo a diario (si tienes hijos) porque es lo que han hecho contigo. Y, oye, está bien que alguien te lo diga para que dejes de hacerlo con ellos, pero también tú vas a tener que cambiar si quieres atraer algo distinto a tu vida.

Piénsalo bien, ¿por qué los amigos de tu grupo se parecen a ti y ninguno de vosotros sois millonarios? ¿Hacéis cosas parecidas? ¿Os gusta hacer lo mismo, tenéis los mismos hábitos? ¿Habláis mal de las personas de éxito, como futbolistas que fallan un tiro, pero en vuestra vida jamás os pondréis en un partido a jugar? La crítica es el deporte de los pobres porque éstos están llenos de esos sentimientos negativos. La mayor parte de la sociedad lo está, no pienses que eres tú solo. Todos lo están, y lo peor es que los políticos te quieren así porque lo saben. Por eso en las noticias de televisión (y no sólo de televisión) es todo negativo. Es porquería para llenar tu cerebro de cosas negativas, retroalimentar lo que te gusta y hacer que sigas sin ganar un duro, preocupado por cosas que no importan y pidiendo ayudas o pensando que no se puede hacer nada por ganar más, atado en una cárcel en tu mente para que sigas pobre para siempre.

Es posible que ahora mismo ya me odies. O tal vez no, y en cambio estés agradecido por abrirte los ojos. O incluso las dos opciones, ¿quién sabe? Puede que estés agradecido pero te cagues en mí por decirlo de esta forma. Pero, créeme, ésta es la única forma en que el cerebro lo entiende. Esto es un guantazo virtual a través de las épocas y las distancias para que despiertes de una vez y cambies. Porque, sí, se puede cambiar. Luego veremos cómo cambiar el estado de vibración, pero, antes de entender qué debes hacer con tu mente, veremos qué tienes que hacer con tu vida.

Si no aporta, aparta

No sé si alguien te lo ha dicho alguna vez, pero si no tendré que ser yo. Tú eres la única causa de tus problemas en tu vida, pero también eres el único que les puede poner solución. En el momento en que entiendas esto, entenderás qué debes hacer. Cada problema que tienes viene ocasionado por ti, por una decisión tuya. Incluso a los que piensan que no es así, también les ocurre esto. Al final, sea como sea, las cosas pasan por alguna decisión que tomaste.

¿Tienes un jefe de mierda? Tu responsabilidad. ¿Ganas poco? Tu responsabilidad. ¿Te sientes como una mierda? Tu responsabilidad. ¿No estás en forma? Tu responsabilidad. ¿No te sientes atractivo? Tu responsabilidad... Siempre es cosa tuya, porque tú eres el único que decide sobre su tiempo. Si no es así, cuéntame cómo puede ser que existan personas ricas y pobres que iban a la misma clase y tenían familias con ingresos parecidos, mientras que ahora uno es rico y otro no. Es sólo por lo que cada uno hizo con su tiempo.

Eres el único que puede decidir hacer una lista con todas las cosas que traen sentimientos negativos a su vida y apartarlos del camino. Eres el único que puede cambiar su entorno y conseguir uno nuevo. Y eres el único que puede elegir su propia pareja, o bien el único responsable de hacerlo. Y es que hay muchos que eligen mal y, tras separarse, hablan mal de su ex sin darse cuenta de que... ¡ellos mismos la eligieron!

Sería como hablar mal de un empleado que has contratado. No jodas, lo contrataste tú. ¿Eres idiota o qué? Despídelo y deja de quejarte, o bien haz algo por arreglarlo. ¡Asume tu responsabilidad! Yo sé que cuesta, porque lo fácil es echar balones fuera. Fumas tabaco, pero tienes poco tiempo y no te alcanza para comprar libros. Te gusta beber, pero no tienes tiempo para estudiar. No hace falta que te diga lo que pienso, ¿verdad?

Puedes aceptar o rechazar tus pensamientos, y, sea lo que sea en lo que pienses, se expande. Si piensas en cosas positivas, atraerás cosas positivas. Si tienes cosas negativas y no las cambias, amigo, es lo que vas a tener. Tú lo has querido así. Yo lo que hago es una lista con todas las cosas que quiero eliminar de mi vida y voy trabajando una a una en ellas. Igual que hago con las cosas que quiero añadir, lo hago con las que quiero eliminar. Así voy cambiando mis hábitos poco a poco y modificando mi paradigma. Es la única forma de cambiar tu vida, hacerte responsable de ella. Y, cuando pienses que no puedes o no tienes tiempo, recuerda que los ricos tienen las mismas horas en el día que tú. No es que no tengas tiempo, es que te organizas mal. No tienes unas prioridades correctas y prefieres hacer el vago antes que asumir tu responsabilidad y poner orden en tu vida. No hay más.

Y es probable que incluso traigas esa carga desde pequeño. Viste desde pequeño que tus padres discutían todo el tiempo, entonces lo encontrarás normal y harás lo mismo con tu mujer. Viste que tu padre te decía que no se podía comprar «x» porque no había dinero, y tú asumes que el mundo es así y que no hay dinero. Vas buscando descuentos o regateando a todo el mundo continuamente. Pues qué quieres, si eres una rata, tu vida será la de una rata. Párate de una puta vez y pon orden en tus cosas. Hasta ahora te has dejado llevar por tus paradigmas y has vivido dando por sentado todo lo que te han dicho toda tu vida. Ya no hace falta que sigas así... Ahora puedes decidir, de modo que déjate de cuentos y empieza ya a cambiar.

Saca un papel y haz una lista, haz este ejercicio y no empieces el siguiente capítulo hasta que lo tengas claro. Si no, pasarás de aquí y seguirás haciendo lo mismo de siempre. Mismos hábitos, mismos resultados.

A veces no tienes que apartar, sino cambiar tú

Ahora hablaremos de un arma de doble filo. Atento con esto, porque te puede pasar. Por ejemplo, si eres empresario es posible que quieras mejorar el rendimiento de tu equipo y no lo consigas. Si quieres que una persona trabaje mejor, debes averiguar qué quiere, porque sólo así trabajará de manera más eficiente. El problema es que muchas veces contratamos a la persona adecuada pero no sabemos cómo motivarla, y es porque no te has parado a pensar qué quiere exactamente. Necesitas saber qué quiere, y entonces lo hará mejor. Cambia tu paradigma y cambiará su rendimiento. Comprende quiénes son las personas de tu equipo y qué las mueve, y conseguirás resultados increíbles. Enfádate con cualquiera, sin pararte a pensar, y nadie responderá ante ti, y te quedarás solo.

Y lo mismo si eres empleado. A lo mejor no es que tu jefe sea un gilipollas, es que no te has parado a pensar qué quiere o por qué se pone así. No has intentado entenderlo y comprender su paradigma. Tal vez el lugar en el que estás sí es el adecuado, pero tú no estás entendiendo aún. Asegúrate bien de comprender estas palabras para entender mejor las circunstancias y ajustarte a la realidad.

Algo que pasa mucho es que discutimos con nuestra pareja y no nos hemos parado a hablar con ella. No hemos entendido su parte, y por eso no hemos podido fluir. No es cuestión de desechar todo lo que no te sirve, sino de entender si realmente es un problema de la otra parte o tuyo, que no has hecho por entenderla. Pero, sea como sea, si haces tu esfuerzo por comprender y modificas tu forma de proceder pero nada cambia, siempre es mejor transformar algo antes de continuar igual. Sea lo que sea, si es negativo, no merece la pena.

La energía se destruye o se conserva

Igual que el miedo es un gran enemigo del dinero. Y me da igual si es miedo a la pobreza, miedo al fracaso, al qué dirán o a lo que sea.

Hay otros grandes enemigos que me he dado cuenta de que tiran de mí para impulsarme a fracasar, y hoy te lo voy a mostrar y te voy a enseñar cómo me despojé de esto para multiplicar mis resultados. Estate atento, porque lo que te voy a explicar, si lo pruebas, cambiará tu vida para siempre.

Lo primero que debes entender para poder poner en práctica esto es que el ser humano es energía, y que al comenzar cada día empiezas la jornada con la energía al cien por cien. Y cuando piensas, cuando discutes, cuando hablas o cuando haces lo que sea, vas gastando esa energía. Por eso es tan importante lo que hagas en el día y cómo uses tu energía, porque hará que tu día sea más o menos productivo.

La mayor parte de la población ni entiende sobre la energía que tiene en el día ni sobre su nivel de frecuencia, y por eso no cuidan lo que hacen, lo que piensan y con quién están. Simplemente, les da igual, porque nadie les ha enseñado. Cuando aprendí esto y lo apliqué, vi que mis días eran infinitamente más productivos, y apenas había cambiado cuatro cosas que a continuación te voy a explicar a ti para que también puedas poner eso en práctica.

Eres un imán de frecuencia

Para que entiendas esto, necesito que pienses algo. ¿Alguna vez te has puesto a hablar con alguien y te has quedado con mal cuerpo? Esto pasa cuando el nivel de frecuencia es muy distinto, especialmente si es muy bajo. A mí, por ejemplo, me pasa cuando me junto con alguien y veo que no para de hablar mal de la gente o de criticar. Me empieza a consumir energía y me dan ganas de irme. Esto es por su nivel de frecuencia, porque es muy bajo.

Lo mismo te habrá pasado al revés. Te has puesto a hablar con alguien y tiene tanta energía y tanta felicidad que se te contagia, y te vas con una sensación de «guau, qué buena vibra tiene esa persona». Esto pasa por los niveles de frecuencia de las emociones.

Aunque ahora mismo te parezca un concepto raro y que no tiene mucho sentido, lo vas a ir viendo poco a poco. Simplemente piensa que esto es real, y asúmelo como tal; luego te darás cuenta de que es así cuando lo pongas en práctica.

Bien, digamos que eres un imán de frecuencia porque te juntas con la gente que tiene tus mismos pensamientos e intereses. Si sus pensamientos no coinciden con los tuyos, no querrás juntarte. Esto es porque, cuando piensas, emites un nivel de frecuencia, y estas energías se atraen y se repelen entre sí.

A mí me pasó con mis amigos, cuando me alejé de ellos no era porque quisiera, es que, simplemente, aquello de lo que hablaban y lo que hacían ya no coincidía conmigo. Eso pasa debido a los niveles de frecuencia del pensamiento. Y esto tiene algo bueno y algo malo.

Lo bueno es que los puedes cambiar. Lo malo es que si eres pobre es porque tu nivel de frecuencia es muy bajo, y seguramente tus pensamientos predominantes sean bajos. Culpa, apatía, vergüenza, sufrimiento, temor, deseo... Son pensamientos bajos. Y son los pensamientos que suelen tener las personas sin dinero.

Puede rondarte el siguiente pensamiento: «Qué poco dinero tengo; es que no me da para pagar esto o lo otro»; pues, bien, si no quitas ese pensamiento de ahí, ésa será tu idea predominante y eso será lo que vas a atraer a tu vida. O bien, imagina que tienes miedo a perder dinero, al qué dirán, al fracaso, etcétera. Al final estás en un pensamiento negativo principalmente. Y eso atrae a personas iguales. Cuando hables con alguien, le contarás lo mal que estás y esa persona te dirá que sí, que la cosa está muy mal y que ahí vamos, tirando.

Cuando me preguntas qué tal estoy, te digo: «Increíble, genial, como siempre». Y si veo que alguien tiene pensamientos negativos, huyo. No quiero eso en mi vida, porque se contagia.

Esta idea se la escuché por primera vez a Napoleon Hill, pero es algo de lo que hablan muchas personas de especial relevancia internacional, como Tony Robbins. Es decir, no es algo que me esté inventando yo aquí ahora.

Eres lo que piensas la mayor parte del tiempo

En serio, si tú estás todo el día pensando en hacer algo, lo más probable es que acabes haciendo ese algo. Sobre todo si lo piensas con una emoción muy fuerte, día y noche, continuamente. Por eso la gente no se da cuenta y atrae pobreza, porque piensa todo el día en lo mal que está y en el poco dinero que tiene, lo que le lleva a entrar en una actitud negativa y a enfocarse en lo mal que le va. Pensará que es una persona sin suerte, y nunca arriesgará para tratar de lograr nada más en su vida, porque tendrá miedo de fracasar. Ese mismo pensamiento de pobreza invade todas sus decisiones y hace que no prospere, que se conforme con cualquier empleo que coja porque teme quedarse sin dinero y nunca hará nada por cambiar su situación.

Por el contrario, una persona que confía en sí misma y piensa que conseguirá ganar mucho dinero, tiene justo el pensamiento contrario. Seguramente piense que el dinero es fácil de conseguir, que hay miles de oportunidades en el mundo y que seguro que lo puede lograr. Sin darse cuenta, esta persona, aunque fracase a veces por el camino, tendrá la actitud para seguir intentándolo, aprenderá y acabará encontrando la forma de hacer dinero. Simplemente porque sus pensamientos atraerán una serie de acciones similares a estos y acabarán convirtiéndose en realidad.

Como veremos más adelante, primero eres, después haces y luego tienes. Y, para poder ser la persona que hace lo que hay que hacer para tener, lo que te gustaría tener, primero debes cambiar quien eres. Y para cambiar quien eres necesitas cambiar tus creencias y tu subconsciente, empezando por tus pensamientos. Y me imagino que quieres ganar dinero, porque si has comprado este libro será por algo. La pregunta es si serás capaz de poner en práctica esto para poder empezar el cambio en ti y acabar consiguiendo tus metas.

Tus pensamientos crean tu realidad

Solía ver noticias en X o en YouTube, y me las tragaba enteras. Después de hacerlo sentía odio. Odio por los políticos, odio por la sociedad..., tenía rabia por dentro. Era una rabia intensa, porque las cosas siempre estaban mal y teníamos una sociedad adormecida que no se entera de nada. ¿Te puedes imaginar eso? ¿Lo has sentido alguna vez? ¿Acabar las noticias y estar de mala leche? Pues así estaba yo todos los días. Ahora, piensa bien: ¿para qué me servía eso exactamente?, ¿qué estaba consiguiendo en mi beneficio con esa práctica autodestructiva? Te lo digo yo, absolutamente nada.

Marco Aurelio, el gran emperador romano dijo: «La vida de un hombre es lo que sus pensamientos hacen de ella». Ver noticias o tener gente negativa cerca es lo mismo. No sólo te hacen perder el tiempo, sino que te generan un odio, una ira, una rabia por dentro que luego compartes con el resto y afecta a tu vida. Estos sentimientos son muy fuertes, y luego se tiende a comentarlos con amigos o familiares, y uno mantiene ese sentimiento en el tiempo. Dime: ¿qué crees que puede ocasionar esto en ti?, ¿qué tiene de positivo?, ¿puedes hacer algo para cambiarlo? Si la respuesta es no, más allá de votar cuando toque, entonces es mejor que dejes de ver y comentar estas noticias automáticamente.

Consumir energía negativa baja tu energía diaria. Ralph Waldo Emerson dijo: «Un hombre es lo que piensa durante todo el día». ¿Qué crees que eres si piensas en odiar y en lo mal que está todo? ¿Cómo te vas a comportar, qué vas a hacer, qué decisiones vas a tomar? Eso te hace perder el tiempo y te envenena por dentro, llenándote de energía negativa que no aporta nada bueno a tu vida. Después de ver estas cosas es imposible tener ganas de hacer nada positivo, como crear, emprender o tratar de mejorar, porque estás lleno de malestar por dentro. Por eso ya no hago nada que pueda atraer energía negativa a mi vida.

Si hay una persona negativa, la evito. Williams James dijo: «El mayor descubrimiento de mi generación es que los seres humanos pueden alterar sus vidas por medio de alterar las actitudes de su mente». Por eso no veo las noticias ni hablo con gente negativa, y lo único que hago es leer y escuchar a personas que sé que tienen que aportar cosas positivas y que me van a ayudar a tener energía positiva para poder continuar con mi día a día y alcanzar mis metas. Atraes lo que eres, y te darás cuenta de que, cuando elimines esto de tu vida, irás quitando gente que trae mala vibra y atraerás a gente que tiene buena vibra, y que generalmente serán personas que tienen mucho más que aportar.

Aún no he conocido a alguien rico que se pase el día criticando a otras personas. No tienen tiempo para eso, los ricos no perdemos el tiempo criticando, envidiando o hablando mal. No sentimos culpa porque nos perdonamos y seguimos adelante. No sentimos temor porque tenemos fe en lo que hacemos y en nosotros mismos. No sentimos deseo porque lo que hacemos lo hacemos por amor y por ayudar a los demás. Y, por supuesto, tampoco sentimos odio. Todos esos sentimientos no traen nada bueno a tu vida. Lo mires por donde lo mires, nunca han traído ni van a traer nada bueno.

Hacienda puede ser tu mejor regalo

En el año 2024 tuve una inspección grande de Hacienda. Esa inspección suele durar más de un año, y normalmente la gente pasa ansiedad y miedo, e incluso pierden el pelo o ven bajar sus ingresos drásticamente por el estrés. Entran en un bucle de negatividad que les hace que dejen de tener energía y que tengan miedo por lo que pueda pasar. ¿Qué crees que pasa en sus negocios cuando actúan desde el miedo? Si no lo sabes te lo digo yo: bajan sus ganancias.

Si esto último no pasa siempre, seguro que ocurre en un 90 por ciento de las veces. Y eso pasa, simplemente, porque tienen miedo a lo que pueda pasar y toman posiciones defensivas. Dejan de invertir tanto y empiezan a dedicar demasiado tiempo a futurizar, y pierden tiempo y energía pensando en todo lo que podría pasar y que aún no ha pasado.

En mi caso tuve una gran inspección pero yo no tuve ansiedad en ningún momento. No me preocupaba porque no es algo que pudiese cambiar. Lo que fuese tendría que ser, y a mí me daba igual, porque confiaba en que, pasase lo que pasase, yo iba a conseguir todo el dinero que quisiese en mi vida.

Gracias a no tener este malestar pude seguir invirtiendo y seguir creciendo. Estaba tan tranquilo que hasta mi psicóloga pensó que estaba tapando mis emociones, a lo cual le dije que por supuesto que no. Y de hecho, me hice unas analíticas, y el cortisol me salió tan bajo que el médico se sorprendió de que fuese empresario y tuviese tan poco estrés.

Ése es el resultado de años de trabajo en mis pensamientos y en mí, de mi confianza y mi fe ciega en lo que soy capaz de hacer, y también de saber eliminar todos los pensamientos negativos de mi vida. Es algo tan liberador que, cuando empiezas a hacerlo, ves un mundo nuevo y empiezas a obtener unos resultados que jamás habías conseguido.

Al final, Hacienda me pidió una cantidad de dinero que, bueno, a mí me pareció bien. En realidad siempre jode que te quiten dinero, pero, al contrario de lamentarme o pensar lo desgraciado que era por eso, pensé que era un buen motivo para ganar muchísimo más aún. Y eso es precisamente lo que estoy haciendo.

Y es que debes entender que lo que te pasa en la vida no es bueno ni malo. Eres tú el que le da una connotación positiva o negativa, y eres el único capaz de hacer algo que el resto consideraría negativo, como una oportunidad para conseguir más dinero todavía. Si no fuera así, yo no habría podido contar esta historia y, por supuesto, no podría haber usado eso a fin de motivarme para ganar más dinero.

Y, ojo, esto no quiere decir que me guste que me quiten dinero o que Hacienda me ponga una sanción. No me gusta, igual que no le gusta a nadie, pero yo soy el único responsable de cómo tomármelo, cómo reaccionar y qué sentir al respecto.

6

Ser: ser, hacer, tener

Ser, hacer, tener, ésa es la cuestión. Todos quieren tener, pero nadie quiere ser antes de tener. Nadie quiere ser la persona que merece tener. Esto te lo digo un 17 de agosto a las nueve de la mañana, después de cinco horas despierto sin parar de trabajar (sólo para hacer ejercicio y desayunar).

Es importante entender que, aunque a Newton se le hubiese caído encima el manzano entero, si no hubiese sido matemático primero, nada habría sucedido. Y no porque no entendiese lo que pasaba, sino porque no habría entendido lo que tenía que pasar. Habría sido sólo una persona golpeada por una manzana en caída libre, y nada más. Por eso es tan importante el puerto al que vas, porque, sin conocimientos de navegación, no tendríamos teoría de la gravedad.

Así ha sido a lo largo de la historia, y es una pena que grandes personas se quedaran en este punto precisamente por no ser. Pero hay que entender bien lo que aquí se está diciendo. *Ser* no significa lo que otros te han dicho que puedes ser. *Ser* significa lo que tú quieres ser. Hay veces que la norma indica lo que puedes o no ser, como un abogado que no podría ejercer si no hubiese estudiado Derecho. Pero la mayoría no funciona así; no son construcciones sociales, sino mentales. Así hizo Raúl Castañeda, de Preico Jurídicos, que montó un despacho de abogados sin ser abogado. La norma no indicaba nada al respecto, y él decidió qué es lo que quería ser aunque la sociedad siempre había dicho lo contrario, y, de hecho, yo no conozco a nadie más en el mundo que haya montado un despacho de abogados sin ser abogado.

Entender el hacer sin ser es tan difícil como realizar una operación quirúrgica sin ser médico o diseñar y construir un edificio sin ser arquitecto. Él pudo hacer eso porque no necesitaba ser abogado, sino empresario y vendedor, y eso ya lo era. No puedes ser rico sin hacer las cosas que hacen los ricos, y que ahora mismo tal vez no las entiendas o no las veas, pero lo que sí deberás saber a estas alturas es que seguro que no son las que haces tú en tu día a día. Por eso es tan importante entender este pilar, porque, si todos los pilares no están alineados, sea cual sea la energía que pongas, tu deseo jamás se materializará.

Y creo que necesitamos entender que a veces no sabremos. Yo no sabía cuando empecé mi primera empresa. No era empresario, no entendía nada del juego del dinero y de qué se esperaba de mí en este mundo de negocios. Pero, como Cristóbal Colón al descubrir América, a veces sabemos dónde queremos ir, pero tampoco tenemos muy claro cómo lo vamos a hacer, y eso no debe ser un impedimento si nuestro primer pilar es lo suficientemente fuerte, porque al final acabaremos encontrando el camino y aprendiendo a ser.

En mi caso estuve a punto de dejarlo varias veces porque estaba perdido en el mar. Es normal que te pierdas en el mar si no sabes navegar. Y cuando estás perdido, dan ganas de dar la vuelta y regresar. Es el camino fácil: me asusto y vuelvo. Y es ahí cuando el *ser* se hace más necesario. O tenemos un gran primer pilar, un *ser* trabajado, o las probabilidades de optar por dar la vuelta se multiplican. Y la verdad es que aquí es donde fallan casi todos. De hecho, quizá el 99 por ciento de las personas que lean este libro no pondrán en práctica todo lo que he dicho y darán la vuelta antes de «encontrar tierra», y precisamente eso es lo que estoy tratando de evitar al empezar contándote esto desde el principio.

Siempre elige ganar

Desde pequeño siempre quise ser rico. No recuerdo cuándo fue exactamente, tal vez cuando me di cuenta de que mi padre ganaba mucho más que el resto; pero recuerdo perfectamente que había compañeros que querían ser astronautas, profesores, cantantes, bomberos..., y yo quería ser rico. Es más, un día, el profesor Enrique Murillo empezó a preguntar a todos qué querían ser de mayores y cada uno iba respondiendo con los empleos típicos de esas edades. Tendríamos unos diez o doce años, pero yo ya lo tenía claro.

—Jesús, ¿tú qué quieres ser de mayor? —me preguntó el profe.

—Yo quiero ser rico —le dije muy seguro de mí mismo.

—Pero eso no es un empleo, tienes que elegir uno —me dijo seriamente.

—Entonces quiero ser empresario —respondí, viendo por dónde iba la cosa.

—Jesús, pero ¿de qué sector?, ¡no puedes decir *empresario* y ya está!

—Me da igual el sector, quiero ser empresario y rico.

Como te puedes imaginar, el profesor se enfadó conmigo porque quería que entrase en el juego de la mátrix. Yo no quería un empleo normal, nunca me llamó la atención, y siempre supe que los ricos no seguían esas cosas. A mi entender, mi padre tenía mucho dinero, aunque luego me di cuenta de que era muy poco, y eso me sirvió para ver que la gente que más dinero tenía lo hacía de otra forma. Pero paremos un momento, esto no es lo importante, piénsalo bien. ¿Te imaginas cómo puede llegar a ser el sistema, que hasta a un niño, ya desde pequeño, le quieren quitar la ilusión de ser rico forzándolo a que elija uno de los caminos que elige todo el mundo? A mí me hacían sentir triste, como un bicho raro. Como si lo que yo decía fuera una locura y fuese estúpido, pero lo que ellos no sabían es que precisamente esa determinación fue clave para lograrlo.

Emprendí siendo muy joven, y eso me hizo ser rico relativamente joven. Hoy en día, la gente emprende antes, pero yo hice mi primer negocio con dieciocho años. Esto fue parte del principio que te voy a explicar. Es importante que lo entiendas, porque, si lo aplicas, las probabilidades de conseguir ganar más se multiplicarán.

Como te he contado, yo quería ser rico. Y eso fue lo que me hizo rico. Y lo que hace que la gente no sea rica es que no tienen claro lo que quieren conseguir en la vida (o sí lo tienen, claro, e implica ser pobre), ni saben cuáles son sus sueños, sus metas ni sus objetivos. Yo lo tenía claro, así que sabía cuál era el camino a tomar. Y qué importante fue eso, visto en retrospectiva.

Si quería ser rico tenía que hacer algo para serlo. La pregunta es la siguiente: ¿a qué se dedican los ricos? Si sabes a qué se dedica la mayoría, puedes saber qué tienes que hacer tú para, con una mayor probabilidad, ser rico también. ¿No crees?

Bien, fue sencillo, simplemente me di cuenta de que tenía que ser empresario y tenía que montar un negocio. Corrígeme si me equivoco, pero las personas tienen sueños hasta la universidad; luego se ponen a trabajar y se olvidan de seguir soñando, y simplemente van al trabajo, vuelven a casa, ven la televisión, están con sus hijos y vuelven a empezar. Si les dejan, adoptan un *hobby* para los fines de semana o, directamente, entran al club mundial del alcohol y, simplemente, beben y desconectan del mundo exterior, pero lo que seguro que no hacen es preocuparse por su vida. Si acaso, cuando quieren más dinero, buscan un ascenso o cambian de trabajo, pero se olvidan de todos los sueños que tenían en su infancia.

Se olvidan de por qué van a trabajar, qué quieren lograr, qué les gustaría comprar, hacer, conocer, vivir... Pierden la esencia, pierden el porqué; y sin un porqué no tienes nada que te impulse a trabajar, esforzarte y conseguir grandes cosas. Por eso, el primer paso para este viaje hacia el dinero va a ser apuntar en un panel visionario qué quieres en tu vida. Porque si sabes lo que quieres, será mucho más fácil que le des coherencia a los pasos que estás dando para llegar hasta ahí. Y lo que quieres no es cualquier cosa, sino que tienen que ser metas grandes. Necesitas algo suficientemente increíble como para tener la emoción de querer luchar a muerte por ello, y debes creer con fe ciega que si pones esfuerzo de forma continuada lo lograrás. Da igual que ahora pienses que es imposible, lo importante es que sea algo que no pienses que se pueda lograr pero que te emocione tanto como para luchar por ello a muerte. Y no sólo debes apuntar qué quieres, sino por qué lo quieres. Es decir, tú puedes querer ganar un millón de euros al mes de beneficio, pero ¿para qué? ¿Lo quieres para viajar por el mundo entero? ¿Lo quieres para dar una mejor educación a tus hijos? ¿Quieres comprarte un Ferrari o un Porsche? Yo tengo ambos, no pasa nada, puedes apuntarlos también. No está mal soñar a lo grande, lo importante es no dejar de soñar.

Bien, antes de seguir tengo que decirte algo importante: la gente piensa que quiere más de lo que en realidad quiere. Es decir, si te pones a apuntar cuánto dinero necesitas, es posible que te des cuenta de que es menos de lo que pensabas. Esto es algo que suele pasar, y no pasa nada. Es normal que no tengas en tu cabeza que quieres tantas cosas porque tu cerebro no está familiarizado con cifras tan altas. Apunta lo que pienses y multiplícalo por cinco. Aunque creas que no lo necesitas, luchar por algo mayor es lo que nos hará continuar adelante. Y, ojo, que estoy hablando de dinero, pero no tiene por qué ser sólo dinero. Puedes querer montar la comunidad de emprendedores más grande de habla hispana o puedes querer ayudar a cien mil personas, a lo largo de tu vida, a conseguir mejorar las suyas gracias al emprendimiento. Todo es válido mientras sea algo grandioso.

Y, luego, debes anotar todo lo que quieres, que yo lo suelo dividir en cinco áreas: personal, familiar, profesional, salud y social. Después tienes que saber qué quieres en cada una de estas áreas para poder conseguirlo. Por ejemplo, si quieres ponerte en forma y bajar de peso cinco kilos, lo pondrás en «salud». Si quieres viajar por el mundo y ver siete países nuevos cada año (como yo), lo pondrás en «personal», y si quieres formar una familia o tener hijos o dedicar «x» horas a la semana a tu pareja, lo pondrás en «familiar»... Cuantos más detalles tengas sobre lo que quieres, más fácil será que tu cerebro lo materialice más adelante. Necesitas visualizarlo todo, y aunque no veas la forma de lograrlo no te preocupes demasiado ahora por eso. Por ahora, simplemente debes saber adónde vas. Piensa que tener las cosas claras hace mucho más sencillo saber qué queremos y por qué luchamos en la vida. Yo me levanto y escribo cada día lo que quiero conseguir porque es la mejor forma en que puedo visualizar mi propósito, infundirme una fuerza sobrehumana y recordar para qué estoy haciendo este esfuerzo. La energía, la constancia, la valentía, la fuerza con la que haces las cosas dependerán de cómo apliques este principio. Y si sabes para qué lo quieres y cuánto lo necesitas, estarás mucho más cerca de lograr saber cómo llegar hasta tu objetivo.

Y, por supuesto, esto no es algo que tengas que empezar dentro de un tiempo. Si no has hecho ya esa lista, te recomiendo que empieces ya mismo a hacer un listado con lo que quieres y no quieres en tu vida. Porque también puedes eliminar el tabaco o el alcohol. O esa persona tóxica que no te hace bien. Todo vale, y cuanto más claro esté y antes lo apuntes, antes podrás ponerte a tachar, mejorar y ser más feliz.

Recuerda: las decisiones de hoy definirán la vida que tengas en unos años. Cada decisión tiene consecuencias, desde comer comida basura, en vez de comida sana, hasta ver Netflix en lugar de leer un libro. Todo cuenta, TODO; aunque pienses que harás algo no conveniente sólo una vez y que por hacerlo no pasa nada, piensa que cada detalle cuenta, porque ese pequeño detalle o ese pequeño momento en que tú te has fallado es un pequeño momento que has dejado pasar para acercarte más rápido a tu objetivo.

La mediocridad nunca trajo nada bueno

Antes de seguir quiero hacer una reflexión contigo... Porque parece que no nos damos cuenta, pero la mediocridad es mala. Ser mediocre es ser de calidad media, de poco mérito. Y tú nunca comprarías nada de calidad media, ¿no crees? Entonces la pregunta es ¿por qué tú sí eres de calidad media, si nunca comprarías algo así? ¿Acaso te elegirías a ti en la vida? Quiero decir, imagínate que puedes elegir a tu persona en la vida. Esto es como un videojuego en el que puedes elegir. ¿A quién elegirías? ¿A Cristiano Ronaldo o a ti? Si la respuesta no es que te elegirías a ti mismo, es porque eres mediocre. Y, bueno, siento mucho ser yo, en este libro, quien te rompa el corazón, pero es mejor así, créeme. El primer paso para cambiar algo en tu vida es reconocerlo. Sin reconocer que podrías estar en mejor forma, podrías ser mejor padre, mejor amante, mejor marido, mejor persona, mejor profesional..., no podrías darte la oportunidad de mejorar en ninguna de esas áreas. Así que hoy harás ese ejercicio de mejora. Porque nadie quiere ser un maldito mediocre, nadie quiere a las personas mediocres.

Y, bueno, en esta sociedad de débiles en la que vivimos se ha idealizado la mediocridad para que la gente no se sienta mal y puedan seguir viviendo sus vidas de mierda, pero todo lo que comes, bebes, disfrutas... lo creó alguna persona NO MEDIOCRE. Desde el maldito coche que coges por las mañanas hasta el edificio en el que duermes, desde el televisor o el ordenador frente al que pasas horas perdiendo el tiempo hasta el móvil que usas. Fueron personas excepcionales las que crearon todo eso, no mediocres. Personas obsesionadas con aportar algo a esta sociedad, personas que querían lo mejor para todos, ayudar a la gente y dar lo mejor de sí en este mundo.

El promedio apesta. ¿Quién quiere un sueldo de treinta mil euros al año pudiendo ganar un millón? ¿Quién vive con treinta mil euros al año? ¿Acaso te gusta ganar poco? La clase media desaparece, cada vez la diferencia entre clases es más grande, y cada vez la gente vive más en los videojuegos o viendo la televisión, en lugar de vivir sus vidas. Mi vida es una película, he creado la vida de mis sueños, he hecho lo que tenía que hacer para que mi vida fuese mi sueño, y eso es lo que quiero de ti. Pero eso no se consigue pensando de forma mediocre. Se consigue pensando en grande, apuntando alto, teniendo ilusión por conseguir grandes cosas y poniendo el empeño por hacerlo mejor cada día.

Cuando tuve a mi primera hija me puse a leer libros de educación infantil porque no quería ser un mal padre. Porque en mi maldito panel está puesto que yo soy un padre increíble, que disfruta con su hija, que le enseña para que no cometa sus errores, que la cuida, la quiere, la hace mejor persona y le enseña a ganar dinero como lo gana él, para que ella sea libre y pueda elegir qué hacer en su vida. Para que pueda ser feliz y no ser esclava. Porque, escúchame una cosa, tú eres un esclavo aunque no lo creas. Si no, mira la definición de esclavo en el diccionario: «Dicho de una persona: que carece de libertad por estar bajo el dominio de otra». Y, piénsalo bien, ¿tienes libertad? ¿Puedes ir donde quieras, cuando quieras, o tienes que pedir permiso a alguien? ¿Tienes dinero para ir a donde quieras, cuando quieras y con quien quieras? Eso debes preguntarte. ¿Querrías algo así para tus hijos? ¿Querrías algo así para alguien al que quieres? ¿Querrías que la gente te recuerde porque eras muy bueno haciendo «nada»? Que eras un buen promedio en la oficina... Eso dirán de ti. Y, mira, yo tengo la obligación de decirte que no cuesta nada hacer cosas grandiosas. No es tan difícil, no es tan difícil..., porque tú ya naciste rico en tu mente. Tienes la capacidad, la inteligencia y la determinación de poder hacerlo. Todos la tenemos, pero muy pocos la usamos. Nos dicen que tengamos metas pequeñitas, no sea que nos vayamos a lastimar, y tomamos en serio eso que nos dicen. ¿Le dirías a tus hijos que tengan metas pequeñitas?, ¿que no piensen en grande? ¿O los animarías a creer en ellos y a que luchen por hacer lo que les gustaría en la vida? Porque yo tengo claro lo que yo haría, y lo que hago.

Mierda, haz algo ya. No quieras ser del promedio. No te conformes con una vida promedio. Planifica tus acciones masivas, piensa en grande y empieza a pasar a la acción. Haz lo que te digo paso a paso, y en un año habrás cambiado tu vida por completo. ¡Un año! Sólo necesitas darte una oportunidad. Nunca es pronto y nunca es tarde para ser tu mejor versión. Y hoy es el mejor día para empezar.

7

Fe: sin fe no hay nada

> La fe es la certeza de lo que se espera, la convicción de lo que no se ve.
>
> Hebreos 11,1

Para que la manzana caiga, tienes que creer que cayó por algo. Si no, sólo será una manzana caída más. Ésa es la diferencia entre los que tienen fe y los que no tienen. Que creen que las cosas pasan por algo y confían en el proceso. Creen que tienen un propósito superior a ellos y están dispuestos a luchar por ese propósito. Su deseo es superior a todo, y están dispuestos a confiar en que lo lograrán. Si no confiasen, nada pasaría.

Me decía una persona en LinkedIn que creer y tener un deseo irrefrenable por conseguir tus metas te lleva a pasar una vida buscando cosas por dinero y que acabarás perdiendo la vida entera para nada. Fíjate que tener un propósito no tiene por qué ser una meta económica, y creer no tiene nada que ver con el dinero. Ni tampoco es necesario dejar de lado otras cosas por el hecho de creer. Pero el argumento de esa persona es una de las falacias más típicas de hoy en día, y se llama la «falacia del hombre de paja»: cuando alguien toma un punto de vista de la otra persona y lo distorsiona o exagera de manera tal que tal punto de vista pierda validez o se vea tergiversado. Eso es lo que hace la mayoría cuando hablo de estos temas. Y así son todos los refranes de habla hispana, o al menos la mayoría que conozco.

«El hombre más rico del cementerio»; «Era tan pobre que sólo tenía dinero»; «La avaricia rompe el saco»... El refranero está lleno de frases para que no tengas ambición ni ganas de mejorar en tu vida, pero la realidad es que la historia está llena de hombres de fe que lograron su propósito gracias a creer. De hecho, no hay nadie que haya logrado algo reseñable que no creyese que lo podía lograr, simplemente porque, si no, no lo habría intentado hasta conseguirlo y habría abandonado antes. Y ése es el punto central, precisamente: tener tanta fe en ti y en lo que quieres lograr que nada te puede parar. Y, si tienes suficiente fe, entonces nada te parará.

Es una paradoja. Al final, la fe es lo contrario del miedo. Puedes tener ambas cosas, y los dos están en tu cabeza, pero, puestos a elegir, prefiero tener fe, porque el miedo te frena, mientras que la fe te impulsa. Por eso es tan importante.

El fracaso sólo se combate con fe

El fracaso es parte del camino. Es algo que te va a suceder, y es algo normal en el proceso lógico de conseguir alcanzar tus metas en la vida. Probar y no lograr es lo más normal, pero, realmente, lo que hace que el fracaso no sea fracaso sino sólo una derrota temporal es tu capacidad de continuar, de seguir adelante. Sólo el hecho de seguir intentándolo puede evitar el fracaso, y siempre todo fracaso trae consigo un éxito similar. El problema es que la gente abandona antes de tiempo y no consigue continuar, seguir adelante. Que continúes o no continúes va a depender principalmente de tu fe, de la confianza que tengas en ti y en lo que estás haciendo y de la confianza que deposites en estas palabras. Y, por supuesto, dependerá de que no te fijes en el resultado, sino en el proceso. No se trata de buscar el dinero, sino de buscar ser mejor, ayudar a más personas y crecer. Si sólo buscas un resultado no podrás continuar, porque, cuando pase el tiempo y no logres nada, perderás la fe. Sigue los pasos que encontrarás aquí y te llevarán a alcanzar el éxito. Sólo debes entender que cada tropiezo tiene su contraparte si lo intentas el tiempo suficiente.

No es que no puedas alcanzar el éxito sin fracasar; es que es imposible no tener fracasos temporales si quieres alcanzar el éxito. Por eso, la mayoría abandonará antes de tiempo, porque no confió. Su poder superior los puso a prueba, y no tuvieron fe. Y sin fe en lo que haces, nada es posible.

Pero el fracaso se encuentra en todos lados en la naturaleza. El fracaso es una cuestión de relaciones. Cómo te relacionas con algo hace que sea un fracaso o no. Tu relación con el alcohol te lleva a fracasar en la vida. Tu relación con tu pareja te lleva a fracasar en tu relación. Tu relación con tu vida te lleva a tener ansiedad o depresión. Tu relación con las personas te lleva a quedarte solo..., y tu relación con el dinero te lleva a poder tenerlo o no.

Nadie nace sabiendo, pero hay que saber leer los indicadores. Si todos los días tienes ansiedad, está claro que si sigues así te puede llegar a dar un ictus. Tu cuerpo te está avisando de que está mal la forma en que te relacionas con el mundo. Si tienes poco dinero, está claro que la forma en que te relacionas con él está mal. Estás fracasando y debes cambiar. Debes entender los fracasos del camino para corregir cosas y poder mejorar. El universo te guía a través de las derrotas para llegar a tus próximas victorias. Por eso, el fracaso no es que sea posible, es que es necesario. El fracaso es inevitable, es parte del camino, es la maldita guía, y sólo tú podrás hacer que sea temporal y parte de algo mayor, o bien que sea definitorio y que acabe contigo.

Y si no me crees, piénsalo. La primera vez que condujiste un coche estabas nervioso, y ahora lo coges como si nada. Al final, la desconfianza es falta de conocimiento. Nunca lo has hecho, y es normal que te equivoques y que te pongas nervioso. Simplemente hazlo mil veces, y verás cómo se te pasa. Y confía en que eso pasará. Creer es un acto de fe, es confiar sin ver, pero ya lo has hecho muchas veces. Simplemente hazlo una vez más y volverá a pasar.

Oración de fe al poder superior

Me da igual si no crees en Dios. El poder superior puedes ser tú, tus ancestros, el cielo, el sol, Ra, Buda o Jesucristo. Me da igual. Yo creo en Dios porque el universo es demasiado perfecto para que no exista uno. Las leyes naturales funcionan como un reloj. Cada acción tiene su reacción, todo está movido por algo de una forma que nadie puede imaginar; al milímetro, como si fuese arte de magia. Por eso escribo mi oración al amanecer y al anochecer, una oración en la que me visualizo con eso que quiero conseguir en mi vida. Y no sólo me visualizo, lo escribo y siento que ya lo tengo. Puedes añadir lo que quieras en esa oración, y puede variar. Y lo ideal es que sea lo primero y lo último que hagas cada día, para que tu subconsciente entienda que es eso lo que quieres conseguir; y es necesario que lo pidas con emoción, sintiéndote agradecido por tenerlo o porque sabes que va a llegar y que, simplemente, aún no se ha materializado.

El error de la gente cuando pide a Dios es que pide desde el miedo. Piden a partir de lo que temen, porque lo que dicen no es lo que tienen en su pensamiento la mayor parte del día. ¿Cómo vas a materializar algo si piensas todo el día en lo contrario? El subconsciente no entiende de bueno o malo, simplemente trae lo que piensas. Orar no es rezar un rato, es pensar todo el día en eso. Aquí no estamos jugando a que Dios nos traiga una cosa, sino a que nos dé la fuerza para conseguirla. Y la única forma de hacerlo es pensando en lo que queremos, no en lo que no queremos ni en temores. El subconsciente funciona por repetición, y convencerlo no es algo sencillo; se necesita tiempo y determinación, y debes creerte lo que dices. Por eso, creer en Dios ayuda, porque cuando confías en Dios sabes que él te apoyará y sientes ese impulso divino. De verdad debes creer lo que estás escribiendo.

El otro día miré un vídeo de Tony Robbins. Decía que el año que empezó a hacer este tipo de oración cada día, pasó de ganar unos pocos miles a ganar su primer millón en sólo un año. Y, no, no es magia, es el poder de la visualización. Y no es el único al que le escucho decir esto. ¡Yo mismo lo he vivido en mí! Visualízate y escríbelo. Escríbelo con emoción; ésa es la única forma de que el subconsciente lo entienda realmente bien. Y espera recibir... Espera recibir como para no ceder jamás hasta alcanzar el éxito. Ésa es la actitud con la que debes pedir.

Una oración puede ser algo así:

Gano un millón de euros después de impuestos para mí. Vivo en la casa de mis sueños, una casa de dos mil metros cuadrados con una parcela de diez mil. Ahí tengo aparcados mis coches. Un Ferrari F8, un McLaren 750, un Lamborghini Urus y una G-Wagon. Tengo también mi colección de relojes, con varios Rolex, Audemars Piguet y Richard Mille, por valor de más de un millón de euros.

En casa hay dos señoras internas que nos ayudan a mi mujer y a mí con la casa y con los niños. Tenemos cuatro preciosos hijos a los que enseño cada día para que puedan ser felices y exitosos y que ayuden a mucha gente, como su papá. Es muy reconfortante ver cómo aprenden, me siento muy feliz por lo que tengo.

Mis negocios no paran de crecer, mi comunidad de emprendedores es la más grande de habla hispana del mundo, y me siento feliz y realizado. Ellos están contentos, están consiguiendo sus objetivos, la gente confía en el proceso, y los resultados son cada vez mejores. Pero no habría podido llegar ahí sin mi constancia, el trabajo duro y mi resiliencia. He creado un hombre indestructible que se cuida, hace deporte, come sano, cuida de su familia, no falla nunca, cumple su palabra, lucha por lo que ama, no escatima en esfuerzos para alcanzar sus metas y tiene tiempo para viajar y estar con sus seres queridos.

De hecho, viajamos siempre en nuestro *jet* privado y volamos por todo el mundo dando conferencias para ayudar a más gente a emprender y a ser libres, a aprender a controlar su mente y su vida y a atraer felicidad y dinero como yo lo hice. Siempre vemos al menos siete nuevos países cada año, me encanta viajar, y disfruto mucho de enseñar nuevos lugares a mi familia.

Además, he trabajado mucho en mí y he quitado de mi vida todo lo que no me hace bien. No odio, no tengo ira, no dudo, no siento vergüenza..., y sólo doy amor. Si no puedo cambiar algo, lo acepto, y vivo alegre y feliz por todo lo que tengo. Es una bendición poder vivir así la vida, y estoy tremendamente agradecido a Dios por mostrarme el camino. Gracias.

Como ves, mi oración no creo que se parezca mucho a las que rezan en las iglesias. Me da igual, para hablar con Dios y pedir no los necesito a ellos. Así lo hago, y funciona. Materializo todo lo que escribo, y tú puedes hacer lo mismo dentro de los límites de la lógica. Crea tu verdad, y el dinero llegará por sí solo. Estate decidido a permanecer persiguiendo tu meta hasta que ésta se materialice, y seguro que acabará por hacerlo. No es una frase hecha, es así. Yo he conseguido muchas cosas que atrae mi oración diaria, y cada día sigo consiguiendo más. Al principio pensé que era una tontería esto de los pensamientos y las oraciones, pero la realidad es que funciona. Funciona porque te conecta con tu *yo* superior y con esa fuerza universal que hace que todo salga bien. Es como entrar en la llamada «inteligencia infinita» y pedir que te lleve hasta ese lugar; y, si lo haces lo suficiente y con la suficiente determinación, llegas. El único problema es que hay meses o incluso años de diferencia entre el punto de inicio y la materialización del dinero. Pero es como plantar una semilla. Tú la plantas, y debes confiar en que va a crecer. No puedes acelerar su crecimiento, no va a salir antes de tiempo. La diferencia aquí es que no sabes cuándo va a salir, y eso es lo que hace que la gente pierda la fe y abandone. Y, créeme, no te haría perder el tiempo si no funcionase. Si lo haces acabarás por aceptar que aquello que repites es verdad, y esto es muy importante para la vida, para la felicidad y para las ventas, porque, cuando de verdad crees en lo que haces y tienes fe, se lo transmites así a las personas.

Imagínate que entras en una sala llena de gente y que te sientes con energía, decidido, convencido. Eso se nota, la gente lo nota, y, si tú lo crees, el resto lo creerá también. Algo cambia en tu forma de comunicarte, en tu forma de transmitir, en tu energía. Se nota, se siente a tu alrededor. Y no sólo lo sienten los demás, tú lo sientes y estás seguro de ello. Y siempre pasa al revés con los pobres. Recuérdalo, siempre es al revés con los pobres, con esas personas que siempre han pensado que sólo se puede llegar a ser rico por herencia o que el dinero es muy difícil de conseguir. Las personas que odian al tipo que va con un Ferrari se están sugestionando de la misma forma que tú, y así lo creerán, de manera que jamás en su vida podrán tener dinero. Al final, lo odian, ¿cómo van a atraer algo así?

No hay nada que pueda impedirte creer o engañar a tu propio subconsciente para que crea de verdad que la riqueza vendrá a ti porque sólo con repetirlo terminas por interiorizarlo. Por eso acabamos creyendo cualquier cosa que nos dicen las veces suficientes. La repetición crea sugestión y modela tus pensamientos. Esto se ha usado y se usa para controlar a las masas, y a partir de ahora tú tomarás las riendas y serás quien decida qué pensar.

8

Decisión: eres las decisiones que tomas

La gente suele tener problemas para tomar decisiones porque no sabe de dónde va a extraer los recursos para darles forma. Por eso, sus decisiones suelen ser una mierda, porque están condicionadas antes de empezar. Es el fallo más tonto del ser humano. Pregunta a cualquier rico si sabía lo que hacía o cómo iba a dar forma a su idea al inicio. Ya te digo que no tenía ni idea de lo que estaba haciendo, pero sabía dónde quería ir. Entendía la idea y la visualizaba. Y, según visualizas, vas encontrando el camino. Nada parecido a lo que te han contado. Por eso tanta gente piensa que se necesita dinero para emprender o que tienes que venir de una familia rica para montar un negocio. Desde el minuto uno, esas personas empezaron mal.

Quiero que te preguntes conmigo: ¿qué diferencia a un rico de un pobre? Recuerdo perfectamente cuando era pequeño y estaba en la escuela. Mi padre llegó a ganar quince mil euros al mes, y a mí me parecía muchísimo dinero, así que se me quedó grabado que tenía que llegar a esa cifra y que se podía llegar a esa cifra. Es más, lo tenía tan grabado que se lo repetía a menudo a mis amigos.

—¡Voy a ganar quince mil euros al mes! —solía decir.

Te puedes imaginar que no me tomaban en serio y se reían de mis comentarios. Pero, aunque entiendo que si un adolescente de catorce años dice que va a ganar quince mil euros al mes no te lo creas y te burles, yo lo decía muy confiado. De hecho, estaba seguro de que lo iba a hacer. No tenía ni idea de cómo, pero lo iba a lograr. ¿Te suena de algo? Imagínate, era el año 2004, y yo era sólo un mocoso jugando a querer ser rico. Pero, a pesar de ser sólo un comentario lanzado al aire, yo estaba convencido, y esto consiguió que me diese cuenta de dos cosas importantes.

La primera cosa importante es que la gente nunca va a confiar en ti, y más cuando se trata de ser ambicioso o de tener metas por encima de la media. Eso les resulta obsceno. Te llamarán flipado, te dirán que estás loco, que se te ha ido la pinza, que es imposible... Te quieren pobre, como ellos, para no sentirse mal por no haberlo logrado también, o bien, simplemente, porque no creen que se pueda hacer. El subconsciente no determina qué es bueno o malo, simplemente le plantas algo y lo cree, y si a ellos les plantaron que eso es imposible, eso es lo que van a decir y lo que van a expresar a través de sus acciones el resto de sus vidas.

Y la segunda cosa importante es que, a pesar de que la gente no me creyera, yo tenía evidencias de que era posible, porque en mi subconsciente plantaron otra cosa. Eso me dio una ventaja competitiva con el resto, ya que eliminó en mí las creencias de la educación tradicional. Simplemente era posible porque mi padre lo hacía, y yo sabía que era cierto, así que, aunque psicológicamente mi entorno no me apoyaba, mi padre, sin darse cuenta, había roto una de las creencias más instauradas en la mente de la gente que les impide ganar dinero masivamente, una creencia que va en contra de otra, la de que conseguir ganar mucho no es imposible. Y ya no es que no sea imposible, es que lo tenía en casa, lo palpaba, lo experimentaba, me beneficiaba de ello. Hoy, viéndolo en retrospectiva, ésa ha sido una de las mejores cosas que me ha podido pasar en la vida. Mi padre, inadvertidamente, me ayudó a romper esa creencia, y aquí te voy a ayudar yo a romper la tuya. Porque tú también puedes ganar eso y mucho más (como verás en el libro, gano bastante más que eso, y estoy sólo empezando).

La mayor parte de la gente no tiene esta suerte. Tampoco la de toparse con alguien que se lo cuente en un libro, y mucho menos que de pequeño le hayan reforzado la idea de que el dinero es fácil de conseguir y que ganar mucho está al alcance de cualquiera. De hecho, es justo lo contrario, porque lo más probable es que las personas de tu entorno no tengan dinero y no sepan cómo conseguirlo, por lo que te dirán que es imposible..., que sólo se puede heredar. No te dirán nada del esfuerzo, del trabajo, de los pensamientos ni de talantes positivos. Suerte tendrás si te apoyan en algo que no sea lo que hace todo el mundo.

Yo veía a mi padre y veía a sus amigos. Veía lo que ganaba mi padre, y veía que la gente que más dinero ganaba eran los empresarios. Luego, en la escuela veía que te decían que ganar dos mil euros al mes estaba bien, y que hay que estudiar mucho para ganar eso, y claro, algo no cuadraba. Todos trabajaban duro, pero no sólo es importante trabajar duro, también hay que trabajar inteligentemente y tomar las decisiones correctas. Puedes trabajar muy duro en un sector en declive, como los medios tradicionales, o ser albañil, pero, por más que hagas, no vas a prosperar. Ahora bien, si haces eso mismo en internet y vendiendo un producto o servicio propio, es probable que sea distinto.

Esto no lo vi en su momento, pero en mí creó algo que entendí más tarde. Eres las decisiones que has tomado a lo largo de la vida. Es más: «Eres tus pensamientos, porque éstos se convertirán en tus actos; tus actos, en tus hábitos; y éstos, en tu destino», como dijo Mahatma Gandhi. Y es que al final son las decisiones las que hacen que nos vaya bien o nos vaya mal. Por eso los pobres son malos tomando decisiones y los ricos son muy buenos. Es la ley de la compensación, o ley de causa y efecto. Decisión que tomas, resultado que obtienes. ¿Decides hacer lo mismo que el resto? Pues dos tazas de salario medio. ¿Que emprendes como lo hacen unos pocos? Pues toma, dinero para ti. ¿Que no cuidas a tu pareja? Pues se va con otro. ¿Que eres mala persona? Pues te quedarás solo. ¿Que eres malo eligiendo pareja? Pues acabarás amargado o solo. Y así con todo, todo se compensa por la ley de causa y efecto, incluso cuando no lo vemos y pensamos que no pasa nada. Ahí también pasa. Tarde o temprano, con una persona o con otra, en ese momento o más tarde. Siempre pasa.

Y si no estás de acuerdo con esto, piénsalo bien. ¿Por qué a una persona que le toca la lotería, en un 90 por ciento de los casos, volverá a ser pobre de nuevo? Es sencillo, porque su forma de tomar las decisiones sigue siendo la misma que tenía cuando era pobre, lo cual le volverá a llevar allí una vez más. Es la ley de causa y efecto. Decisiones, resultados. Punto.

La gente no reconoce que debe hacerse responsable y cambiar sus decisiones para cambiar sus resultados, y eso los lleva a obtener los mismos resultados una y otra vez. ¿Tan tontos somos que no lo vemos? ¿Vas a acabar el libro y seguir leyendo más libros sin aplicar o vas a pararte y cambiar? Tú eres el único que puede decidir eso.

También pasa al contrario: muchos ricos se arruinan, y después vuelven a hacerse ricos de nuevo, e incluso más rápido que antes. Es simplemente porque sus decisiones los llevan de nuevo a ser ricos; así que podemos definir que lo que hagas determinará quién llegues a ser en la vida. Y por eso es tan importante cuidar nuestros pensamientos. Porque lo que pensamos define lo que hacemos, y lo que hacemos define dónde llegaremos. Así que, si piensas que eres alguien débil y que no puedes conseguir nada en la vida, nunca harás nada por conseguirlo, e inmediatamente tus pensamientos quedarán limitados, así como tus resultados. Y si haces todo lo contrario y buscas en ti, siempre encontrarás una forma de mejorar, y eso te acercará un poco más a tus objetivos.

Por eso es tan importante la mentalidad, y por eso vamos a ver aquellas cosas que a mí me hubiese gustado saber para poder tener más éxito más rápido y para trabajar todo lo que tú necesitas para replicar lo que he hecho cientos de veces y conseguir los resultados que quieres lograr.

Una decisión lo cambia todo

Yo lo vi, lo viví en primera persona. Era 1995; yo tenía cinco años, mi hermana tenía tres, y mi hermano estaba en la tripa de mi madre. Vivíamos bien; mi madre era ama de casa y mi padre tenía un trabajo estable como director de sucursal bancaria. No éramos ricos, pero no nos moríamos de hambre. Hasta ese día... Mi padre siempre ha sido un hombre inquieto. Sin estudios superiores (aunque en realidad ni se nota) pero muy trabajador, un perfil comercial y con hambre de mejorar y proveer a su familia. Incluso atrevido, diría yo. Loco, le llamaría la mayoría, en especial, aquel día, cuando entró en casa y le dijo a mi madre que quería dejar su trabajo y crear un negocio.

Ya había montado dos negocios anteriormente. Ambos intentos fallidos de algo que tenía buena pinta pero que no acabó de culminar. Por supuesto, cualquier persona en su sano juicio le diría que ni de coña emprendiese de nuevo. Al menos no con lo que mi padre le planteó a mi madre aquel día:

—Cariño, para emprender tenemos que vender la casa, y, con los ahorros que tenemos y el dinero de la casa, invertir en una empresa de limpieza.

—Pero, José, si no has limpiado una mierda en tu puta vida...

(No, esto es broma, esto no lo dijo mi madre, pero es verdad, ja, ja, ja.)

Mi padre no sabía nada de limpieza. Imagínate, ahí es nada. Sabía limpiarse el culo porque tocaba, pero hasta ahí llegaba. Sin embargo, había conocido a un señor con mucho dinero (mucho es mucho, millones de euros), que era un buen cliente del banco, y éste le propuso montar la empresa con él. No parecía algo sensato a ojos de nadie. Montar un negocio con alguien que no conoces, de algo que no sabes y quedándote sin casa, sin ahorros y con un bebé en camino. Mala idea. Mi madre se lo contó a la familia. Se lo contó a sus amigas. Nadie lo apoyaba. Absolutamente nadie apoyaba esa decisión, pero mi madre no lo dudó.

—Adelante, José, confío en ti.

(Esto último sí lo dijo de verdad.)

Fueron meses duros. No había mucho para gastar, aunque nunca nos faltó comida. Nos mudamos a una casa de alquiler, y llevábamos ropa vieja o pequeña. Nació mi hermano, y los gastos aumentaron, y, con ello, creció la presión. Todo se iba a romper, sin dinero disponible, con una boca más y con el estrés de tener que llegar a fin de mes y seguir confiando en el proyecto. No entiendo muy bien cómo la ausencia de dinero no hizo que el matrimonio quebrase, pero imagino que la fe de mi madre en mi padre y su afán de unir y proteger a la familia tuvo mucho que ver.

Todos mis pantalones tenían parches. Tenía parches hasta en la entrepierna para que no me apretase por abajo y durasen más, y la ropa era de mis primos, yo nunca estrené (gracias, tía Marisol, por ayudarnos tanto). No había dinero para viajar, mucho menos para cenar fuera y, en realidad, ni para las peluquerías. Aún recuerdo las lágrimas de mi madre y mi rabia al encontrar una máquina cortapelos como regalo de cumpleaños. Me sentí engañado, me sentí frustrado, no entendía nada. Por qué me habían dado eso, ¿acaso me odiaban mis padres? En realidad no lo sabía, pero simplemente no había dinero ni para cortarme el puto pelo, que hoy lo veo como algo tan insignificante que no tiene sentido ese nivel de pobreza.

Mi padre es un buen hombre, (sí, a pesar de ser muy duro, es muy buena persona; un poco cascarrabias y de izquierdas, toda una desgracia, pero es buena persona). Es trabajador, y empezó a hacer catorce horas al día dirigiendo el negocio y como comercial a puerta fría para conseguir clientes para levantar esa empresa. Vendiendo algo que desconocía, estresado por no poder apenas dar de comer a su familia y habiendo firmado un contrato en el que si no conseguía ciertos resultados, no tendría su porcentaje como socio del negocio. Era una trampa para ratones, pero él era un puto gato.

Cuando la pobreza golpea tu puerta, tienes dos opciones: arrodillarte y rendirte ante ella o enfrentarla y salir a pelear. Mi padre decidió pelear. Qué orgulloso se debe de sentir al ver que su esfuerzo sirvió de tanto. Espero poder sentir eso mismo con mis hijos. Un hombre sin estudios que empezó a trabajar con catorce años y que había asumido su responsabilidad por el futuro de su familia. Que había decidido darles algo mejor y que no se conformaba; que estaba dispuesto a pelear contra el destino; que había puesto en peligro a todos confiando en él y en su trabajo, porque el cabrón confiaba en él mismo, siempre lo ha hecho. Y siempre tuvo el apoyo de mi madre, a pesar de todo lo que nos pasase. Mierda, ese tío es un valiente, y su mujer, la pareja que todo hombre desearía tener. Después de todo, no me extraña que fuese tan duro conmigo. Sólo quería que no sufriera por ser un blando y que consiguiera lo que me propusiera en la vida.

Al final, todo son decisiones. Puedes asumir tu responsabilidad y decidir cambiar tu vida o seguir exactamente igual. Él puso toneladas de trabajo, y la ley de la compensación se lo devolvió. Podía haberlo hecho mucho mejor, seguro; pero, partiendo de donde partía, tiene mucho mérito haber conseguido algo así. Y, por supuesto, años después, quien veía a mi padre pensaba: «La suerte del empresario»; sin haberse preocupado de conocer la causa de su «suerte». Yo tenía la suerte de tener un padre que en su día decidió que no se iba a conformar, que entendió que somos las decisiones que tomamos y que decidió que él crearía su propia suerte.

Así que, recuérdalo siempre: la suerte es un concepto inventado para expresar los efectos de causas desconocidas. Pero que tú desconozcas cómo tener éxito no quiere decir que sea algo desconocido. Simplemente, no sabes aún cómo lograrlo.

Un día escuché una frase que me gustó mucho: «La ausencia de evidencia no es evidencia de ausencia». Es decir, que el que no veas evidencia de algo no quiere decir que no exista. O bien, dicho de otra forma, que no veas que existe un método para hacerte rico no quiere decir que no exista. Simplemente, tú no lo ves aún porque no lo sabes. No sabes qué pasó previamente a ese éxito. No sabes cuál fue el proceso y qué hizo antes esa persona para tener éxito. Ni siquiera eres capaz de entender que todas las personas exitosas hacen lo mismo, que es seguir las leyes de la naturaleza. Por eso los ricos no se hacen ricos por suerte, sino porque aprenden a tomar mejores decisiones, decisiones conforme a estas leyes, y porque aprenden cómo poner todo encima de la mesa para que esas leyes se cumplan y se conviertan en un futuro mejor. A veces, lo hacen sin saber que están siguiendo un método ya inventado, pero siempre operando desde unas leyes naturales que nunca fallan.

Piénsalo bien, si existiese la suerte, un mendigo podría ganar millones de un día para otro, pero eso no pasa. La suerte que tendrá es la de que le regalen un billete más o menos grande; y mi suerte, la que yo he labrado, será, por ejemplo, que esto que te estoy contando lo pongan en práctica más o menos personas, pero eso no deja de ser una suerte inducida. Es como aquel dicho que dice: «Que la suerte te pille trabajando». Ahora ya entiendes por qué. En realidad, Él la creó.

Y bueno, lo mejor de todo es que con lo que vas a aprender en estas páginas no tendrás que buscar ninguna suerte o poner en riesgo a tu familia ni pasar hambre para hacerlo, así que estate muy atento..., que seguimos.

El dinero es importante

Un día escuché a alguien que decía que el dinero no era importante (por ejemplo, a mi ex), que lo importante es la familia y la salud. A ver, que yo lo entiendo, pero es como decir que lo importante no son los brazos, que las piernas son más importantes. Pues las piernas te llevan de un sitio a otro, efectivamente; y, seguramente, si hubiera que elegir (siempre que tengamos comida y bebida para sobrevivir), elegiríamos la familia... Pero no se le puede quitar importancia a unos brazos y a unas manos, ¿no crees?

Vivimos en un mundo en el que parece que ser pobre está bien. Que no tener dinero es bueno porque es «mejor ser pobre y feliz», como si el dinero condicionase la felicidad. Y así, poco a poco, esta y otras cosas han ido pasando de generación en generación, construyendo unas creencias que te han condicionado a ti y al resto de tus descendientes a ser pobres porque odiáis el dinero o porque, simplemente, no le dais importancia. O bien porque en la escuela te decían que había que estudiar una carrera para ganar dinero. No jodas, eso no funciona así.

Para entender cómo piensas con respecto al dinero debes analizar el comportamiento de tus padres y lo que te decían. Si ellos no gastaban mucho y eran muy ahorradores, seguramente tú, o bien eres muy ahorrador, o bien eres muy derrochador. Y si te decían que el dinero es malo, seguramente seas o muy pobre o muy rico. Y ojo, que no los culpo. Mi madre tuvo una época en la que no había casi para comer y se comía hasta las cáscaras de las naranjas. Entiéndeme, es complicado cambiar esa mentalidad, pero si prestas atención, tú lo podrás hacer.

Siempre, los comportamientos y creencias de nuestros padres nos son transmitidos a nosotros, y podemos entender cómo somos y qué creencias tenemos y, si procede, deshacernos de ellas, o bien seguir pensando igual. Pero, desde luego, si tienes un pensamiento negativo sobre el dinero va a ser muy difícil que prosperes en la vida. Los pensamientos condicionan tu realidad. Si eres una mujer embarazada, ¿no te ha pasado alguna vez que vas por la calle y ya sólo ves mujeres embarazadas? ¿O que decides comprar un coche determinado y, desde ese momento, lo ves más a menudo por las calles y carreteras? Bien, eso es porque, como te he dicho, tus pensamientos condicionan tu realidad. Y si piensas todo el tiempo que el dinero no es importante, cuando exista una oportunidad no la vas a ver, porque tu cerebro no está pendiente del dinero, porque no es importante para ti, cabeza de algodón, ¡no lo ves!

Y pasa exactamente igual a la inversa. Si piensas en dinero y en que te va bien la vida, empezarás a verlo todo mejor, encontrarás oportunidades donde otros no las verán y empezarás a conseguir resultados. Por eso es clave entender la conciencia sobre el dinero y su importancia, porque, si no lo quieres, desde luego que no va a venir a ti. Si piensas que es difícil tenerlo o que hay que trabajar muy duro y muchos años para ser rico, no va a venir a ti.

Esto sólo cambia cuando cambias tú. Y debes entender qué relación quieres tener con el dinero y la potencia que tiene este sistema de creencias en tu día a día para poder cambiarlo. Si no, seguirás repitiendo los patrones de tus padres y te encontrarás a ti mismo diciendo frases sin sentido, como: «Es que todo lo malo me pasa a mí»; o cosas similares. Porque te parece que, cuando tienes un mal día y te pasa una cosa mala, ya todo lo malo viene detrás. En realidad, eso no es así, es simplemente que estás más receptivo a las cosas negativas cuando tú eres negativo. Es entonces cuando todo te parece malo. Son tus pensamientos los que dan forma a tu realidad, y si no los cambias, el resto no cambiará.

Entiendo que, cuando había leones y otras fieras ante las que tenías que correr para salvarte, ser precavido era un don importante, pero hoy en día no te vas a morir comido por leones ni otras fieras. Así que, preocuparte en exceso, pensar que en el mundo no hay dinero y asumir todo ese tipo de creencias sólo provocarán una cosa: traer pobreza y sufrimiento a tu vida. A partir de ahora, tú mismo puedes empezar a analizarte y comenzar a cambiar estos patrones para dejar eso a un lado y empezar a atraer lo que quieres a tu vida.

Para ser rico, toma decisiones como un rico

Me encontraba mirando mis redes sociales. Estaba publicando, como habitualmente, mis reflexiones diarias y demás contenidos, y me encontré un mensaje. Era un mensaje muy típico, de alguien contándome su opinión sobre algo que yo había publicado. Normalmente no suelo responder, porque es algo que no tiene sentido, pero me quedé pensando. ¿Qué hará que estas personas me escriban para contarme su opinión? ¿Acaso piensan que me importa? Si no sé ni quiénes son. No lo entiendo, no es algo que entienda, la verdad. Bueno, sí lo entiendo, es un problema de ego. Ellos quieren impresionarme o llamar mi atención porque se sienten pequeñitos, y, para poner su ego a mi altura, me cuentan lo que opinan sobre lo que digo. Como si a mí su opinión me importase. Y con esto no pretendo parecer arrogante, no es eso. Simplemente, piénsalo a gran escala, lo vas a ver claro.

Elon Musk se levanta por la mañana, se pone a mirar las redes sociales y te escribe a ti, a quien no conoce ni Dios, a contarte lo que opina sobre algo que has dicho o escrito. ¿Crees que eso es realista? ¿Crees que él lo haría? Bueno, si dudas ya te digo yo que no. Simplemente porque él no necesita tu validación. Él, cuando piensa algo, lo pone en sus redes y lo cuenta al mundo, y así expresa su opinión. No va y se la cuenta a alguien. Dar tu opinión cuando no la han solicitado es un síntoma de falta de autoestima. Vas a contar tus cosas por ahí porque te sientes pequeñito y en tu casa no te quieren. No hagas eso, por favor. Es muy sencillo ser rico, simplemente empieza por comportarte como uno de ellos.

Nunca vas a tener dinero si no eres la persona que quieres ser. Compórtate como la persona que quieres ser y, cuando dudes, pregúntate si esa persona a la que admiras se pondría a hacer eso. ¿Esa persona que admiras tendría en sus historias a gente que se droga o que sale de fiesta todo el rato? ¿Tendría en sus historias a gente que habla mal de otros y critica a los demás? ¿Vería series sobre personas que matan, engañan y hacen cosas que no quieres en tu vida? Si tienes hijos, sabrás cuánto afecta a su comportamiento que vean ciertas cosas en la tele. Si no los tienes, te lo digo yo. Lo que ven lo repiten. Pero tú haces lo mismo muchas veces inconscientemente, por eso es tan importante aprender a comportarte como la persona que quieres ser y cuidar mucho lo que entra en tu círculo más cercano. Pregúntate siempre: ¿crees que los ricos van a perder tiempo así? ¡Por supuesto que no! Además, con hábitos estúpidos como esos creas algo que consiste en coleccionar hábitos de indecisión. Empiezas a hablar en lugar de hacer. Empiezas a perder el tiempo con cosas que no aportan nada a tu vida. Y comienzas a crear un yo pequeñito, que duda de sí mismo y no hace nada por mejorar su vida, y, finalmente, acabas, ya de viejo, criticando a la gente porque tu vida es una mierda sin sentido.

Los ricos hacen, y no cuentan que lo harán, ni opinan sobre lo que hacen los demás. Ellos hacen, y los demás opinan de lo que hacen. Es así. Han aprendido que la habilidad más valiosa del mundo es hacer, no decir que vas a hacer ni opinar sobre lo que los demás hacen. Nunca vas a ver a un rico hablando mal de alguien que gana menos dinero, ni opinando sin que se lo pregunten. Simplemente, ellos hacen y hacen cada vez más. Saben que es imposible realizar algo excepcional si vives con pensamientos y acciones mediocres, así que, sencillamente, hacen todo lo que pueden y se enfocan en seguir adelante.

Y así es como debes hacerlo tú. Pero no sin antes parar, releer todo, anotar y asegurarte de que esto te está sirviendo para algo. Me sentiría muy decepcionado si no lo hicieses, porque no he escrito este libro para que la gente se entretenga, sino para que gane dinero.

9

Autosugestión: el equilibrio te mantiene pobre

Ya sabemos que estar en el promedio es malo. Pero siempre nos han dicho que hay que «tener equilibrio» en la vida, ¿no? Tener equilibrio entre el trabajo y la vida personal está muy bien, pero no para tener éxito. Claro, quien te da el consejo de «tener equilibrio» no tiene éxito. ¿Puedes recordar a la última persona que te lo dijo? ¡Ajá!, ahí lo tienes... Imagínate lo que puedes esperar. Es como pedir consejos sobre ponerte fuerte a un hombre de cincuenta kilos o a uno de doscientos kilos de pura grasa y sin músculo. Normalmente, esta persona con hipersobrepeso será la peor a la que le puedas pedir consejo sobre eso, por razones obvias. Pues con el éxito y el dinero pasa igual. Debes hacer caso a quien sabe cómo conseguirlo, no a quien no sabe. Mierda, ¿tan difícil es de entender?

Y, ojo, puedo hasta comprenderlo, porque yo tampoco lo entendía. Alguien me daba su opinión, y yo la escuchaba. Pobre diablo, qué idiota he sido. Recuerdo que, cuando comencé con mi primera empresa, trabajaba catorce horas al día porque no sabía qué más hacer para conseguir dinero, no porque mi pensamiento fuese ser rico. Simplemente estaba luchando por sobrevivir, por sacar un proyecto adelante, por triunfar. Pasé noches en vela, me desperté con ansiedad y con pesadillas y sufrí un estrés por encima del umbral de lo normal. Pero, a pesar de todo, empecé a ganar dinero. Poco a poco fui consiguiendo mejores resultados y fui ganando cada vez más, pero mis horas de trabajo no disminuían, y mi ratio de reinversión, tampoco.

Pero ¿adivina qué me decía la gente? ¿Lo imaginas? Me decían: «Trabajas mucho. Para qué quieres tanto dinero, a ver si vas a fracasar, a ver si va a quebrar todo... Y si no funciona, y si te quedas sin dinero»... ¿Y sabes qué? Fueron esos cinco años cuando pasé de estar yo solo a tener treinta empleados. Precisamente porque no existió equilibrio alguno. Y no hace falta ser un genio para verlo, sólo lee la biografía de alguna persona que gane mucho dinero o tenga un éxito extremo y lo verás. Lo verás en sus vídeos o entrevistas. Lo verás en su día a día. Y todos coincidieron en dos cosas. La primera es que es mejor ser rico que no serlo. Y la segunda es que, si volviesen a empezar, lo haría igual o mejor, pero no harían menos. No hay nadie exitoso que se arrepienta de serlo por no tener equilibrio, pero sí hay un montón de pobres y vagos que se arrepienten de serlo por no poder haber dado una gran educación a sus hijos, por no proveer a su familia, por no ayudar a sus seres queridos, por no haber podido tener la vida que siempre desearon, por no cumplir sus malditos sueños y porque acabarán muriendo infelices y autoengañándose.

Y esto lo descubrí porque, cuando pensaba que quería ser rico, pensaba en qué harían los ricos, para hacerlo yo también, y ahí fue cuando me di cuenta de que en todos los casos hay una cosa en común que es inherente a todos los ricos. Si no lo sabes aún, es el tiempo. No es que tengan más tiempo que el resto, eso no. Todos tenemos veinticuatro horas al día, pero no es el número de horas del día, sino qué haces con ellas, lo que definirá tus resultados. El tiempo de trabajo, el tiempo de dedicación, el tiempo que están haciendo eso que creen que les va a llevar a ganar más y a poder ayudar a más gente. Porque el éxito no tiene equilibrio. El éxito es lo opuesto al equilibrio, es la obsesión compulsiva, el impacto masivo, el trabajo sin parar, las jornadas sin descanso. Cuanto más trabajo pongas con el enfoque correcto, más rápido crecerá tu negocio. Es inevitable.

Esto no es un concepto que guste a la gente, porque lo ideal es pensar que puedes estar en casa sin hacer nada y ganar dinero, pero esto no es real. Bueno, sí puedes ganar dinero así, pero nunca alcanzarás las cuotas más altas de dinero haciéndolo de esa forma. Para ganar mucho dinero hay que dedicar mucho tiempo y esfuerzo, no vale con un poco. Necesitas mucho tiempo, mucho más que los demás. Y, piénsalo, eso tiene sentido.

¿Por qué haciendo las mismas horas de trabajo que el resto ibas tú a conseguir mejores resultados? ¿Por qué haciendo lo mismo o menos que otras personas vas a lograr tú más dinero que ellos? Eso no es así. Y, además, no es así porque el éxito tiene un factor exponencial, y es que, cuanto más tiempo dediques a eso, durante más años seguidos, más dinero alcanzarás, pero ese crecimiento será mucho mayor en los últimos años que en los primeros. Es análogo a lo del interés compuesto en las inversiones. Exactamente igual. Y es por eso que poca gente consigue tanto dinero, porque, en cuanto ganan un poco, se relajan, bajan la intensidad, y eso hace que no acaben de llegar a las cuotas más altas de éxito.

Ahora quiero que pares un momento y lo pienses bien. Imagínate que tienes un trabajo y emprendes en paralelo. Te pones a hacer cuatro horas al día extras para poder sacarlo adelante, que no está mal y son bastantes. Pero no eres el único emprendiendo en lo mismo y que quiere ganar dinero en eso. En otro lado del país o del mundo, habrá otra persona que quiera ganar ese mismo dinero haciendo lo mismo y que, en lugar de estar haciendo su trabajo a la vez que su emprendimiento, esté dedicando todas las horas del día a emprender. Y, si una persona dedica catorce horas al día a su emprendimiento y tú dedicas cuatro, ¿quién crees que tiene más posibilidades de éxito? ¿Quién crecerá más rápido? ¿Quién conseguirá mejorar su producto o servicio más y atraerá así a más clientes..., e incluso se llevará los tuyos? ¿Lo ves?

Emprender es un juego de horas (tiempo) en gran parte, porque es una competición en la que quien mejor lo hace gana. Y, para hacerlo mejor que los demás, normalmente necesitarás dedicar más horas que el resto. Puedes obsesionarte, pensar en hacerlo cada día mejor y en cómo puedes superarte a ti mismo. Y no te asustes, esto no tiene por qué ser siempre así. Normalmente, según vas teniendo empleados, estas horas pueden ir haciéndolas otras personas, y tú vas descargándote de tareas. Pero, en cualquier caso, la intensidad con la que continúes determinará la velocidad de crecimiento de la empresa; es directamente proporcional, y es cuestión de tiempo.

Así que siento ser yo quien te destruya el sueño de ser asquerosamente rico sin hacer nada. Para que eso llegue, primero tienes que trabajar mucho más que el resto, de forma más eficiente y durante mucho más tiempo. Eso sí, hazlo, y te aseguro que el éxito será inevitable.

Sólo un poco más que el resto

Una vez leí a Bob Proctor sobre el concepto del «filo de la navaja». Si no conoces a Bob Proctor, te lo recomiendo, ya ha fallecido (en 2022), pero sus enseñanzas siguen estando vigentes. Y, bien, este concepto del filo de la navaja es una idea interesante de la que te quiero hablar, simplemente para que entiendas por qué hacer un poco más te lleva a unos resultados mucho mejores.

Imagínate unos corredores de cien metros lisos. Realmente, apenas hay décimas de segundo entre el resultado del primero y del segundo, pero, sin embargo, uno gana el oro y al segundo no lo recuerda nadie. Uno gana mucho dinero, y el segundo no gana apenas nada. Y lo curioso es que esto pasa en todo. Si te fijas, es igual con los actores. En una misma película puede haber un actor principal ganando millones y otro que apenas gana unos miles. ¿Por qué es tan grande la diferencia? ¿Realmente hay millones de diferencias entre la calidad de la actuación de uno y otro? La respuesta es «no»; siempre es «no». La diferencia es mínima, pero es ese poco lo que marca la diferencia. Ese esfuerzo extra que no realiza nadie más es lo que hace que te eleves por encima del resto. Es lo que te lleva al 1 por ciento superior y multiplica los ingresos que tengas en cualquier sector y en cualquier negocio del mundo.

La gente se empeña en hacer lo mismo que los demás, pero, si sólo hiciesen una hora más al día de estudio de lo que sea a que se dediquen, harían que en sólo cinco años tuviesen mil ochocientas veinticinco horas de estudio por encima del resto. Esas personas son las que marcan la diferencia, y, en un período relativamente corto, tendrían muchísimo más conocimiento que el resto de su competencia. Y eso es sólo con una hora extra al día.

Por eso el concepto de equilibrio no funciona para el dinero. El equilibrio no funciona, lo que funciona es la obsesión y el trabajo duro. Y no dejarse confundir por falsos gurús que te dicen que pueden montar un negocio trabajando muy poco. Eso es irreal. Simplemente piénsalo bien, imagina que eres el primero en hacer algo y eso te da una ventaja sobre el resto. Es posible que al inicio puedas dedicar poco tiempo y ganar bien, pero pronto aparecerá alguien que aprenderá lo que tú haces, pondrá mucho más trabajo y acabará por quitarte todos los clientes, porque aprenderá mucho más y podrá dar un mejor servicio en muy poco tiempo.

Ésa es la realidad de trabajar poco. Aunque existan un montón de libros y personas que quieren convencerte de lo contrario, no es real, o a lo sumo se trata de casos muy excepcionales con dones muy superiores a la media. No es algo que funcione para la mayoría de las personas. Y sí, sé que tal vez te estoy decepcionando porque pensabas encontrar un libro que te diese la fórmula mágica del éxito rápido y sencillo, pero el éxito no funciona así. El dinero viene cuando eres la persona que tienes que ser para recibirlo. Antes no.

Quemar las naves

Cuenta la leyenda que, cuando Hernán Cortes fue a conquistar el Imperio azteca, mandó quemar las naves para no tener ninguna otra escapatoria para su tripulación y que, así, solamente quedase luchar o morir. Esta expresión quedó a lo largo de los años, y hoy en día se usa para esto mismo, para expresar que no hay otro camino. Y de eso quiero hablarte aquí.

¿Te puedes imaginar quién lucharía mejor? ¿Una persona que puede huir o una persona que, si no gana, muere? Bien, y ¿quién crees que lucharía mejor, alguien que tiene que conseguir sí o sí que su negocio funcione o alguien que tiene más opciones? Ése es el principio de «quemar las naves», y supone uno de los problemas por los que la mayoría no consigue ganar dinero. Para algunos es tan fácil emprender teniendo un trabajo que se sienten muy cómodos y no le dedican tiempo y, por supuesto, acaban fracasando.

Incluso muchos que sí que emprenden con ganas, realmente lo hacen por un período muy corto, y pensando que tres o seis meses es suficiente, y después lo dejan y prueban otra cosa, y así van de un método a otro dando vueltas, cuando el problema no es el método, sino su determinación.

El que gana no piensa: «Voy a probar unos meses a ver y, si no resulta bien, cambio». El que gana piensa: «Voy a conseguir esto como sea, y haré cualquier cosa para conseguir mi objetivo». No piensa que va a ver si surgen oportunidades mientras tanto, sino que se dice: «Voy a quemar todas las naves para que de ninguna forma pueda abandonar y para hacer que esto funcione». Así es como se consigue el éxito. Disponer de alternativas es algo que penaliza en el emprendimiento y en ganar dinero, porque hace que perdamos el foco o que no nos tomemos lo que estamos haciendo como algo de vida o muerte. Y creo que por eso conseguí emprender y tener éxito a la primera; precisamente, porque para mí no existía la opción de ser empleado ni la de fracasar y darle el gusto a mi padre de verme hacerlo una vez más. Es ese sentimiento que encuentras en tu interior que te dice: «Lo vamos a lograr sea como sea y pase lo que pase». Y sigues adelante a pesar de todo.

Llegué a hacer dos entrevistas de trabajo mientras estaba emprendiendo porque estaba tan desesperado que pensé que con algo de dinero de un trabajo lo conseguiría más rápido. Hoy me doy cuenta de que fue una bendición que me rechazasen, porque no habría dedicado el mismo empeño; de hecho, si ya tardé dos años en generar seis mil euros al mes, si lo hubiese hecho con un empleo en paralelo, estoy seguro de que habría tardado mucho más tiempo.

El concepto adquiere su máximo esplendor cuando decides que es eso lo que vas a hacer, que eres consciente de que funciona porque les ha funcionado a otros, y que no vas a parar hasta lograrlo, sea como sea y a cualquier precio. Es en ese momento cuando en realidad estás volviendo al momento en que Hernán Cortés quemó las naves y decidió ganar o morir, y es ese sentimiento el que hace que todos los miedos se disipen, porque has decidido luchar y ganar. Aún no entiendo las fuerzas de la mente humana, pero, cuando haces esto, algo viene a tu mente, algo como una fuerza con la que empiezas a trabajar como si tu vida estuviese en juego, y a partir de entonces nada es lo mismo.

La comodidad mata el beneficio

Y justo en el sentido contrario sucede cuando empresarios que tienen un negocio exitoso empiezan a diversificar antes de tiempo. Pretenden meter el dinero en lugares más seguros, ahorrar demasiado, acumulando mucho dinero en sus cuentas bancarias y produciendo el efecto contrario en su mente.

Ya no existe ese fuego interno con el que luchaban al empezar, sino que ellos mismos lo apagan al empezar a tener miedo a perder lo que han conseguido. Lo he visto demasiadas veces, y siempre sucede cuando el empresario empieza a sentirse cómodo con lo que gana y a tener demasiado dinero en la cuenta. Entra en su zona de confort y ya nunca vuelve a ser el mismo.

Por eso publicaba hace tiempo que es más fácil que alguien que gana quinientos euros al mes se haga rico que no que alguien que gana cinco mil lo haga. Y el motivo es sencillo, si eres empleado y tienes un sueldo medio alto y te juntas con personas que ganan menos, sientes que estás cómodo y por encima del resto, con lo que entras en esa zona de confort en la que no necesitas seguir trabajando al mismo nivel que venías haciendo y desaceleras tu crecimiento casi involuntariamente.

Por el contrario, alguien que ha pasado hambre o que ha sufrido una gran quiebra, es muy posible que cree grandes negocios, y en España tenemos ejemplos conocidos en internet, como el caso de Raúl Castañeda, que se arruinó y pasó de dormir en un coche con su hija y su esposa a crear Preico Jurídicos, un despacho de abogados millonario. O el ejemplo del multimillonario José Elías, a quien le pasó exactamente lo mismo: se arruinó y quedó a cero antes de crear un *holding* empresarial valorado en más de mil millones de euros.

Parece que la desgracia tiene que tocar a tu puerta para que el veneno de no tener barcos para escapar entre en tu cuerpo y sientas cómo luchas contra los demás como si de perder tu vida se tratase.

Y nadie lo puede explicar, pero funciona de esta forma, por eso hay multimillonarios como Alex Hormozi (@hormozi), quienes recomiendan quedarte a cero cada año para trabajar como si estuvieses arruinado. O como Jesús Orozco (@jesusorozcomo), con quien recuerdo perfectamente que quedamos a charlar un día y me inspiró su forma de pensar en reinvertir continuamente en el negocio sin tener exceso de tesorería para trabajar desde la incomodidad de no tener exceso de liquidez. Es la mejor forma de no dormirte en los laureles.

Ellos saben que tener demasiada liquidez no ayuda (a no ser que sea de modo estratégico para comprar algo que lo requiera), por eso lo invierten o lo gastan, pero no acumulan sin sentido en el banco o crean posiciones de seguridad para no caer en la trampa de la zona de confort; esa zona donde, sea cual sea tu nivel de ingresos, si entras te costará volver al ritmo de trabajo que tenías anteriormente.

10

Acción masiva: impacto masivo, obsesión compulsiva

> Sean hacedores de la palabra, y no solamente oidores que se engañan a sí mismos. Porque, si alguno es oidor de la palabra pero no hacedor de ella, es semejante a un hombre que mira su rostro en un espejo y, después de mirarse a sí mismo, se va y se olvida inmediatamente de qué clase de persona es. Pero el que mira atentamente a la ley perfecta, la ley de la libertad, y permanece en ella, no habiéndose vuelto un oidor olvidadizo sino un hacedor eficaz, éste será bienaventurado en lo que hace.
>
> Epístola de Santiago 1,22-25

Te voy a contar algo que no te va a gustar, pero que es la mejor estrategia para ganar dinero del mundo. Es muy sencilla, y si la aplicas es imposible que no seas rico.

Haz. No desees y tengas la ilusión de que algo llegará. Eso lo hacen los idiotas. En la cita anterior de la Epístola de Santiago, de la Biblia, ya ves que no dice que haya que rezar y, luego, esperar sin hacer nada, sino que hay que hacer (aunque no hacer de cualquier forma). Esto lo aprendí hace años, y es algo que me ha salvado la vida. Cuando me lo contaron por primera vez lo vi claro, aunque no te voy a negar que al principio dudé. Y no, nadie nace con ello, es algo que hay que trabajar. Es como correr los cien metros lisos. Tú no naces corriendo así, debes practicar para llegar a ese nivel. Es una decisión que tomas, como cualquier otra en tu vida. Ahora, reflexionemos juntos. ¿Y si te digo que se requiere la misma energía para ganar cinco millones de euros que cinco mil? ¿Prefieres cinco millones, no? Pues puedes tenerlos, y lo verás cuando avancemos con este capítulo. La realidad es que, para conseguir niveles de éxito masivos, hay que crear un impacto masivo. No hay que «hacer» de cualquier forma, hay que «hacer» masivamente. Sea cual sea tu objetivo en la vida, si no consigues un impacto masivo, tus resultados serán mediocres. Si no lo ves claro todavía, simplemente piensa en grande. Piensa como si lo que fueses a hacer fuese a cambiar el rumbo de la historia. Crea un objetivo tan grande que sientas que tu misión es clave para la humanidad. Tal vez ahora estés dudando o pensando que es imposible que consigas cinco millones de euros y que..., por ejemplo, vender zapatos no puede ser algo que cambie la humanidad, y lo puedo entender. Pero el motivo de ellos es que no has visto el camino, es porque el objetivo no es suficientemente grande. Necesitas pensar más grande para que tus acciones sean masivas y acordes con tus metas. Si lo haces, comenzarás a idear la manera de conseguir esos cinco millones de euros.

Para empezar, una vez que tienes tus deseos y tu propósito, para poder conseguirlos debes hacer una lista con las cosas y acciones que crees que te llevarán a hacerlo en el tiempo que piensas que es el indicado. Tendrás así una lista de cosas para alcanzar el objetivo que te hayas puesto. Me da igual qué objetivo sea (mientras sea enorme) y el tiempo en el que lo quieras lograr. Lo que debes tener en cuenta es que, si lo quieres más rápido, las acciones que debes apuntar deben ser iguales al resultado a conseguir. A esto se le llama «materializar ideas». Y, oye, puede que tus pensamientos no sean suficientes y tu conocimiento no alcance para tener unas ideas mejores, pero lo importante no es que sean perfectas, es hacer. Entonces:

1. Piensa un objetivo enorme, no lo reduzcas al escribirlo por muy grande que parezca.
2. Haz una lista con todo lo que crees que ayudaría a conseguirlo. Da igual que pienses que son cosas o acciones imposibles o que no estén a tu alcance, escríbelas.
3. Por ahora no pienses en cómo hacerlo todo, simplemente empieza por lo que veas más factible, y poco a poco consigue completar la lista.
4. Aunque te parezca imposible, seguramente, si haces lo que tienes que hacer sin importar qué sea o cómo te haga sentir, acabarás por lograrlo.
5. No valores prematuramente el resultado. Sigue insistiendo, tú hiciste esa lista porque sabías que funcionaría, así que ocúpate de completarla sin juzgar.
6. Escribe todos los días tus metas, al levantarte y antes de dormir, para que no se te olviden y estés continuamente enfocado en tus objetivos.

Cuando empieces a hacerlo tal vez sientas que es imposible o que no tienes ni idea de cómo lo vas a conseguir. Créeme, ahora eso es lo de menos. Empieza por donde puedas y ve completando la lista. Yo no sabía cómo iba a hacer muchas cosas que luego he acabado haciendo, simplemente las apunté, y tarde o temprano acabaron llegando. Ya viste que para mí fue así con el libro, pero me pasó también con mi negocio de consultoría, Billionaire Code o con mi Club de Inversión 100X. Simplemente, me propuse hacerlo, y empecé a apuntar acciones en mi pizarra para visualizar qué cosas me podían dar un *boost* en mi crecimiento como para poder llegar hasta ahí. Las analicé detenidamente y pensé cuáles sí y cuáles no me harían realmente conseguir mi meta, y después las hice. El resto es historia. Te las pongo aquí para que veas lo que apunté:

- Cinco posts diarios en LinkedIn, Twitter (ahora X), Threads, Instagram, TikTok y YouTube Shorts
- Un vídeo largo cada dos días en YouTube
- Sacar Mastermind
- Aparecer en pódcast

- Hacer más vídeos virales
- Un directo a la semana
- Más testimonios
- Más *leads* en el e-mail marketing
- Mejor contenido, ayudar más
- Hacer más llamadas a la acción
- Transmitir el sentimiento de mi ser futuro
- Eventos presenciales
- Crear un libro sobre el Método Billionaire
- Marketing de afiliados
- Mejorar la comunidad de emprendedores
- Transmitir más autoridad

Es lo que tengo en mi pizarra ahora mismo. Y si me hubiese puesto a pensar que era una meta imposible, no habría podido llegar. Nunca me habría comprometido a hacerlo ni me habría puesto a hacer todas las acciones que considerase necesarias para llegar hasta ahí. Y, entonces, nada habría pasado. Pero es que esto no es algo especial, toda la gente que tiene éxito piensa así. Los que no piensan así son los perdedores, que te dirán que estás loco, que es imposible, que la vida es para vivirla (obnubilarse con alcohol y sofá es vivirla para ellos) y que no hace falta trabajar tanto. Sólo debes decidir si quieres estar en ese grupo o si les dirás: «No, gracias, prefiero ser feliz alcanzando mis metas y disfrutando del dinero de otra forma». Porque hay otras formas de disfrutar: yo he visitado más de sesenta países distintos, y muchos de ellos varias veces. Voy a la bolera, juego con mis hijos, voy a la playa, leo, escribo..., hay mil cosas distintas de más provecho que lo que hace la mayoría de la gente. Y no te voy a negar que conseguir lo que me propuse fue difícil y que llevó tiempo. Tuve que tomar la determinación de comprometerme con mi futuro, y empecé a levantarme a las cuatro de la mañana, a hacer ejercicio con más energía, a leer más libros, a publicar más posts en redes y a escribir más páginas del libro. Necesitaba un nuevo nivel de compromiso para alcanzar unos objetivos más altos. Y es que al principio empecé sin hacer acciones en todas las redes sociales, pero me di cuenta de que tenía que ampliar a todas las redes y ampliar mi frecuencia. Pero también debía cambiar para subir al siguiente nivel: tenía que publicar varias veces en cada red social y volverme omnipresente para conseguir esa meta. ¿Motivo? Simplemente, las ventas son cuestión de presencia. Si te ven, existes, y te pueden comprar, si no te ven, no existes. Y cuanto más te vean, más probable es que compren. Es tan sencillo como eso, pero hacer un esfuerzo masivo no es fácil. Tuve que hacer sacrificios y trabajar duro (y lo sigo haciendo cada día). Pero lo conseguí en tiempo récord, y simplemente fue porque decidí hacer una lista lo suficientemente grande y ponerme a hacerlo. En el momento en que empecé, los resultados comenzaron a llegar, y el dinero vino a mí como si de magia se tratase. Y no, no era magia, era que había imaginado cómo hacerlo y lo había hecho realidad.

No todo es hacer una lista

No todo consiste en hacer una lista. Por supuesto, hay un segundo ingrediente que hizo que esto fuese posible. Simplemente es algo que la gente no está dispuesta a hacer y que yo sí, porque decidí que haría lo que fuera para lograrlo y poder contarlo aquí después para dar fe de ello. Esto lo aprendí a base de hostias. Recuerdo que un día quedé con Jesús Orozco a fumar unos puros. Jesús tiene una consultora de *e-commerce*, Consultoria.io, y actualmente gasta unos 400.000 euros al mes en anuncios. Casi nada. Tiene más o menos mi edad, y factura el doble que yo; hablando con él, me dijo que, para poder tener el crecimiento que él había tenido años atrás, yo tenía que hacer lo que él había hecho años atrás. Y puntualizó que él había crecido tanto y tan rápido porque no había dejado ni un segundo de margen para parar, y que la mejor forma de escalar rápidamente es obsesionarte. Así lo he hecho en mis momentos de mayor crecimiento; simplemente, me obsesioné. Me obsesioné tanto que decidí hacer más que los demás, mejor que los demás, durante más horas y más tiempo seguido. Iba a trabajar tanto que pronto superaría a cualquier competidor, y así fue. Y, además, algo que no sabía, pero que ahora sé, es que el tiempo que seas capaz de mantener ese ritmo será un multiplicador de interés compuesto sobre el trabajo que pongas encima de la mesa. Es decir, que es probable que los primeros años crezcas lento, pero cuantos más lleves a ese ritmo, más grande será el crecimiento, hasta volverse exponencial.

Lo malo de esta fórmula es que, básicamente, te estoy diciendo que tienes que trabajar mejor, más horas y durante más años, y eso a la gente no le gusta, pero es la realidad. Se llama ley de la acumulación, y cuanto más haces durante más tiempo, más se multiplica su efecto. Por supuesto, es tiempo dedicado a acciones productivas y enfocadas en el crecimiento del dinero. Si te pones a picar piedra no te servirá de nada. Por eso hay gente que trabaja mucho y apenas gana dinero, porque su esfuerzo está mal enfocado. Igual ocurre con la gente que sabe mucho pero no hace nada. Así que tienes que hacer las cosas correctas, no vale simplemente trabajar. Por eso hay gente que trabaja mucho y es tremendamente pobre, y otros que trabajan las mismas horas con la misma energía y son tremendamente ricos. Es porque han sabido elegir en dónde poner su energía, y eso es lo que vas a aprender aquí.

En mi caso, pasé de no tener empleados a tener treinta en cinco años, porque trabajaba todos los días del año, no me iba de vacaciones, trabajaba en Nochevieja, Nochebuena, Navidad..., y trabajaba de sol a sol, literalmente. Y, con veintiocho años, conseguí estar haciendo veinte mil euros mensuales de beneficio después de impuestos. Eso sin acertar mucho en las acciones que tenía que hacer, pero obsesionándome con el resultado. Y puede que pienses que es malo obsesionarse o que es una enfermedad, pero, créeme, nada más lejos de la realidad. Obsesionarse es el éxito. Obsesionarse es querer triunfar, conseguir lo que te gustaría de la vida y del universo, alcanzar tus metas, luchar por tu libertad. No ha habido ningún gran logro de la humanidad que no naciese de la obsesión. Sin ir más lejos, la luz que hoy todos tenemos en cada casa es porque un hombre se obsesionó con crearla, aunque fracasó miles de veces hasta que lo logró. Si la obsesión no es algo positivo, entonces no entiendo qué lo será. Así pues, esta obsesión debes disfrutarla, debes aprender a disfrutar el camino; si lo haces durante muchos años, te da una ventaja competitiva sobre el resto, porque aprendes más, tienes más tiempo para pensar, para probar, para hacer, y todo eso, y con el tiempo, crea un efecto acumulativo que es un multiplicador. El problema es que la mayoría de las personas nunca lo disfrutarán, y abandonarán, porque sus metas son tan pequeñitas que no tienen ningún tipo de aliciente para hacer ese tipo de esfuerzo tan grande, tan continuado y durante tanto tiempo.

Y, recuerda, no te estoy diciendo que trabajes por trabajar, ojo. Si haces esto que digo y sabes en dónde poner el foco, el resultado es que ganarás mucho más dinero que los demás. No funciona si trabajas por trabajar, sino que hay que trabajar sabiendo en dónde poner el esfuerzo. Ésa es la clave. El motivo es sencillo, simplemente, si dedicas el tiempo correctamente y lo haces más tiempo, es inevitable que consigas mejores resultados. Así que, si quieres saber lo que tienes que hacer, sigue leyendo, porque te lo voy a contar todo.

Los resultados no marcan tu evolución

Y aquí es importante que entiendas que no debes fijarte en los resultados. Los resultados tardan demasiado en llegar, lo que haces hoy son los resultados de dentro de unos meses e incluso años. ¡Por eso la mayoría abandona antes de tiempo! Porque se fijan tanto en lo que hacen y los resultados que obtienen que se olvidan de la ley de la acumulación. La cosa no es que hago algo hoy y obtengo hoy mi recompensa. Así funciona cuando trabajas como los esclavos, no cuando estás trabajando para ti. Si quieres eso puedes cerrar el libro y buscar un empleo, porque no te puedo ayudar.

Y entiendo que necesitas dinero para vivir, para poder mantener a tu familia o para poder comprar las cosas que quieras en la vida. Pero, como todo, la vida es una cuestión de decisiones, y tú no decidiste tomar este camino hasta ahora. Si lo hubieses hecho antes no habrías tenido todas esas responsabilidades, así que, si estás leyendo esto y necesitas tu trabajo para vivir, te tocará hacer el doble durante un tiempo hasta que puedas dejarlo. Y, si no estás dispuesto a hacerlo, probablemente no lo conseguirás. Siento mucho que este libro no sea como un «mundo de Yupi» como los que te quieren pintar muchos para venderte algo. Ésta es la realidad de las cosas. Compites contra ocho mil millones de personas por ganar más dinero que ellos. Éste es el deporte más competido del mundo, y, si no dedicas el esfuerzo suficiente, te vas a quedar en la cola.

En cualquier caso lo que debes tener claro es que el resultado no es inmediato. Si empiezas este camino, debes darte uno o dos años haciendo lo mismo sin parar para poder empezar a tener resultados. Hay gente que los tiene antes; yo tengo clientes que en seis meses estaban haciendo diez mil euros al mes, y en un año, treinta y cuarenta mil. Pero, como no sé quién eres, ni el tiempo que vas a poner, ni cómo vas a seguir los pasos..., prefiero no crearte ilusiones. Esto no es inmediato, pero es el camino más seguro para ganar cantidades industriales de dinero en la vida. Simplemente, tú tienes que poner el trabajo sin esperar nada inmediato a cambio, la ley de la acumulación hace el resto.

Kobe Bryan hacía un entrenamiento más que los demás y se levantaba a las cinco de la mañana para poder hacerlo cuando los demás empezaban a las ocho de la mañana cada día. Cristiano Ronaldo llegaba antes y se quedaba al final de cada entrenamiento para poder dedicar más horas a mejorar su tiro. Incluso Elon Musk dice abiertamente que, si quieres tener éxito, simplemente, tienes que dedicar cien horas a la semana a lo que el resto dedica cuarenta horas, porque de esa forma conseguirás en cuatro meses lo que los demás logran en un año, y así multiplicarás tus probabilidades de éxito.

Mierda, ¿y si lo he estado haciendo mal todo este tiempo? Es posible que estés pensado eso, y, bueno, no te voy a engañar, es posible. De hecho, es casi prácticamente seguro que así sea. Pero no te juzgues, porque eso es normal. Lo que siempre nos han dicho es que los ricos trabajan menos, que no hacen nada y que el dinero les cae del cielo porque son superdotados. Nada más lejos de la realidad. He tenido la oportunidad de hablar con cientos de ricos, y agradezco que el hacerlo me hiciera darme cuenta tan pronto de eso. Por eso trabajé muchas horas, porque tenía claro que había que hacer un esfuerzo grande para poder llegar al lugar que quería. Y, cuanto más altas sean tus metas, más tiempo, esfuerzo y riesgos tendrás que asumir para llegar.

Ésa es la ley de la acumulación, y es la forma más segura de llegar al éxito, y por eso tan pocas personas lo tienen en cuotas tan altas. Porque seguir durante muchos años dedicando tanto tiempo, esfuerzo y horas al día es algo agotador, pero al final tiene su recompensa.

Teniendo veintiocho años, NeoAttack ya era una de las agencias de marketing digital más conocidas de España, y, realmente, habiendo empezado con veinticuatro años, eso era muy poco tiempo; pero lo que hay detrás es un precio a pagar muy alto. Justo esto que te estoy explicando fue lo que hice. ¿Y por qué un chico sin conocimientos de marketing digital, estando en la carrera, sin conocimientos y sin dinero pudo crear varios negocios millonarios de la nada? Por la ley de la acumulación.

Para que entiendas la importancia de esto, las líneas que estoy escribiendo ahora mismo las estoy redactando desde las islas Seychelles, en un hotel que vale mil quinientos euros la noche y que serviría como excusa para no cumplir con mi cuota de escritura diaria, a la que me comprometo para poder sacar este libro y poder entregar el trabajo a tiempo. Más éxito, más trabajo, más compromiso...

Por eso siempre digo a todo el mundo lo mismo. Ser rico es fácil si pones la constancia y el trabajo masivo necesarios. Y hay formas muy fáciles de hacerlo, como montar un vídeo al día en YouTube durante cinco años. Es muy sencillo, en serio, y esta forma es sólo una de las muchas que existen. Si no sabes cómo empezar, puedes ver mi canal de YouTube en este enlace para que veas cómo lo hago yo:

La parte más importante (la cual ampliaremos más adelante) es que entiendas que la clave de un emprendimiento está en elegir correctamente los sistemas de captación de clientes y poner el trabajo suficiente como para que éstos funcionen y el negocio empiece a rodar. Y ahí es cuando más importante se vuelve la ley de la acumulación. Luego, simplemente, es cuestión de tiempo. La cantidad de trabajo que pongas y el esfuerzo harán el resto. Si elegiste vídeos en YouTube para captar clientes, simplemente deberás ir mejorando tu estrategia y calidad de los vídeos poco a poco. Según vayas publicando una mayor cantidad de vídeos durante más tiempo, podrás vender más que casi cualquier competidor en cualquier negocio que montes. Ahora, ponte cinco años a grabar todos los días un vídeo largo para YouTube, a ver si eres capaz. Ésa es la cuestión.

Y, ojo, quiero hacer un inciso aquí, no es que tenga que ser en YouTube o en la red social que sea, o bien e-mail marketing o publicidad —esto es inherente al momento en el que estemos, porque hoy se llaman así y mañana serán otros canales de captación, pero funcionan exactamente igual—, la cuestión es elegir correctamente el canal de captación según tu negocio y poner el tiempo y el trabajo suficientes sin esperar nada a cambio hasta que acabe funcionando. Ya está.

Por eso, el éxito sólo está reservado para los más constantes, y por eso debes saber que todo lo que te voy a contar en este libro funciona, y te va a funcionar. Pero vas a tener que hacerlo poniendo el esfuerzo suficiente durante los años que sean necesarios. Porque la gente quiere tener éxito o montar un negocio dedicándole dos horitas después de su trabajo habitual. Y eso puede funcionar para conseguir unas migajas y validar lo que estás haciendo, pero no para montar un negocio. Lo ideal es validarlo y, en cuanto estés empezando a generar, abandonar tu trabajo, quemar los barcos y centrarte directamente en el negocio que estás montando, confiando en lo que haces y poniendo el cien por cien de tu tiempo, tu fe y tus recursos ahí.

La mentira de los negocios de pocas horas

Hay una tendencia que agrupa a gente que te dice que puedes ganar muchísimo dinero, como ellos, sin trabajar, y aseguran que no trabajan nada y que son superinteligentes, y añaden que tú puedes hacer lo mismo. No te engañes, si eso existe, pronto dejará de existir. Cuando la gente empezó a vender en internet era muy fácil, y ganabas mucho con poco tiempo, pero luego se complicó. Pasó lo mismo con el SEO (*search engine optimization* ['optimización de motores de búsqueda']), con la publicidad, con el e-mail marketing... Si ahora tienes un negocio que te da dinero y le dedicas pocas horas, pronto llegaré yo, veré lo que haces, pondré más horas y aprenderé más, y en muy poco tiempo todos tus clientes serán míos. Esto es así, te guste o no, y la única opción en la que puede que te salves es que tengas un don, y tampoco lo tengo tan claro, porque lo he visto demasiadas veces. El trabajo siempre supera a la virtud. No lo digo yo, simplemente, piénsalo conmigo. Si tú dedicases dos horas al día y un doble tuyo dedicase catorce horas a lo mismo, ¿quién crees que va a ofrecer un producto o servicio mejor?, ¿quién crees que va a conseguir más clientes?, ¿quién crees que va a ser más conocido en el mercado? Es simplemente cuestión de tiempo que te acaben pasando por delante y que «mueras». Simplemente por lógica, porque, si fueses un genio como Amancio Ortega, no estarías leyendo esto. Por eso es importante volcarse en el proyecto. Al dinero no le gustan las medias tintas.

Bien, ahora piénsalo a la inversa. Si el resto trabaja ocho horas al día y no trabaja ni fines de semana ni festivos, pero tú sí lo haces, ¿quién crees que va a conseguir encontrar más estrategias de captación?, ¿quién va a hacer más mejoras en su producto o servicio?, ¿quién va a tener más tiempo para pensar en cómo seguir mejorando?, ¿quién va a tener más tiempo para darse a conocer? Al final, lo que sólo parecen unas pocas horas al día, con el tiempo acaban marcando una diferencia exponencial que se ve acrecentada cada año que consigues mantener ese ritmo. Y, sí, algunos me dirán que no eres igual de productivo en las últimas horas de trabajo del día y que sólo en las primeras... y bla, bla,

bla. Me importa un cipote lo que digan ésos (tú pregunta a Elon Musk, a ver qué te dice), que no han trabajado duro nunca en su vida. Si no rindo en una tarea, me pongo a hacer otra, y me dejo las más fáciles para el final del día. Me organizo para que suceda así, y me da igual si soy un 20 por ciento menos productivo, porque voy a seguir sacando muchísimo más trabajo que ellos y probando más cosas, y les acabaré pasando a todos por delante. Y con eso no te pido que abandones tu vida y no hagas nada más, simplemente te pido que reflexiones sobre el nivel de éxito que quieres y cuánto estás dispuesto a pagar y a esforzarte por ello, porque el tiempo que seas capaz de mantener un ritmo más alto que los demás durante más años será uno de los puntos clave para conseguir llegar más rápido a la meta que te hayas propuesto, sea cual sea esa meta.

11

Perseverancia: Roma no se construyó en dos días

No te soltaré si no me bendices.

Génesis 32,26

Cuando le digo a la gente que, si quiere ganar diez mil euros al mes, sólo tiene que publicar a diario en redes sociales y esperar que caiga el dinero, nadie lo hace. Si no sabes por qué, te lo voy a explicar. Se saltaron la mitad del libro. Y si te saltas algo, ya no hay propósito por el que luchar; o bien tu motivo para luchar no es tan fuerte como pensabas. Yo siempre lo digo que si tu miedo a grabar un vídeo y enseñarlo al mundo es mayor que tus ganas de hacer dinero, es que en realidad no tienes tantas ganas de ganar dinero. El deseo era demasiado pequeño, y debes poner uno mucho más alto. Y quien dice dinero dice lo que sea que sea tu objetivo; aquí hablamos de dinero porque es un libro enfocado a ganar dinero, pero, si lo que quieres es otra cosa, pues otra cosa. La cuestión es que siempre pasa lo mismo, falta de consistencia.

Tienes que pensar en términos de éxito como algo infinito, no como un casino en el que tienes unas fichas y las puedes arriesgar y quedarte sin nada. Aquí no pasa eso, tú siempre tienes más acciones masivas para realizar, son gratis, tienes tantas como quieras jugar. Tus fichas son la mentalidad, la persistencia y la creatividad, y son infinitas. ¿Te imaginas una mesa de póquer en la que tengas fichas infinitas? ¿Quién crees que ganaría la partida? Bien, pues la vida es así. Tienes tantas acciones como desees, y las probabilidades de éxito aumentan cuantas más pones encima de la mesa. Cuantas más pongas encima de la mesa durante más tiempo, más probabilidades de ganar la partida.

El problema es que la gente sobreestima lo que es capaz de hacer en un año y subestima lo que puede hacer en diez, pero la cuestión es que nadie aguanta tanto tiempo si su propósito no es lo suficientemente fuerte. Es más, te voy a contar un secreto, mi trauma no me sirvió para llegar a tener los ingresos que tengo ahora. Como te dije, mi propósito inicial fue un trauma. Ese trauma fue ocasionado por pensar que no era suficiente, y eso hizo que quisiera ganar más de lo que había ganado mi padre en un mes a lo largo de su vida. Una vez pasé esa cifra, tuve que cambiar mi propósito para poder seguir creciendo, porque ya no me servía. Y eso no está mal, pero es importante que te des cuenta para poder entenderlo. Debes entenderlo para poder cambiar tu conciencia y persistir en la asunción de tu nuevo ser. Puedes moldearlo con el tiempo, no tiene que ser algo inamovible, lo que sí debe ser es algo persistente. No sólo persistente en el tiempo, sino frecuente. Porque la frecuencia en tu mente determina la asunción de la nueva conciencia. Si no tienes una actitud mantenida en el tiempo, no se cumplirá tu propósito. Debes asumir el sentimiento con frecuencia para que constituya tu nuevo ser. Y es por eso por lo que muchas personas abandonan cuando ganan suficiente (suficiente suele ser muy poco dinero), porque, en realidad, su propósito era el dinero, y, ahora que tienen lo que les parecía suficiente, paran de trabajar. Y por eso debes entender que está bien que desees el dinero, pero debe estar respaldado por un propósito grande, porque si no abandonarás antes de tiempo y no aguantarás igual los problemas, las épocas de baja motivación, las decepciones, el estrés, la ansiedad y cualquier otro malestar proveniente del día a día de alcanzar una meta lo suficientemente grande. Tienes que creer que puedes hacerlo, asumir que eres esa persona, hacer las acciones que haría alguien así y persistir hasta alcanzar tu propósito.

Fue por eso por lo que Hitler la lio tan parda. Su objetivo era muy grande; y para eso no era suficiente con Alemania, y quería más.

No hace falta que tu propósito sea bueno, de hecho en este caso era algo bastante negativo, pero tenía un gran propósito. Era un hombre inteligente, si no, no habría puesto todo patas arriba, y estaba mal de la cabeza, eso también. Pero la historia está para aprender de lo bueno y lo malo, y por eso podemos ver que, independientemente de lo que hagas, si lo haces con un gran propósito podrás movilizar naciones, incluso aunque tu propósito no tenga sentido o sea algo malo para la humanidad (espero que no lo uses para eso).

Así que, recuerda, sea cual sea tu propósito, o bien lo que quieras tiene que ser suficientemente ambicioso, o bien se te acabará la energía antes de empezar. Si es muy grande, siempre harás más de lo que tienes que hacer, y si a eso le añades una actitud confiada, alegre y positiva, darás más de ti de lo que has hecho nunca en la vida.

12

Miedo: sin miedo o sin dinero

Si crees que dos mil euros al mes están bien, cuando llegues a esa cifra te quedarás ahí. Si piensas que son diez mil euros al mes, te pasará lo mismo. Y es que, al final, nuestro cerebro lucha por llegar a la cifra que creemos que es necesaria para nuestro estilo de vida y, cuando llega ahí, normalmente nos relajamos. Por eso, tu pensamiento predominante es el que crea tu realidad. Y ése es el motivo por el que no hay tanta gente rica. A mí me dicen mucho en redes sociales: «Si tienes tanto dinero, qué haces aquí haciendo vídeos», o «Si ganases tanto, pues no trabajarías». Mi respuesta siempre es la misma: «Por eso precisamente tengo tanto dinero y tú nunca lo tendrás. Porque tú, en cuanto tuvieses un poco intentarías dejar de trabajar, y yo sigo trabajando. Por eso nunca llegarás a tener tanto dinero como yo».

Es una cuestión de mentalidad, de enfoque y de resultados. Qué quieres, qué haces por lograrlo y cómo de incómodo te sientes para buscar conseguirlo. Porque si tienes mucho dinero en el banco parado, la comodidad empieza a invadirte y empezarás a relajar el ritmo. Tus ingresos han superado el nivel de vida que quieres, y ya no tienes un gran motivo para seguir trabajando al mismo ritmo. Así me pasó a mí cuando empecé a ganar mucho dinero. Comencé a acumular demasiado, y mi ritmo de crecimiento bajó. Comencé a relajarme, a trabajar menos horas y a estar pensando mucho menos tiempo en cómo hacer dinero. Mi vida pasó de estar en modo supervivencia a modo tengo la vida resuelta. Y eso es malo para incrementar tus ingresos.

Entonces pasó algo muy curioso, porque escuché decir a otro millonario que él se gastaba todo el dinero para forzarse a estar incómodo y tener que ganar más. En ese momento no le di importancia, porque pensé que era una tontería. Era como decir, como me voy a quedar a cero, ¿qué sentido tiene? Bueno, pues, a la semana siguiente escuché a otro millonario que factura quince millones de euros al año decir lo mismo. Esta vez me sorprendió mucho, pero, bueno, empecé a verle el sentido. Estas personas han conseguido resultados muy rápido porque han reinvertido mucho muy rápidamente, quedándose a cero continuamente para crecer lo más rápido posible. Y no sólo eso, sino que, al despojarse de sus ahorros para invertir, no sólo reinvertían más que yo todo el rato, sino que se forzaban a esforzarse más porque perdían gran parte de su colchón y necesitaban que su negocio funcionase y siguiese imprimiendo más billetes para poder mantener su nivel de vida, lo que hacía que su enfoque fuese mayor.

Tenía sentido... Mierda, ¿y si era verdad? ¿Y si quedarte a cero a final de cada año ayudaba no sólo a forzarte a encontrar activos para invertir o meter más dinero en marketing o formación, sino a que estuvieses incómodo y a que eso te hiciese pelear más duro por seguir ganando más? ¿Y si, además, eso les permitía pagar menos impuestos cada año y ahorrar un gran porcentaje que se iría a las arcas del Estado por el hecho de invertirlo en su negocio en lugar de regalarlo? Empecé a pensar en hacerlo. El pensamiento iba calando cada vez más en mí, porque, sí, yo había aflojado, y cuando más duro trabajé fue cuando reinvertía todo continuamente sin miedo, confiando al cien por cien en mis resultados y en lo que era capaz de hacer. Y también fue cuando más dinero gané y más rápido crecí... Entonces, justo a la semana siguiente, escuché a otro millonario decir algo idéntico. Esta vez era uno que generaba más de doscientos millones al año. Mierda. Ahora sí que ya era demasiada coincidencia. Había pasado en menos de diez años de cero a doscientos millones al año. No me creo que esta persona sea tan estúpida de decir algo que realmente no ha hecho en redes sociales, en un canal de YouTube, en el que enseña cómo él logró tener ese crecimiento. Ahora, sí que toca investigar un poco más y ver si lo ponemos en marcha.

Fue entonces cuando decidí aumentar todos los presupuestos de publicidad y empezar a invertir más en crecimiento, y mis resultados explotaron de nuevo. Fue como magia, como si hubiesen estado todo ese tiempo esperando que pasase eso. Mi concentración se duplicó, volví a quitarme pesos de encima y a trabajar con una intensidad mucho mayor, parecida a la que usé cuando tuve mi mayor época de crecimiento. Pasé de no publicar en algunas redes a publicar cuatro veces al día, y me convertí en una de las personas más virales de la red social. Todo por un pequeño cambio de mentalidad. Tan increíble pero tan cierto. Ésa es la realidad de los negocios y lo que la gente no ve: que cuanto más pones en tu negocio, el negocio más te devuelve. No puedes pretender crecer más rápido si tu velocidad de reinversión y tu tiempo de dedicación no aumentan. Simplemente, eso no es coherente. Para poder crecer más, hay que invertir más y hacer más en menos tiempo. Es la única fórmula para un mayor crecimiento.

Es por eso por lo que la vida me enseñó que, si quieres ser rico, debes invertir como los ricos, debes pensar como los ricos y debes hacer lo que hacen los ricos. Y los ricos no buscan hacer el vago o acumular capital; buscan reinvertir compulsivamente y estar incómodos para seguir luchando por generar más y más dinero sin descanso. Y al final es un juego, se convierte en un juego, como el fútbol o el baloncesto, como un deporte que, si aprendes a disfrutarlo, en lugar de verlo como algo incómodo y que no te apetece practicar, verás como un reto. Después de todo, ganar dinero es el deporte más jugado del mundo, y el marcador es cuánto dinero estás ganando. Sigue estos pasos en mayor medida y ganarás más. Relájate, y tus ingresos también lo harán. No lo digo yo, es una ley universal.

Gestión del miedo

La primera vez que fui a una ponencia tenía veinticuatro años y no sabía ni lo que estaba haciendo. Recuerdo que me llamó un cliente para proponerme ir a Barcelona a hablar en una charla con otros empresarios. Sólo iba a haber veinticinco personas, pero para mí era un mundo, y me daba mucho miedo, pero acepté. Me pagaron un hotel de cinco estrellas en el centro, y al día siguiente me levanté listo para ir a hablar ante esas personas. La noche anterior me había acostado tarde preparando la ponencia, pensando en qué decir y que tuviera sentido, pero no sólo eso, sino también tratando de aprender lo que estaba diciendo para no hacerlo mal al día siguiente.

Si no te imaginas los nervios que tenía, te lo cuento. Esa noche apenas dormí, y cuando me levanté por la mañana fui al baño cuatro veces antes de salir a coger el taxi para ir al evento. No podía parar de pensar en lo que iba a decir. Eran empresarios, y yo era alguien que estaba empezando y no tenía ni idea, y eso me ponía aún más nervioso, porque se me olvidaban cosas, lo cual retroalimentaba mi falta de confianza, con lo que la tensión aumentaba más aún. Ya sabes, aquello en lo que te enfocas se expande; y yo estaba enfocándome en mi miedo, así que no paraba de crecer. Eran sólo veinticinco personas, pero era mi primera vez hablando ante otros empresarios, y para mí era un hito y no tenía ni idea de cómo lo iba a hacer. Sentía el corazón como oprimiendo mi pecho, y me costaba respirar. Era como si me hubiesen metido un globo en los pulmones y ya no hubiese espacio para pasar el aire. Las manos me sudaban y el corazón palpitaba como si tuviese un maldito león enfrente mirándome cara a cara, dispuesto a lanzarse para comerme sin piedad. Iba de traje, lo recuerdo perfectamente; y ahora pienso que hoy en día quizá habría ido en chándal o pantalón corto, sin dudarlo; pero entonces era «muy nuevo», y mi mentalidad no estaba al nivel actual (ahora ya sabes que, si me invitas a un evento, puedo aparecer en chándal). La sensación era terrible, no había sentido algo así en mucho tiempo, y no sabía cómo lo iba a hacer, pero allí iba yo, en el taxi en dirección al «matadero», sin saberme el guion y para presentarme ante un montón de personas que sabrían más que yo y que me estarían mirando con sus ojos penetrantes, juzgándome por mi falta de experiencia y mi comunicación poco fluida por culpa de mis nervios.

Si tuviese que explicar cómo me sentí cuando acabé la ponencia sería algo parecido a estar en la horca, con la soga al cuello y pataleando para poder coger un poco de aire..., y, pum, soltarse de una vez. Y ocurre que, aunque la soga se suelte, el cortisol sigue por tu cuerpo las dos horas siguientes, como si estuvieras desnudo y asustado en una esquina de una gran nave vacía, pensando en cómo había ido y sin poder recuperar a mi niño interior, aún muerto de miedo, asustado y temblando por aquel acontecimiento. Pero la historia no acaba tan mal. Quiero decir, ésta fue la primera de muchas veces que me ha tocado salir a un escenario, y he estado desde en la radio y la televisión hasta en eventos como las charlas TEDx (la mía la tienes en YouTube, por cierto), ante cientos de personas..., y te puedo decir que se acaba pasando el trago. El miedo se acaba pasando, y deja lugar al hábito. El problema es que, para poder realizar ese cambio, necesitas exponerte al miedo una y otra vez hasta que lo haces tuyo y deja de producir esos efectos en tu mente. El miedo sólo se siente cuando no has hecho algo lo suficiente. Luego, se va. Cuando enfrentas un miedo una y otra vez, el cuerpo lo normaliza hasta el punto de que ese temor deja de tener efecto sobre ti y deja lugar a la paz. A mí nadie me dijo esto, pero sabía que, si quería llegar a ser la persona que quería ser, tenía que enfrentarme a este tipo de situaciones, y mi pensamiento era muy sencillo. Simplemente me repetía: «¿Elon Musk haría esto? ¿Amancio Ortega haría esto? ¿Steve Jobs haría esto? Si la respuesta es "sí", entonces yo también lo tengo que hacer si es que quiero llegar a ser como ellos algún día». Y, oye, es que de sueños también se vive, y aunque tal vez nunca llegue a ser como ellos, desde luego que el primer paso para poder ser rico es pensar y actuar como si fueras uno. Y eso lo tenía claro desde que empecé.

No puedes llegar al siguiente nivel si no afrontas tus miedos. Normalmente crecemos cuando superamos un miedo. Y ese miedo precisamente suele ser un obstáculo que nos impide crecer. Así lo entendí yo, y por eso, cuando veo que algo me asusta, lo pienso bien y, si entiendo que es bueno para mí, afronto el miedo hasta que desaparece. Piensa que siempre hay un nivel en el que te acabarás estancando y tendrás que decidir si sigues adelante o tu miedo puede contigo. Y, la verdad, no hay ningún truco para superar un miedo, simplemente hay que hacerlo. Y cuanto antes, mejor, porque si no lo piensas más y se expande; aumenta rápidamente en la medida en que le dediques más pensamientos, y empeora, siempre empeora. Puede ser que tengas miedo de invertir en comprar una nueva empresa para crecer, de sacar tu negocio a bolsa, de vender acciones o, simplemente, de dejar tu trabajo para crear un proyecto propio. Pero la realidad es que siempre, en el fondo, sabes qué es lo que debes hacer para prosperar. Por eso dudas, porque, aunque quieres y sabes qué es lo que te conviene, tu miedo te paraliza. Mi recomendación en estos casos siempre es seguir tu instinto y olvidarte del miedo. Al final, tu intuición siempre tiene la razón, porque estás siendo coherente con lo que quieres en tu vida y no dejando que la dominen emociones negativas. Tu instinto es tu conciencia hablándote. Como cuando sales de fiesta y dices que no lo volverás a hacer. Así es... Es tu instinto, porque, en realidad, sabes lo que te viene bien para tu vida. Lo que pasa es que eres un cazurro y no te haces caso ni a ti mismo. Imagínate cómo vas a conseguir algo así. E insisto, si dudas, simplemente, piensa si eso es bueno o no para lo que quieres lograr en tu vida, y no te hagas trampas al solitario, analiza honestamente. Piénsalo un momento, no pasa nada; pero, si es que sí, hazlo sin pensar. No dudes, simplemente sal al escenario y habla. El tiempo y la experiencia harán el resto. Te lo dice uno que empezó su negocio sin saber hacer facturas y que se dio de alta como autónomo sin saber ni eso. Tuve que buscarlo en internet, imagínate el nivel que tenía. Por eso siempre hay que lanzarse y abrazar tu miedo, y después ya vas resolviendo cosas por el camino. No pretendas analizar y saber todo lo que va a pasar antes de hacerlo. Eso nunca funciona y sólo te hará procrastinar una y otra vez, porque nunca te sentirás suficientemente preparado. Y tienes razón, nunca lo estarás hasta que lo hagas. Por eso hay que abandonar el control y rendirse al proceso.

Y esto me viene bien para recordarte que, si aún no has empezado a hacer lo que te he sugerido en capítulos anteriores, estás procrastinando. Podrías haber empezado, pero tal vez no lo has hecho. Ése es precisamente el punto. Y si no cambias eso, por mucho que quieras, nada va a cambiar. Estás acostumbrado a operar así..., y así no opera la gente exitosa. La gente exitosa hace. Dice lo que va a hacer, y lo hace.

No es sólo un método, es una actitud

Esta historia de la ponencia acabó bien, muy bien; pero entre medias tuvo sus sombras y sus partes no tan felices. Para que veas que siempre hay fracasos y miedos, te diré que, después de esta ponencia, me invitaron a un medio conocido a hacer una entrevista, ¿y sabes qué paso? Me trataron de ridiculizar. El entrevistador trató de hacerme de menos y ridiculizarme, y a punto estuve de levantarme e irme. Me trató mal, me hizo ver como que tener quince empleados con veintiocho años no tenía ningún mérito, que él había tenido muchos más..., y delante de miles de personas me habló como si fuese un despojo humano, en pleno directo. ¿Te lo puedes imaginar? Es decir, no tenía yo suficiente con mis miedos que la segunda vez que aparezco en público me atacan, sin apenas dejarme hablar y haciendo ver como que yo era una mierda. Y no te voy a mentir, cuando salí de ahí quería llorar. Llamé a mis padres y me sentí fatal. Me daba rabia, sobre todo porque era tan joven y tan novato que no tuve la capacidad de reaccionar y levantarme e irme, que probablemente es lo que hubiese hecho hoy en día (o bien no ir). En ese momento no me fui; me quedé hasta el final, dejando que me humillaran y viendo cómo ese hombre se reía de mí.

Entonces, ¿cómo después de algo tan traumático volví a salir en público? ¿Es que soy gilipollas? Pues, sinceramente, lo hice porque nunca hay que rendirse, porque estoy comprometido con mi futuro, porque tengo un propósito y porque hago lo que una persona de éxito haría. Soy esa persona, me he convertido en esa persona y actúo como ella.

Nada de lo que te he dicho es inventado, todo lo he vivido en primera persona. Y ésa es mi forma de pensar y la que deberías tener tú para tener éxito. Simplemente, me paro y pienso: «¿Alguien de éxito se rendiría ahí y dejaría que esto marcase su vida, o bien continuaría adelante a pesar de todo y seguiría exponiéndose y avanzando con su proyecto?». Una vez que veo que efectivamente tengo que seguir, no lo dudo, y, a pesar de poder tener miedo o sentirme incómodo, sigo adelante. De hecho, recuerdo que, cuando me volvieron a invitar a un evento, esta vez a hablar delante de quinientas personas, lo primero que me dijo mi madre fue que no lo hiciese, porque podía pasar lo mismo. Yo no le hice caso, y fui. Fue todo un éxito, y el primero de muchos.

¿Te imaginas que aquel episodio nefasto me hubiera hecho decidir no hablar más en público? Si eso hubiese sido así, yo no habría hecho una charla TEDx, no habría salido en televisión, no habría asistido al Evento Impúlsame..., ni habría conocido al consejero, inversor y emprendedor en serie Fran Guillén ni a Roger Domingo, este último director editorial de varios sellos del Grupo Planeta, con quien hablé para escribir y publicar este libro. Porque el detonante, precisamente, fue un evento presencial que hice y que fue retransmitido en directo en televisión. Un evento al que no tenía ganas de ir porque me daba pereza desplazarme, porque no necesito el dinero ni hablar en público. Porque me daba absolutamente igual hacerlo o no y mi vida no iba a cambiar (o eso pensaba), pero sabía que las oportunidades a veces se esconden y que nunca sabes dónde te encontrarás una. Y, justo gracias a ir, la encontré. Ésa es la «actitud Billionaire».

Actuar desde la fe o actuar desde el miedo

En el fondo de mi ser entendí siempre el problema de tener miedo. El miedo siempre indica que te mueves en la dirección correcta, pero no fue hasta que leí la novela *Burlar al diablo*, de Napoleon Hill, cuando entendí la fuerza que tiene cambiar el miedo por la fe. En ese momento, nada volvió a ser igual. Cuando operamos desde el miedo, las acciones que realizamos no las hacemos confiando en el resultado, sino probando un poquito, a ver qué pasa. Normalmente, esto va en contra de obtener resultados exponenciales. Nunca funciona. Cuando operamos desde la fe, y hemos instaurado una confianza absoluta en nosotros mismos y en lo que hacemos, la forma de operar cambia por completo, y lo que hacemos genera unos resultados completamente distintos. Y no es necesario que no tengas miedo, simplemente con que empieces consiguiendo que la fe sea mayor que el miedo es suficiente. Poco a poco eso irá cambiando, y cada vez tendrás menos miedo de accionar, no es algo que pase de un día para otro.

Probablemente, el mayor problema de la gente es que han perdido la fe en ellos mismos. La han perdido porque se han mentido una y otra vez: cada vez que decían que dejarían de fumar y no lo hacían; cada vez que dijeron que no saldrían de fiesta o no beberían y volvieron a beber y salir; o cada vez que iban a ir al gimnasio o a levantarse temprano y no lo cumplieron. Tu mente recuerda aunque tú lo quieras olvidar. Tu subconsciente no te perdona, aunque tú te quieras perdonar. Cuando nos fallamos a nosotros mismos vamos debilitando nuestra fe y perdemos la confianza que nos lleva a operar con valentía, y esa fe es inmediatamente sustituida por miedo; un miedo instaurado por ti mismo o por tu familia, por todas esas veces que te has fallado o has decepcionado a otros, esas veces que has degradado tu autopercepción, mandando a tu subconsciente un mensaje de ti mismo como una persona que no es capaz de hacer lo que se propone; y, por supuesto, tu subconsciente tiene razón. ¿Cómo no vas a tener miedo? ¿Cómo te va a mandar a la guerra si sabe que sales siempre corriendo? Es imposible. Por eso tienes miedo a emprender, miedo a dejar tu trabajo, miedo a hablar con una mujer atractiva (o con un hombre), miedo a ser rechazado, miedo a hablar en público, etcétera. Tienes miedo porque tú mismo no te respetas. Te han inculcado que hay que tener miedo desde pequeño y no has hecho nada por cambiarlo, sino que, además, lo has incentivado fallándote continuamente y haciendo que tu fe ya no exista y sea sustituida por pensamientos negativos que son los que dominan tu día a día. Recuperar la fe y empezar a operar desde el amor y la confianza es muy sencillo. Sólo tienes que cambiar tú para cambiar tus hábitos. Una vez cambias tus hábitos, cambiarás tus acciones y, cuando cambies tus acciones, cambiarás tu destino. Esto lo veremos más adelante para que puedas entender cómo llevarlo a cabo correctamente.

Primero ser, luego hacer y luego tener. No puedes tener lo que quieras en la vida hasta que no seas una nueva persona. Una persona que no se falla, que cumple su palabra, que actúa desde el amor y que confía en sí misma. Tienes que hacer lo que hacen los ricos para poder ser uno. Una vez cambies eso, empezarás a notar cómo eres alguien nuevo y todo lo que haces comenzará a dar unos resultados completamente distintos a los anteriores.

Miedo a la pobreza

El miedo que más te frena es el miedo a la pobreza. Es el miedo que hace que no actúes, el miedo que te hace que te pongas a criticar al rico en lugar de admirar cómo ha llegado ahí. El mismo que hace que no puedas proyectarte como rico porque diez mil euros al mes parece mucho dinero. El miedo que hace que dudes de ti mismo, que te preocupe lo que piensen los demás, el miedo que te hace procrastinar para no tener que tomar una decisión en la que te puedas equivocar... No hay nada que te aleje más del dinero que el miedo a la pobreza. El miedo a la pobreza crea esos pensamientos que luego crean tus acciones. El miedo a la pobreza hace que odies el capitalismo o a los ricos, o que te odies a ti mismo por no tener el dinero suficiente para conseguir las cosas que te gustaría tener en la vida y te mantiene pobre porque tienes miedo de invertir en cualquier cosa, incluso en ti mismo, así que simplemente te quedas inmóvil, odiando al universo por ser pobre y pidiendo a Dios, desde la escasez, que cambie tu vida. ¿Cómo va a cambiar tu vida si tus pensamientos predominantes son de tan baja vibración?

El miedo a la pobreza es el gran enemigo, pero a continuación te enseñaré las seis formas en que se manifiesta para que lo logres identificar y empieces a cambiar tu paradigma. Es necesario que leas de nuevo este capítulo para interiorizar todos estos conceptos, porque, de no ser así, el resto tendrá poco sentido. Y entiendo que lo normal es leer el libro de un tirón y, luego, no hacer nada; de hecho, la mayoría es lo que hará, aunque he insistido en lo contrario varias veces. Sea como sea, si quieres un cambio real en tu vida debes empezar por confiar en el cambio. Y eso pasa por interiorizar los conceptos que aquí vamos a tratar. No puedes venir a leer un libro para hacerte rico y seguir haciendo lo mismo que hacías, porque ¿sabes qué pasará? Bien. Ahora mira si te suena algo de esto:

- *Indiferencia por el dinero.* Es el primer enemigo del dinero y se expresa normalmente con pensamientos como los siguientes: «Yo no necesito tanto dinero»; «Ya estoy bien así»; «¿Para qué quiero un mejor coche si éste también me lleva?»; «¿Para qué quiero un Rolex si mi reloj me da la hora?». Es la aceptación de cualquier cosa en la vida sin protestar, simplemente porque está bien como está.
- *Deseo de prosperar.* Y, oye, estos últimos pensamientos están bien si quieres ser pobre y que eso no te afecte en tu vida y acabes con un trauma o sufriendo por no tener dónde caerte muerto; pero, si lo que quieres es ganar dinero, es una malísima estrategia, porque elimina el deseo de prosperar, y, sin deseo, ya has visto que esto no funciona.
- *Indecisión o duda por cualquier cosa.* Es cuando simplemente dudas y dudas y dudas. Y mejor que otros decidan por ti. O dar más importancia a la opinión del resto que a la tuya propia. Incluso prefieres criticar a otros que prosperan para justificarte. Imagínate adónde te va a llevar esto.
- *Preocupación por el resultado y exceso de precaución.* Normalmente, esto conlleva estar buscando defectos en todo para poder encontrar motivos para no hacer nada. Si lo que quieres es encontrar el lado negativo o el fallo para no tener que enfrentar un posible fracaso, entonces vas a fracasar, amigo. Las cosas no salen bien todo el rato, déjate de mierdas y hazlo ya. A andar se aprende andando, no pensando en andar.
- *Aplazamiento de las decisiones.* Simplemente, a menudo te puede parecer mejor procrastinar que tomar una decisión. Eso es una maravilla para alguien con miedo a la pobreza. Pues lo que la mayoría hace al leer un libro, hacer un curso o entrar a una mentoría es eso: esperar y aplazar para estar seguros de algo que..., ¿algo que qué?

Si te ves reflejado en algo de lo anterior, tienes miedo a ser pobre. Y déjame decirte que el miedo a ser pobre es uno de los miedos que más gente tiene, así que no te sientas mal por ello, hablamos de una mayoría de la población, no de unos pocos, pero, si no te lo quitas de encima, no te dejará avanzar. Ése es el motivo por el que los pobres aman el dinero mucho más que los ricos. En cambio, el rico, simplemente, aceptó que podía ser pobre y afrontó ese miedo, arriesgando y hasta pudiendo perder su dinero en cada paso que daba, para después reponerse; y por eso es rico, porque abandonó el miedo a perder el dinero. Y, ojo, con esto no te quiero decir que siempre salga todo bien ni que, si no tienes miedo, no perderás dinero. Simplemente digo que, si no tienes miedo, lo perderás y verás que no pasa nada, y lo seguirás intentando hasta que lo consigas. Pero si tienes miedo, no intentarás nada, y ahí se acabó tu aventura.

El miedo tiene cura

Así que yo lo tengo muy claro. El camino es duro, y los miedos no sólo van a estar ahí, sino que muchas veces vas a sufrir eventos traumáticos que te van a dar todos los motivos del mundo para abandonar. Lo vas a tener fácil, son tantas las cosas que te van a pasar que emprender el camino de dejarlo todo es sencillo de tomar, pero ese camino precisamente es el que toma todo el mundo.

Ahora ya has visto la otra cara del éxito. La que nadie cuenta. La dura. Y sabes que siempre hay un precio a pagar para lograr lo que quieres, y que, aunque no lo veas en el momento que lo hagas, con los años lo entenderás y agradecerás haber tomado esa decisión. De esto estoy seguro. En mi caso, con el tiempo acabé confiando tanto en mí que, hoy en día, en mis ponencias nunca llevo presentación, ni en las ventas tampoco, y suelo improvisar lo que digo siempre. Simplemente, la práctica elimina el miedo. Y he aprendido que hay que ser así en todo en la vida. Confío en mí, confío en la persona que soy y confío en mi rendimiento porque no me fallo y cumplo mi palabra, y cada día que pasa refuerzo más ese sentimiento.

13

Cuando casi me arruino

Ya era rico, y estuve a punto de arruinarme simplemente por dejar de hacer todo lo que te he contado en esta primera parte del libro. Créeme o no me creas, no gano nada diciendo algo que no es. Lo que sí quiero es contarte qué pasó para casi arruinarme y cómo conseguí retomar mis hábitos y volver a ganar más y más hasta llegar al punto en el que estoy hoy. Creo que esto te puede cambiar la vida, y por eso quiero contártelo.

Lo recuerdo perfectamente, fue en 2021, empezando el año, allá por enero. Había sido padre de una niña preciosa que me tiene robado el corazón. Ella no tenía ni un año, pero la situación de pareja era insostenible. La había tenido con una persona que, aunque yo no lo quería reconocer, tiene un apego ansioso que hacía que acabáramos discutiendo y teniendo problemas con frecuencia, hasta que todo explotó y corté con ella. Al cortar, yo me fui de la casa donde estábamos, porque no aguantaba más ahí, y me quedé pagando un alquiler millonario en la mejor zona de Madrid, enfrente del parque de El Retiro. En ese momento no fui consciente, pero empezó la peor época de mi vida. Y no por cortar con la madre de mi hija, sino por todo lo que supuso esa situación para mí. Una vez que corté con ella, quise cerrar unas condiciones para la custodia. Ya sabemos que la custodia es algo complicado y que tarda, y ella se aprovechó de eso. Empezó a rechazar que yo le hiciera visitas a mi hija, dejándome horas sentado y esperando en el portal para poder verla. Yo acababa a menudo llorando desconsolado por no poder darle un beso a mi bebé, abrazarla o jugar con ella, y, por supuesto, ni mucho menos podía llevarla conmigo. Sentía como si me hubieran sacado el corazón del pecho y lo hubieran lanzado por la ventana. La desolación recorría mi cuerpo, y mi mente iba a la deriva. Nada tenía sentido sin ella. Había perdido el rumbo.

La madre de mi hija estaba enfadada, y pensaba que, si no me dejaba ver a mi hija, yo volvería, porque no aguantaría el dolor y porque haría lo que fuera por estar con mi hija, incluido volver a casa y con ella. No fue así, sabía que no había vuelta atrás, y seguí insistiendo. Pasaron las semanas, y llegamos hasta el mes en esa situación. Seguía sin poder verla, pero por suerte me llevaba bien con su abuela, a la que le daba dinero de vez en cuando a escondidas porque no tenía, y ella siempre me andaba pidiendo. Ya había sido desahuciada dos veces de dos casas por impago, y yo, siempre que pude, le había regalado algunos miles para apoyarla, así que ella intercedió con la madre de mi hija, la cual me dejó verla. Pero no pienses que fue de cualquier manera, yo tenía que subir a la casa (la que yo pagaba, eso sí), porque así podía estar conmigo y seguir molestándome para ver si volvíamos.

Creo que ese día fue un hito para mí. En ese momento no sabía que no me iba a dejar llevármela, tenerla conmigo aunque fuera un tiempo, y fue tremendo ver que me decía que no, que yo tenía que estar allí y con ella delante, que no podía llevarme a mi hija ni un momento porque ella no quería. ¿Te puedes imaginar la situación? ¿Te imaginas la rabia de tener una hija tuya y no poder ni tenerla porque la madre decide que es como si fuese su propiedad y no te deja? Si no te lo imaginas, ya te lo digo yo: rabia, frustración y mucho dolor. Luego, eso pasó a odio, por supuesto, y, cada vez que ella hacía eso, más odio. Ella pensaba que, si me hacía ir a la casa frecuentemente, yo volvería con ella, pero lo que conseguía era que cada día la odiase más por todo ese daño que me estaba haciendo. No podía dormir con mi bebé, no podía llevársela a mis padres o mis tíos, y, cuando se lo pedía, siempre me decía: «No haberte ido de casa, tú elegiste esto».

Como si no querer estar con ella fuese mi condena y por eso tuviese que quedarme sin ver a mi hija. Me decía que ella y nuestra hija «iban juntas», que si no quería estar con ella, me quedaba sin hija. Era increíble. Me estaba castigando por haberla dejado. Tanto era así que a mi hija, aún hoy, le sigue diciendo que yo las abandoné, cuando luchaba por ir allí cada día y estaba en una casa en la que yo estaba pagando todo. Es increíble lo que he vivido al respecto. Como la dejé, según ella, ¡resulta que las había abandonado a las dos! ¿Puedes imaginarlo por un momento? ¿Puedes creer esto que estás leyendo? Porque es todo verdad, no es una historia inventada.

No podía estar con mi hija a solas ni poder pasar con ella su cumpleaños ni el mío, ni disfrutar de ella en vacaciones. Absolutamente nada. Todo había de ser en aquella casa y bajo su supervisión, en días sueltos en los que yo acababa sin energía tras ir allí a pasarlo mal. Y, como puedes comprender, eso causó mella en mí. Fue haciendo un agujero negro en lo hondo de mi corazón. Fue minando mi esperanza de que ella volviese a hacer las cosas desde el amor, y no desde la venganza; de que pudiese ser una persona con bondad y de que viese que estaba haciendo mal también a su hija.

En la actualidad, mi hija viene a casa y me cuenta que su mamá dice que soy un pesado, que a ver si tengo hijos y la dejo a ella tranquila, etcétera. ¿Cómo crees que puede afectar eso a una pequeña de cuatro años? La está destrozando por dentro, pero le da igual, porque su odio por mí es mayor que el amor por su hija. Yo hace tiempo que me di cuenta de que, si te quejas de tu ex, es porque tú tampoco estabas bien en ese momento, y eso es importante reconocerlo para poder mejorar.

Yo conocí a mi ex en un parque fumando porros, así que no hay mucho que añadir al respecto. (Hija, nunca fumes porros.) Y, mira, no guardo rencor a la madre de mi hija, pero cuando te hacen tanto daño, si no tienes la fortaleza emocional suficiente, tu mundo se puede derrumbar en un momento. Y así lo hizo el mío.

Drogas, alcohol y fiesta

Ese mes que estuve sin poder verla fue suficiente para romperme por dentro. Me dolía tanto que volví a consumir drogas y alcohol y a salir de fiesta. Necesitaba ahuyentar ese dolor, y no sabía cómo hacerlo desaparecer. Soy de los que piensa que si sales de fiesta, consumes drogas y te emborrachas es porque algo tienes dentro que no va bien. En ese momento también lo sabía, pero no supe reaccionar. No supe gestionarlo, y me hundí en lo más profundo de mi ser. Era como estar en un cajón donde había guardado mi *yo* más bajo, mi *yo* sin autoestima, mi *yo* dolido, mi *yo* humillado..., y donde me reuní con ese dolor. Hasta que al final nos miramos ese dolor y yo, y decidimos olvidar.

No sabía cuánto tiempo iba a pasar sin ver a mi hija. No lo sabía porque la justicia va lenta en España. La política roba demasiado como para invertir en mejorar la salud mental de sus ciudadanos acortando los procesos de separación con hijos; así que tocó esperar. Y, al final, mi ex negoció, por supuesto que negoció. Pero lo peor no fue eso, lo peor es que me trató como un despojo humano y no me dejó ver a mi hija a solas. Siempre tenía que estar en su casa y con ella o su madre delante. Malmetiendo a la niña día a día, como sigue haciéndolo hoy, mintiendo sobre mí y sobre mi mujer, y eso cuando no me dejaba horas abajo, solo o con mi madre, esperando a que ella me dejara subir; y hubo muchas veces en que eso nunca pasaba, y yo tenía que volverme a mi casa cabizbajo, cargando el peso de la desgracia en mis hombros y pagando por haber cortado con una mujer con la que no quería estar, sufriendo por no poder disponer de lo más preciado que tenía, que era el tiempo que podía pasar con mi hija. ¿Tan mal lo había hecho para tener que sufrir así? No recuerdo alguna situación de más dolor y humillación en mi vida, y es algo que no desearía ni al peor de mis enemigos.

Por supuesto, el alcohol, las drogas y la farra no son amigos de los buenos hábitos, y fui poco a poco perdiendo la conciencia del trabajo y gastando dinero en lujos, invitando a «amigos de juerga» y viajando para no pensar en mi bebé. Cuánto dolor. No poder verla caminar por primera vez, no poder darle de comer, no poder dormir junto a ella hasta los dos años. No poder pasar tiempo juntos ni llevarla con mi familia. Y todo porque era culpable de haber cortado con su mamá. Que aprovechaba cada vez que iba a aquella casa para intentar volver conmigo. De ahí que tuviera tanto interés en que yo no me llevase a la niña y que pasara tiempo en esa casa. Ella siempre pensó que podría usar a nuestra niña como un medio para poder mantenerme con ella, pero no hay amor donde hay extorsión. No hay amor ahí, eso será otra cosa, pero no amor. El amor es incondicional, el amor no se compra, el amor se gana, se regala..., no se roba ni se secuestra. Y, cuanto más me extorsionaba, más dolor y menos amor había. Esa llama se apagó tan rápido que pareció que ahí nunca hubo nada. Y, bueno, como ya dije, el colmo fue cuando empezó a decirle a mi hija que su padre la había abandonado. ¿Abandonado en una casa de lujo con todo pagado? ¿Abandonado con una manutención y, después, pagando un colegio privado? Malos días para Mr. Madurga... Porque las emociones negativas son malas amigas del dinero. Y porque los malos hábitos son malos amigos del dinero. Y yo estaba comprando todas las papeletas para ir a la quiebra.

Por suerte, la única empresa que tenía por aquel entonces no funcionaba sólo por mí, ya que en ese momento había cincuenta empleados y podía funcionar sin tener que estar yo al cien por cien. Pero, eso sí, dejamos de crecer, y al poco tiempo empezamos a perder facturación. Tanto influye la dirección y cómo estés tú que, incluso en un equipo tan grande, eso puede hacer que todo se tambalee. En esos momentos fue cuando decidí dejar la empresa y dejar de trabajar. No estaba preparado para dirigirla, y sentí que no podía hacer nada por ella, y la delegué en Álvaro Santiago, el que es ahora el director general, gran trabajador, gran persona y un genio de las ventas. Y, bueno, al principio no fue muy bien, porque nunca había dirigido algo así, pero, en cuanto se hizo con el mando, la empresa no hace más que crecer, y entre todos están batiendo récords cada mes. La empresa va que vuela, y está en el mejor momento jamás visto de su historia. Estoy agradecido y orgulloso por tener a personas así a mi lado.

Parece que hasta que no nos pasa algo jodido no nos damos cuenta de lo importantes que son para nosotros. Gracias, Álvaro, por estar ahí al frente.

Y, bien, en ese momento empecé a comprar casas y dejé de trabajar (compré mi hotel Utopía, en Alicante), y también empecé a ir al psicólogo. Me recuperé, y, en cuanto me recuperé, ¿sabes qué pasó? Que no sólo empecé a crecer, sino que gané muchísimo más de lo que había ganado nunca antes. Siempre que hay un fracaso, hay un éxito similar esperando. Así que me levanté más fuerte que nunca y creé negocios millonarios, los hice crecer más rápido, y lo hice sin dinero y sin conocimientos. Lo hice sólo volviendo al camino del dinero, a los buenos hábitos y a la positividad. Mirándolo en retrospectiva, todo ese dolor me ayudó a mejorar como persona. Y creo que es una de las grandes claves de estos momentos, el saber usarlos para mejorar y poder dirigir esa energía a seguir creciendo. Y es importante decir que, después de todo esto, no odio a la mamá de mi hija. Llevo tiempo aprendiendo a no odiar ni tener ira. ¿Me parece una mala persona? Sí, pero nunca la odiaría, porque es la madre de mi hija, y yo quiero lo mejor para mi hija. Creo que es de sabios perdonar y aprender de los errores. Seguramente no estaría ganando tanto dinero ahora si no hubiese pasado eso. Ni habría conocido a mi mujer actual, Deb, ni habría tenido a mi segundo hijo ni estaría tan feliz y animado. Tampoco habría aprendido de estos errores ni habría experimentado esta gran historia de vida para poder enseñarles a mis hijos que los hábitos lo son todo.

Y, por suerte, aunque con total seguridad fue la peor época de mi vida, gobernada por una mujer que no me dejaba ver a mi bebé porque, según ella, «yo las había abandonado»; la vida es así. Y no sólo te van a llegar cartas buenas de la baraja, pero es tu decisión aprender, pasar esos malos momentos, saber gestionarlos y seguir. Eres sólo tú el único que puede decidir su futuro. El único que puede elegir su pareja, el único que puede decidir hasta cuándo vas a soportar seguir como estás, el único que puede aprender de sus errores.

Hoy, mi hija sabe lo que pasó. Sabe que su papá nunca la abandonó, que siempre iba a verla cuando le dejaban hacerlo y que la fuerza de su amor y lo mucho que la quiere a ella fue lo que hizo que volviese a mi plan inicial, mi propósito de vida. Y lo hice para poder enseñarle cómo hay que vivir para ser feliz, cómo conseguir lo que sea que te propongas en la vida para poder serlo y cómo, aunque la vida te dé hostias (que te las va a dar), siempre te puedes recuperar. Y que es mejor aprender a gestionar tus emociones y mantener tus buenos hábitos pase lo que pase, porque, de ser así, seguro que todo habría ido o irá mejor. Fue mi responsabilidad llegar a ese punto. Pero también fue mi responsabilidad decidir salir y demostrar al mundo que da igual cuántas veces te caigas o cómo de grande sea la caída, que siempre es buen momento para levantarse y gritar. Levantarse y seguir empujando, levantarse y asumir tus decisiones, aprender de ellas y seguir adelante. Siempre es buen momento para retomar el camino de la salvación y hacer cosas grandes, y ayudar a la gente, y vivir para poder dejar un mundo mejor del que encontramos.

Y hoy podría estar vagando por las calles, arruinado, borracho y decepcionando a mi hija y a mi familia, siendo un despojo humano y lamentándome de mi desgracia, pero decidí que no. Que si no podía por mí mismo, pediría ayuda, y que el psicólogo sería mi apoyo para reconstruirme y volver a brillar. Y confié, tuve fe en lo que hacía y tuve fe en Dios. Sabía que no me arruinaría si yo estaba bien. Sabía que sólo con ser yo de nuevo todo estaría bien. Porque eso es tener fe. Y por eso llevo la palabra resiliencia tatuada. Conozco lo que es estar en lo más bajo. Sé lo que es limpiar celdas, sé lo que es trabajar en las viñas, sé lo que es estar en el calabozo, sé lo que es consumir drogas... Yo he estado ahí también, y de todo se sale, pero, si no te das cuenta a tiempo, puedes seguir cayendo, y, cuanto más abajo caigas, más cuesta después subir.

Te cuento esta historia para que sepas la importancia que tiene la estabilidad emocional para los negocios. Siempre se gana más dinero cuando hay tranquilidad en tu casa y con tu familia, sin desequilibrios; y también se gana más si tu pareja te apoya (y viceversa). Mi ex no quería que yo trabajase, no quería que le hablase de mi *hobby* favorito, que es mi negocio, y ése fue el principio del fin. Yo dejé de ser feliz cuando no pude ser yo mismo en mi casa. Y si en casa no te apoyan, no conseguirás el éxito. Si no mantienes tus buenos hábitos, no conseguirás el éxito. Si no eres responsable y siempre fallas, no conseguirás el éxito (aunque superar los fallos, que los habrá, es otro mérito). Cada paso que des conmigo a partir de ahora definirá si este libro consigue que llegues a ganar mucho más dinero o sigues exactamente igual.

No quiero que te compadezcas de mí por esta historia que te he contado. De todo se aprende, y ahora estoy en la mejor época de mi vida, sigo creciendo, hago lo que me gusta y ayudo a otras personas en lo más bonito que se puede hacer, que es ayudarles a ganar dinero y que alcancen la vida de sus sueños. Lo importante es que entiendas que todo está bien si tú estás bien. Si tú creces, tu negocio crece. Si tú fallas, tu negocio decrece. Si tú no estás bien, jamás podrás empezar; así que primero vas tú..., y, luego, empezamos a trabajar.

Principios del fracaso

Si no has aplicado todo lo de esta primera parte del libro, es buen momento para volver atrás, leer todo de nuevo, subrayar, anotar y empezar a aplicarlo. Si haces todo lo que aquí hemos hablado, lo siguiente va a ser demasiado fácil para ti. Si ya lo has aplicado y, aun así, no lo has conseguido, probablemente no lleves suficiente tiempo aplicándolo. El tiempo es un factor clave en la consecución de las metas, y es en eso en lo que falla el 95 por ciento de la gente. Porque o no hacen lo que aquí viene escrito, o porque lo hacen a medias, o porque no lo hacen durante el tiempo suficiente. Debes haber tomado la decisión y haberte comprometido. Debes disfrutar del proceso y hacer que lo sientas natural. Debes imaginarte ahí, habiéndolo logrado.

Mientras escribo estas líneas recuerdo una sesión de consultoría que hice en Billionaire Code. En la parte de dudas, la persona que recibía la consultoría me contó algunas cosas que no tenía claras. Entonces, yo le pregunté si estaba aplicando lo que hablábamos en las sesiones.

—Bueno, no estoy publicando a diario.

—¿Y crees que una persona que gana diez mil euros al mes lo haría?

—Sí, sí lo haría.

La conversación no terminó ahí. Hablando un rato más, confesó que diez mil euros al mes le parecía mucho y que con cinco mil se conformaba. Si no eres capaz de imaginarlo, no vas a ser capaz de hacerlo. Si no sientes que es natural ganar tanto, nunca vas a ganar eso, porque es mucho para ti. Y puedo entender que, así de entrada, pueda parecer algo loco o imposible; pero ésa no es la actitud, no es así como funciona esto. Y no quise seguir preguntando, porque estoy seguro de que no era lo único que fallaba ahí..., pues tampoco había sido disciplinado en la aplicación del método en sí. Debes creer para poder ser. Y, cuando eres esa persona capaz de ganar eso y crees que puedes ganarlo, entonces haces lo que tienes que hacer para conseguir ganarlo. Así es como funciona. Y no dudas, no fallas, no te das permisos. Haces lo que has dicho que ibas a hacer. Si no, lo que sin duda tendrás asegurado es el fracaso.

Parte 2

Genera tanto ruido como para querer conseguir que cualquier persona del mundo te conozca

14

La captación es lo más importante

Conozco demasiadas personas obsesionadas con dar una gran calidad en su servicio. Después acaban quebrando o preguntándose por qué otros ganan mucho más que ellos si ellos tienen un servicio mejor. La respuesta es fácil, lo primero no es la calidad, es la captación. Si no te ven, no existes; si no captas clientes, nadie va a pensar en disfrutar de tu maravilloso servicio. Es simple, y no hay mucho más que decir.

La satisfacción del cliente es importante, no quiero que me malinterpretes, pero no es lo primero. No debes enfocarte en eso si estás empezando, eso seguro. Y captar clientes siempre será más importante que la calidad del servicio, que nunca es lo más relevante y nunca lo será. No quiero que te metan mierdas en la cabeza, porque últimamente, en esta sociedad, se habla mucho de la satisfacción del cliente y «los mundos de Yupi» y cosas así, pero la clave es la captación. La satisfacción es sencilla, la captación es difícil. Los negocios no prosperan si no tienen clientes. Si no prosperan, nunca es por no tener un buen servicio, es por no conseguir clientes suficientes. Si no me crees, pregúntale a cualquiera que haya quebrado a ver qué te dice. Por eso quiero que te quede claro esto: sea lo que sea que vayas a montar como negocio, el producto o servicio es secundario. Puedes subcontratar servicios, puedes comprar los productos en China, puedes hacer lo que te dé la gana, pero, si nadie te conoce, nadie los va a comprar, eso lo tienes que tener claro. Por eso, en este apartado del libro nos vamos a centrar en cómo conseguir la atención de la gente, en cómo captar clientes y en cómo lograr que nuestra marca destaque por encima de todas las demás. Porque ésa es tu labor, que te conozcan, que todo el mundo sepa que estás ahí y que así puedan probar lo que haces. Si no captas, no podrás satisfacer al cliente, así que... ¿está claro? No hay cliente menos satisfecho que el que aún no has captado.

Y, para que te hagas una idea de lo importante que es lo que vamos a ver, si hubiese conocido bien este aspecto durante los dos primeros años de mi primera empresa, NeoAttack, no habría crecido tan lento en esa fase. No fue hasta que descubrí un método de captación de clientes gratuito, escalable y aplicable sin moverme de casa, el SEO, que la cosa mejoró; así que, cuando me di cuenta de cómo funcionaban los negocios, convertí el SEO en una herramienta masiva de captación. En mi caso sólo tenía que posicionar más palabras para llegar a más clientes. Más esfuerzo, más captación, más dinero... Si no captaba, no podía satisfacerlos. Y, de hecho, fue entonces que entendí el juego de la captación; y fue así como empecé a aplicar acciones masivas y a conseguir convertir mi pequeña empresa de marketing digital en la agencia de marketing digital más conocida de España. Poca broma para un joven sin ninguna idea sobre negocios.

Ahora, si miro hacia atrás, creo que hoy somos tan buenos precisamente por tener tantos clientes. Porque haber podido ayudar a tantas empresas a aumentar su facturación con acciones de captación de clientes online ha hecho que entendamos cómo hacerlo en todos los sectores, en todos los casos, y que podamos contratar cada vez gente mejor, para así conseguir que esa experiencia nos ayudase cada día a ser mejores y ofrecer un servicio increíble. Ya sabes, no hay nada mejor que la práctica para convertirte en un gran maestro.

La insatisfacción de no haberlo captado

Desde luego, algo que no entiendo es la mediocridad. Si piensas con un pensamiento de mejora, simplemente, las cosas te salen sin querer, no tienes que forzarlas; por eso, a partir de ahora tendrás que empezar a pensar por ti mismo. ¿Qué quiere decir? Que tienes que usar el cerebro, no hacer lo que todos los demás. Si te piden precio y no te contratan, pregunta por qué. Eso te hará saber el motivo y podrás mejorar. Es algo sencillo, simplemente tienes que ser curioso y pensar un poco más allá. No hagas como todo el mundo, no hagas lo mismo que el resto, no repitas las mismas frases y hasta los mismos refranes. Hoy, alguien me ha dicho un refrán, y me he dado cuenta de que todos somos copias que repiten una creencia tras otra. No seas así, piensa de manera diferente y propia y te irá mucho mejor en la vida.

En los primeros meses de mi consultoría de crecimiento empresarial, Billionaire Code, en una encuesta de salida, nosotros preguntamos por qué motivo se iban los clientes, a fin de poder ajustar el producto e ir mejorando lo que hacíamos. Ese *feedback* del cliente nos dice qué hay que cambiar, qué hay que mejorar..., y eso no es nada especial que me haga superinteligente, es simplemente que quiero ser mejor. Si tienes esa ambición de ayudar a los demás, de ser mejor y de dar el quinientos por cien cada día, las cosas saldrán por sí solas. Tus pensamientos estarán enfocados en eso, tus ideas surgirán a partir de ahí, y la mejora en tu sistema de captación hasta que llegue a ser el mejor del sector será cuestión de tiempo, nada más.

Así que, recuerda: una empresa se hace grande por captar clientes, y se hace gigante por tener la suficiente iniciativa como para querer mejorar. Debes querer ayudar a la gente, tienes que querer ayudar a la gente, es tu deber, porque, si no vas con esa mentalidad, nada va a funcionar. Y si no te compran, no los estás ayudando, así que pregunta a tus clientes y preocúpate. Y si te dicen que no, insiste. Tú eres la mejor opción, y lo sabes, así que no te rindas. El resto llegará por sí solo.

15

Principios de la atención

Si supieras que no puedes fracasar, ¿qué te atreverías a soñar? Yo soñé que tenía miles de seguidores en redes. No sólo lo soñé, se lo dije a mis empleados cuando apenas tenía mil seguidores, y luego lo hice realidad. Ésa es la fuerza de soñar despierto, y así es como debes operar. Vivimos en la «era de la atención», y, cuando eres consciente, te das cuenta de que tú también quieres jugar a ese juego. ¿Qué quiero decir con la «era de la atención»? Es sencillo, que quien tiene la atención de la gente, gana más dinero, y punto. Futbolistas, actores, *influencers*, medios..., da igual; quienes tengan la atención de la gente tienen el poder de transmitirles la información que quieran, y es precisamente por eso por lo que pagan las marcas, por atención, bien sea en carteles publicitarios, en televisión o en redes sociales. ¿Por qué? Es sencillo: porque, si la persona está atenta a lo que dices, puedes ofrecer tu producto o servicio; o bien, si no tienes producto o servicio, siempre puedes monetizar con publicidad y vendiendo derechos a terceros. Pero, sea como sea, la atención es la que manda.

Sabiendo esto, lo que vamos a trabajar en este apartado es cómo captar la atención de la gente, y para eso tenemos que empezar por los principios de la atención y la venta, que vas a ver que son muy sencillos de entender. De hecho, te darás cuenta de muchas cosas que ves a menudo y de por qué acabas comprando productos que quizá no son los mejores pero que igual los prefieres. Como decía un amigo mío, al final no te compran por ser el mejor, sino porque te ven. Porque, si no te viesen, ¡no te comprarían! Es tan sencillo como eso.

Cuanto más, mejor, y más ventas

> Cuanto peor mejor para todos y cuanto peor para todos mejor, mejor para mí, el suyo [sic] beneficio político.
>
> Mariano Rajoy, expresidente del gobierno de España

Esta frase de Rajoy, además de ser un trabalenguas, se me quedó grabada porque es una estupidez. Y la usé para ganar dinero. Así fue como fui entendiendo poco a poco cómo funciona la atención. Porque prestamos atención a las cosas distintas, sorprendentes, como esa frase que no significa nada y se me quedó grabada para siempre. Algo que posiblemente también te llamó la atención fue la cubierta del libro. Insistí en que fuese así para que fuese distinta del resto. Es un ejemplo. Lo puedes hacer en cualquier cosa; simplemente, hazlo al contrario que todos. En mis ponencias, por ejemplo, pongo una imagen de una jirafa en el proyector y no digo nada de la jirafa. No proyecto nada, no hay diapositivas, nada. Improviso todo mientras la gente ve durante un montón de tiempo una jirafa. Sólo hago dos cosas al inicio y al final. Al inicio hago algo para que me presten atención. Por ejemplo, en la charla TEDx, pregunté cuántos ganaban cincuenta mil euros al mes de beneficio sin trabajar. Levanté la mano y les pedí que lo hicieran quienes los ganasen, y nadie lo hizo. Yo sí, y ahí capté su atención, y empecé con la charla. Y al finalizar hice algo similar. Les dije que, bueno, que el día de mañana no se iban a acordar de nada de lo que yo había dicho, pero que sí que se acordarán de una cosa: del gilipollas que les puso una jirafa proyectada todo el tiempo y que les dijo a todos que eran pobres. Si has visto una de mis ponencias, es de lo único que te acordarás, porque la gente no presta atención, la atención es efímera, y nos olvidamos de todo. Seguro que no recuerdas ni una maldita ponencia que has visto en los últimos cinco años. Y, si recuerdas algo, serán cosas que te llamaron mucho la atención, como por ejemplo, mi jirafa. Y eso es lo que vamos a ver aquí, cómo hacer que la gente te vea y se acuerde de tu jirafa.

No podemos hablar de recuerdo sin repetición. Puedes hacer algo impactante o repetirlo muchas veces. En ambos casos crearás recuerdos, aunque, en caso de desempate, siempre gana la repetición, y por eso es mejor que sea impactante y que se repita. Y lo mejor es la estrategia doble: que sea impactante y repetido. Si aparece en todos lados, y cuantas más veces mejor, habrá más ventas. No hay nada mejor que aparecer en todos lados, todo el tiempo. Nada supera eso. Sólo imagínatelo por un momento, imagina que tu marca y tú estáis en todas partes todo el tiempo, como las noticias repetidas mil veces. ¿Cuántas ventas generaría eso? Efectivamente, no puedes ni imaginarlo, porque es una cantidad increíble, y por eso debes mantener siempre eso como objetivo. ¿Y no se molestará la gente? No. Y, bueno, si (algunos) se molestan, pues que se molesten. Está comprobado que funciona; te aseguro que, si lo haces así y ningún competidor lo hace, acabarás superando a todos, porque tendrás más presencia. Así que, si consigues aparecer en más lugares más veces, al final acabarán comprándote a ti. Simplemente por insistencia, y, por supuesto, si eres su público objetivo. Si me impactas mil veces para comprar un Ferrari y no tengo el dinero para adquirirlo, no lo compraré. Como mucho, si tienes suerte, te comprarán una gorrita, pero no un coche; por eso Ferrari no usa métodos de captación masivos. Pero ésa es la idea, y el principio funciona para el 99 por ciento de los productos.

Muchos dicen que hay que elegir las redes en las que estar, y es porque tienen mentalidad de escasez. ¿Crees que McDonald's habría llegado tan lejos así? ¿Crees que Coca-Cola dejó de entrar al mercado de algún país porque no era tan rentable? Esto no funciona así, esa gente con mentalidad de escasez no quiere trabajar y prefiere hacer lo justo y ya está; pero así no llegarás muy lejos. Si quieres conseguir que tu negocio crezca y triunfe a lo grande debes conseguir que te sigan en el mayor número de plataformas, porque, cuanto más te vean en todos lados, más se acordarán de ti y más probable es que acaben comprando. Y no lo digo yo, es que así operan las marcas más grandes del mundo, y por eso, aunque todos las conocen, siguen apareciendo en todos lados, sólo porque está comprobado que el número de impactos aumenta la probabilidad de compra, y, si ellos no mantienen su cuota de atención, otros llegarán y se la robarán, así de sencillo. Es como el principio del esfuerzo. Si otro hace más que tú durante más tiempo, te superará. No hay más. Y, oye, puedes pensar que tal vez algunos te dejen de seguir; bien, créeme, eso da igual, porque los que te sigan serán mucho más fieles y comprarán más, hablarán más de ti y te harán crecer mucho más a largo plazo. Y siempre pensamos en el largo plazo, porque es la única forma de crear algo memorable.

A veces, algunas personas me dicen que han empezado a publicar más veces en una red social y que ahora los ven menos. No te preocupes si te pasa esto, porque es normal. Es igual que cuando pasas de publicar un e-mail al mes a uno al día. Siempre baja, pero quien se queda es más probable que compre y que sea mucho más afín con lo que dices, y sobre esa base es sobre la que queremos crecer. No queremos gente que nos lea por leer, sino fanes acérrimos que acaben comprando nuestros productos y sean embajadores de la marca. No necesitas un público enorme para hacerte rico. Por ejemplo, si vendes productos de cien euros al mes, como yo con mi consultoría semanal para emprendedores en billionairecode.net, en realidad sólo con tener mil personas ya estoy haciendo cien mil euros al mes. Fíjate que poca gente necesito para poder hacer más de un millón al año. Ya que, sí, mil personas es poquísimo, porque en redes sociales, hoy en día, puedes conseguir la atención de millones, así que la realidad es que es mejor no pensar en los números y sí en la cantidad de impactos. Cuantos más impactos desde más lugares, mayor probabilidad de compra. Ése es tu objetivo, porque luchamos por la atención de la gente, pero no la de todo el mundo, sino la de aquellos a quienes realmente les interesa tu mensaje. Y ésos serán los que lo ven una y otra y otra vez sin dejar de seguirte. Ése es tu público objetivo.

16

Creación de ideas infinitas

A la gente le cuesta tanto crear contenido porque no tienen ideas. Y no tienen ideas porque no generan pensamientos nuevos. La única forma de tener nuevos pensamientos es leer o escuchar a otras personas. Por eso me viene tan bien leer, porque no sólo mejoro, estudio y pongo en práctica lo que leo, sino que me sirve para reflexionar y crear contenidos con mis reflexiones. Creo que es una de las formas más sencillas de crear contenido original. Otra forma es ver qué hacen las personas a las que te gustaría parecerte y hacer un contenido similar. No es muy difícil entender que hay tantos contenidos como ideas en el mundo, y que una misma idea se puede decir de mil formas distintas.

Por ejemplo, esto de Voltaire: «La suerte es un concepto que inventamos para expresar los efectos de causas desconocidas». Y a partir de esto, creé un contenido y lo distribuí en una historia en Instagram, en LinkedIn, en Threads y X. Es una frase maravillosa que me dio para una reflexión completa sobre la suerte. Decía así:

La suerte es un concepto inventado para expresar
los efectos de causas desconocidas.
Por eso los ricos tienen suerte.

Porque, en realidad, lo que te pasa es que no sabes cómo [hacerlo tú.

No porque tengan suerte.
Porque tú no sabes cómo ser rico.
Ellos sí, por eso ningún rico cree en la suerte.
Y, si creen, te dirán que mejor te pille trabajando.

Así que, no, no hay suerte.
Eres pobre por tus acciones, no por el destino.
Acéptalo y trabaja para cambiarlo.
Es mejor que esperar a que llegue la suerte.

La primera línea la dejé separada para que la gente siguiese leyendo y le tuviese que dar a ver más, y los párrafos los hago siempre así porque es más sencillo de leer que párrafos más grandes. Y el concepto es justo algo en lo que yo creo. Yo no creo que la suerte exista. Un mendigo puede tener la suerte de que le den más o menos dinero ese día, pero su suerte se moverá dentro del espectro de acciones creadas por él mismo. Mi suerte no será la misma que la de él, por lo que podemos decir que la suerte no es tal porque siempre viene ocasionada por eventos provocados por algo o por alguien.

Por ejemplo, en LinkedIn, una persona me decía que «suerte» es que Bill Gates y Paul Allen coincidieran en uno de los pocos colegios de Estados Unidos que tenían ordenadores. Eso es suerte. Y yo le respondí que eso no era suerte, ya que alguien los envió a ese colegio. De ahí el dicho que alude a «que la suerte te pille trabajando». Porque siempre tendrás la suerte proporcional a lo que tú hagas en tu vida. Y ese concepto me gusta, porque hace de tu responsabilidad tu futuro, no de un evento aleatorio que podría cambiar en cualquier momento o que podría o no podría suceder.

Suerte es que te guste leer. Porque gracias a eso podrás tener ideas infinitas para crear contenidos, podrás poner en práctica lo que decimos aquí y podrás llegar a ganar mucho más dinero. Tuviste la suerte de elegir este libro. ¿O simplemente lo elegiste y eso ocasionó que tuvieses esos resultados? Yo prefiero la segunda opción. No fue suerte, fue que yo hice mi trabajo para que tú lo eligieses antes que otros. Y tú pusiste el tuyo para que esto que viene aquí escrito se transformase en algo más que pensamientos y palabras escritas. Ahora, sal y sigue buscando tu suerte. Te está esperando.

17

Haz que tu contenido sea para desconocidos

Estábamos en un grado medio de comercio, si no recuerdo mal, y ya había empezado la primera clase. No nos conocíamos casi ninguno allí, y un chico nuevo abrió la puerta. La abrió despacio con una mano, y se quedó como posando en la entrada. Llevaba el casco de la moto enganchado al codo y se rascaba los ojos mientras bostezaba. No entendí nada. Cuando llegas por la mañana y llegas tarde, llamas, pides perdón y entras; y sin molestar, no bostezando y haciendo el paripé. No sé..., llámame loco.

Espero a que se siente, y veo un revuelo muy grande. No entiendo nada, parece que la profesora no sigue la clase, sino que se queda también parada. Yo lo miro, no veo nada raro en él. Me digo: «A ver si tiene algo raro, no sé». Es cierto, el chaval es guapo, así que eso podía ser, se habían mojado todas, y ya está. Pero, no sé, me pareció raro. Parecían demasiado mojadas para ser simplemente un chico guapo, así que le pregunté al de al lado:

—¿Que está pasando, tío?

—Nada —contestó el compañero—, es que es Maxi Iglesias [@maxi_iglesias].

—¿Y quién coño es ése?

—Un actor famoso de la serie «Física y química».

Ni puta idea, en serio. No vi en mi vida esa serie, y me enteré de que ese tío era famoso ahí mismo. De hecho, a mí me la suda que la gente sea famosa. Quiero decir, lo traté igual que a cualquier otro, y exactamente igual que trataría a Cristiano Ronaldo. Cuando le saludé, le dije mi nombre, y le pregunté el suyo. Me miró con cara rara; a mí, en realidad, ya se me había olvidado su nombre, porque me daba igual, y era una pregunta sincera. Él se sorprendió, y yo me sorprendí de que se sorprendiese. Lo vi en su cara. Y, bueno, la moraleja... Que, aunque seas alguien famoso (un saludo, Maxi, me caíste bien a pesar de tu actuación inicial que no representa quién eres para nada), a quien se supone que todo el mundo conoce, no debes actuar como si todos te conocieran. Porque resulta que, en redes sociales, si das por supuestas cosas, pierdes clientes potenciales y dinero. Y te voy a poner un ejemplo...

Si yo empiezo un vídeo enseñando cómo ganar un millón al mes o cómo ser rico y no te digo quién soy y por qué puedo hablar de eso, es posible que no me tomes en serio o que directamente pases de mí, quizá porque pienses que soy un charlatán. Eso es más o menos lo que pienso yo cuando escucho a gente hablando en televisión. Por eso, lo primero que he hecho en el libro ha sido una introducción para que me conozcas, y, aunque lleves ya meses viendo mi contenido, prefiero hacerlo así, porque te pongo en situación (sobre todo si no me conoces), para que entiendas con quién estás hablando. No caigas en ese error o se te quedará la cara que se le quedó a Maxi cuando le pregunté su nombre.

Entonces, es importante. En Instagram suelo poner unos destacados con mi historia, y utilizo la secuencia del héroe igual que en la automatización por e-mail. Esto también trato de hacerlo en el vídeo destacado de YouTube. Te va a sonar porque es la misma secuencia que llevas viendo toda tu vida en las películas de Disney.

1. Mundo ordinario
2. Llamada a la aventura
3. Rechazo a la llamada
4. Encuentro con mentor
5. Cruzando el umbral
6. Pruebas, aliados, enemigos
7. Acercamiento
8. Gran prueba

9. Recompensa
10. Camino de vuelta
11. Resurrección del héroe
12. Regreso con el elixir

Vamos, piensa en *El rey león*, por ejemplo. El leoncillo nace, y quiere explorar, pero el pájaro lo retiene; al final no hace nada, pero luego sí, luego se mete en líos con las hienas, su padre muere, y después lo conocemos mejor cuando lo destierran; al final se reencuentra a sí mismo, vuelve con su familia y derrota al malo. Todos felices.

Es como..., todo va bien, luego se lía muy gorda, me pasa algo muy malo, tengo una epifanía que me hace ver cómo hacer las cosas bien. Parece que va bien, pero al final no, se lía parda, pero luego consigo salir adelante y gano.

Eso funciona muy bien para que la gente empatice con tu historia. Y, bueno, esto es para contar tu historia, pero, para un contenido largo, lo que debes hacer es seguir estos tres pasos. Por ejemplo, en los vídeos de YouTube puedes usar esta estructura:

1. *Promesa.* Les digo lo que les voy a enseñar en el vídeo, que, por supuesto, tiene que ver con el título y la miniatura. Si no les prometes ver lo que vienen buscando, se irán, y no servirá de nada. Muchos ponen títulos llamativos, pero eso hace que, luego, si no encuentran lo que buscan, no se queden. Tú no quieres visitas por tener más cantidad, sino que escuchen lo que tienes que decir hasta el final, así que no hagas eso.
2. *Plan.* Les cuento los pasos que vamos a ver o cómo se lo voy a explicar, de forma que entiendan la composición del vídeo y las partes que tendrá para que tengan contexto.
3. *Prueba.* Intento dar una prueba de que tiene sentido escucharme porque yo ya lo he hecho y he estado ahí. Si vas a hablar de cómo hacerte rico y no tienes pruebas de serlo, no es tan interesante como decir que tienes equis dinero y has conseguido equis cosas, y que por eso tú puedes enseñar sobre ello. Esto hará que la gente tenga más interés, y tus vídeos pegarán más a la larga.

18

La base del contenido

Entonces, nuestra estrategia se basa en la atención. Captamos la atención y vendemos lo que sea que tengamos que vender. Y parece fácil, pero la atención tiene algo complicado en sí misma, y es que normalmente no se consigue de un día para otro y es difícil de conseguir. Y, bueno, hay muchas formas de captarla.

Estamos compitiendo por captar la atención de miles, tal vez millones de personas, y, al igual que nosotros, hay mucha gente que también lo intenta, porque entienden la importancia de la atención. Por eso es tan difícil de conseguir, porque estaremos compitiendo contra todo el mundo por lograrla. Así que, para poder conseguir su atención más rápidamente, vamos a ver qué es lo que más influye para captar la atención de la gente.

Temáticas

La temática es clave, y, cuanto más pequeño sea el nicho, más difícil será vender en masa y ganar más dinero. Si hablas de emprendimiento, no hables sobre emprender, habla sobre dinero. Y si hablas sobre fisioterapia, no hables sobre masajes, habla sobre salud. Debe ser lo suficientemente amplio para poder ser viral y lo suficientemente «de nicho» como para que puedas vender tu producto. También puedes mezclar contenidos un poco más «de nicho» de vez en cuando para que la gente compre, pero sin ser pesado. Capta nuevos usuarios con contenido más genérico, y después instruye y vende con contenido del nicho al que perteneces.

Piensa como si se tratase de un embudo. Las redes sociales son la parte de arriba del embudo. Son la parte donde quieres llegar a la mayor población posible, y no tienen por qué saber que lo que necesitan es tu producto o servicio. Lo mismo piensan que quieren captar más clientes, pero no saben cómo; entonces, si sólo hablas de SEO, por ejemplo, estarías perdiendo una cantidad enorme de personas que también están interesadas en captar clientes pero que aún no saben estrategias de captación. ¿Me sigues?

Bien, eso no quiere decir que haya que hacer esto todo el rato. Ampliar la temática hará que tengas un público mayor y que de ahí los dirijas a lo que sea que tú quieras contarles, pero siempre tratando de ampliar las temáticas lo máximo posible. Si te vas a un nicho muy específico perderás la atención de la gente. Por eso yo no hablo de emprender, hablo de dinero. La gente quiere más dinero en su vida y una mejor vida, pero a menudo no saben que lo que les va a dar esa vida es emprender, y si me cierro ahí los habría perdido desde el principio.

Por otro lado, otra técnica que uso mucho es la de polarizar, generar polémica, posicionarte sobre algo en una dirección. Y, cuanto más distinta sea la dirección al resto, más fácil será crear un contenido viral. Pero la polémica no funciona si no es un tema de tendencia o algo muy hablado; por eso, los refranes o las cosas típicas que hacen los pobres y que sólo sirven para seguir siendo pobre son cosas que yo uso mucho para provocar viralidad. En el caso de las tendencias, siempre generan controversia y picos de audiencia muy fuertes. Sobre las tendencias puedes encontrar distintas herramientas gratuitas buscando en internet. Simplemente, mira, analiza y piensa si puedes crear una polémica a partir de esa tendencia. Si eres capaz de generar polémica y te sirve para polarizar a tu audiencia, entonces habrás encontrado un filón de captación de tráfico para generar más ventas. Por ejemplo, hice este contenido cuando Carlos Alcaraz (@carlitosalcarazz) perdió un partido y salió llorando en todos los periódicos (lo siento, Alcaraz, yo te admiro, pero es que estaba a huevo).

> ¿Lo importante es participar?
> Mira lo que piensa Carlos Alcaraz...
> [Foto del tenista llorando después de perder.]
>
> Es más: Cristiano, Jordan, Phelps,
> Elon Musk, Amancio Ortega, Steve Jobs...,
> ¿tú crees que pensaban
> que lo importante era participar?
>
> Hemos construido una sociedad de débiles
> llena de frases de mariposas para no ofender.
> Y sólo quienes miran más allá
> acaban ganando.
>
> Porque lo importante no es participar.
> Nadie recuerda a los que participan,
> sólo a los que ganan.
> Y, por supuesto, participar no da dinero.
>
> Ser el mejor, sí.
> ¿Tú qué opinas?
> —————
>
> P. D.: Si quieres aprender sobre creación y escalado de negocios, somos + de 40.000 en mi newsletter.
> [Enlace en perfil]

Se hizo muy viral porque era una temática de tendencia, y me sirvió para molestar a mi público no objetivo y atraer a mi público objetivo, porque yo sé que alguien que no quiere ganar no emprende, alguien que no quiere destacar y ganar más dinero no crea un negocio. Entonces, este tipo de post que se apoya en tendencias funciona muy bien. Sobre todo cuando vas al contrario que el resto.

Otro que hice que no es tendencia pero que funcionó muy bien, porque hablo de Dios, de fe y de dinero (y a la gente le molesta por mi seguridad al hacerlo), fue este:

> Luego no digas que no te avisé.
>
> «En la casa de mi padre hay muchas moradas, si no fuera así, se lo hubiera dicho; porque voy a preparar un lugar para ustedes. Y, si me voy y preparo un lugar para ustedes, vendré otra vez y los tomaré conmigo; para que donde yo esté, allí estén también ustedes. [...] Y se lo he dicho ahora, antes de que suceda, para que cuando suceda, crean.» (Juan 14,2-3.29)
>
> Volaré en *jet* privado siempre, igual que dije
> que volaría en *business*, y ya vuelo.
> Compraré un Lamborghini Urus,
> igual que dije que compraría un Ferrari 488, y lo tengo.
>
> Sólo habla de algo que no ha pasado
> quien realmente tiene FE en que ocurrirá.
> Porque sólo así, cuando suceda,
> me creerán.
>
> Ser rico no es una casualidad.
> Y si quieres aprender, mira el primer comentario.

Luego siempre acabo consiguiendo lo que dije. Además, aprovecho para meter que tengo un Ferrari o que vuelo en clase *business*, y eso molesta a la gente porque le hace sentir pequeñita, entonces se hace viral.

Estos ejemplos valen para todas las plataformas. Éste es el largo de LinkedIn, pero luego los acorto para cada plataforma, y esa idea la reutilizo en todos lados. Algunos tienen más alcance, y otros, menos. A veces, en una plataforma llegan mucho, y en otras, no. A veces no pegan mucho en formato de texto, pero después hago un vídeo y funciona mejor. No pasa nada, lo importante no es que funcionen todos en todas las plataformas, sino seguir publicando continuamente. Cuanto más y durante más tiempo, mejor.

Y, por último, te ofrezco otro ejemplo viral en Threads:

> Los españoles somos pobres.
> Pero, peor que eso, es que no lo sabemos.
>
> Pensamos que somos la leche porque trabajamos poco.
> Y la vida es eso, no hacer nada,
> y vivir en la pobreza.
> Cinco mil euros al mes es pobreza.
> Aún no has ido a Emiratos Árabes, ¿no?
>
> O a Suiza, o a Alemania, o a Estados Unidos.
>
> Ahí son ricos, eso sí es riqueza
> Aquí, el 95 por ciento no quieren trabajar.
> Su ambición es ser funcionarios
> o encontrar un sitio donde hacer poco
> y «vivir la vida».
>
> No sé qué vida.
>
> P. D.: Adivina cuál es España y cuál Dubái. [Aquí había dos fotos, de Dubái y España.]

Como ves, este contenido era viral en sí mismo. En LinkedIn también fue viral, simplemente porque destapas una realidad. Al menos una realidad para mí: que con cinco mil euros al mes no eres rico, aunque el gobierno quiere hacerte ver que sí que lo eres con tres mil quinientos. Entonces se hace viral porque enfada a la gente, les hace ver lo vagos que son y se ponen a insultar y a enfadarse. Eso lo lleva a ser viral y, bueno, un porcentaje de ahí me sigue y ve mi contenido, le gusta y se siente identificado, y acaban comprando. La maravilla de las redes sociales. Así funciona.

Comunicación

La comunicación no tiene mucho misterio. Es cierto que puedes aprender para mejorarla, pero lo importante es que, si se te da mal, te tiene que dar igual, porque es algo que mejora sólo con la práctica. El truco más fácil para escribir bien es que escribas como hablas. Y el truco para hablar mejor es que practiques y no compliques las frases; y esto último es clave. No hay ningún multimillonario que no haya aprendido a comunicarse correctamente. Da igual si es para convencer a inversores, a empleados o a clientes. La comunicación va a ser una pieza clave en todo el proceso, y es muy importante que la tengamos en cuenta, por eso vamos a ver tres cosas importantes en la comunicación que tendrás que aplicar si quieres tener éxito en tu negocio.

Habla como si le hablases a un niño de tres años

Cuando mi hija tenía tres años, recuerdo que yo tenía que forzarme a hablar con palabras sencillas y frases cortas. Nada de palabras raras que no pudiese entender, porque así no podíamos comunicarnos. Pues esto es justo lo que debes hacer cuando escribas anuncios, posts o un libro, y también cuando hables con empleados o clientes. Habla sencillo, habla con frases cortas y sin palabras raras. Cuanto más sencillo sea el lenguaje, más sencillo será que te entiendan y que sigan leyendo.

Veo que hay muchas personas que, para tratar de hacerse interesantes (como me ocurría a mí mismo hace años), incluyen un montón de palabras raras y tecnicismos. Eso agota la mente y hace que abandonen la lectura o cierren el vídeo porque no se enteran de nada de lo que dices. Cuanto más sencillo sea el lenguaje, más fácil será que te sigan leyendo o escuchando y más probablemente entenderán todo lo que les quieres transmitir.

No aburras a la gente

En el «negocio» de la atención, si eres aburrido, pierdes. Debes llamar la atención, debes hacer que te escuchen y que se interesen por lo que dices. No tengas un tono plano y monótono «porqueserácomoleeryasínadietevaaentender». Haz frases cortas; y luego, un poco más largas. Y, cuando ya has hecho una frase un poco más larga, deja que fluya. Pero no te olvides de volver a acortar. Poco a poco. Y, después, de volver a aumentar. De esta forma, el texto tendrá ritmo, que es lo que la mayoría de la gente no tiene. No seas aburrido, nadie sigue a gente aburrida. Y dales ritmo a los textos. Si te fijas en cómo hago mis e-mails, verás que tienen ritmo y no hay trozos enormes de texto infumable. Y, por supuesto, que sea interesante cada segundo del texto. Que mantenga tu atención. Si se aburren, pierdes. He aquí un ejemplo:

> Los findes los inventaron los pobres.
> ¿Por qué piensas que descansando esos días te harás rico?
> En serio, piénsalo bien.
> Los inventaron para que los pobres no se partiesen el lomo tanto.
>
> Pero un rico no debe hacer eso.
> No, al menos si quieres tener mucho dinero.
> Porque el dinero sólo va a quien lo merece,
> a quien ha luchado por él.
>
> A quien ocupa la mayor parte de sus pensamientos
> sobre cómo ganar más,
> sobre cómo hacer algo mejor que su competencia,
> sobre cómo captar más clientes más rápido.
>
> Ése es el líder que prospera,
> no el que se va de fiesta los findes,
> el que bebe alcohol y fuma
> o el que está haciendo el vago dos días a la semana.

Son muchos días, ya lo dijo Elon Musk.
Trabaja 100 horas a la semana cuando el resto hace menos de 40.
Multiplicarás tus probabilidades de éxito.
Y, a las malas, conseguirás en cuatro meses lo que el resto en un año.

Y, si estás dispuesto a trabajar
y quieres un método que funciona para lograr ganar más dinero,
empezando desde cero y sin conocimientos,
echa un vistazo abajo.

Empieza desde cero sin conocimientos ahora.

P. D.: Haz clic arriba para acceder a la oferta.

Como ves, el ritmo es clave. Eso es fundamental para poder hacer vídeos y textos que no aburran y tengan vida. Así que, recuerda, siempre es mejor hablar sencillo, cambiar el tono a veces, con ritmo... Y, por supuesto, no hay nada que funcione mejor que practicar. La experiencia es el mayor factor diferencial, y, sobre todo, no hay que seguir a cualquier patán para aprender, sino a personas que sean buenos comunicadores, a gente de quien puedas aprender de verdad.

Cuando empecé, yo tardaba una hora en escribir un e-mail, ahora tardo cinco minutos, y siempre tengo ideas. Eso sólo lo da la experiencia y aprender de las personas adecuadas. No hay mejor truco en la comunicación que ése. Y la forma de hablar con tu público determinará a las personas que atraerás, por eso no quieres parecer un gilipollas hablando, sino una persona normal que habla a un amigo suyo. Siempre es mejor que seas tú mismo y suenes cercano, porque la gente se sentirá más cómoda y tendrá menos resistencia a comprar y a escuchar. Nadie quiere gente que hable de usted y que aburra. Eso ya pasó de moda.

Frecuencia

Con el término *frecuencia* no me refiero a ver algo muchas veces en un día, sino a verlo a diario. La frecuencia crea la «ley de la familiaridad», la que hace que generes un vínculo de confianza con las personas. Por eso, en la televisión pueden mentir, y, aun así, tanta gente los cree. Simplemente porque la ven todos los días y sienten como si fuese «alguien» conocido, «alguien» de confianza. Si quieres competir con periódicos y con la televisión, la frecuencia debe ser diaria. No conseguirás vender si tu frecuencia no es suficientemente alta. Y debes saber que siempre que aumentas la frecuencia disminuye tu público (seguidores) pero aumenta su fidelidad, porque te escuchan más a menudo. Una vez que bajen los seguidores y las impresiones, ambas cosas empezarán a ser de más calidad; y una vez que ya hayas bajado y llegues al límite, todo empezará a subir, y subirá mucho más fuerte.

Te lo digo para que no te lleves sustos, porque siempre pasa lo mismo. Así que tenlo en cuenta. Cuando aumentes tu frecuencia de publicación, muchas personas te dejarán de ver o leer porque podrán agobiarse, pero notarás un aumento en tus ventas. Realmente, una persona que apenas te ve no está preparada para comprar. Normalmente quienes tienen una alta frecuencia de consumo son los que suelen estar listos, y eso es lo que queremos, gente para comprar. Una vez que se vayan los no compradores, todos los que entren serán de mayor calidad, y tu cuenta en la red social (en la que sea) crecerá mucho más sana y con mejores estadísticas que de otra forma.

Esto es algo que noté mucho con el e-mail marketing. Mandar un e-mail diario aumenta mucho el número de personas que se dan de baja, pero las que se quedan son un público mucho más fiel a mis contenidos y acaban comprando. Si quieres ver cómo lo hago en mis e-mails, puedes darte de alta en el código QR siguiente.

Volumen/canales

Igual que la frecuencia, el volumen será clave para generar más impacto y fidelización. A mayor volumen y mayor número de canales, más fidelización (y más dinero), pero es tan importante publicar mucho como publicar cada día, así que no disminuyas uno por aumentar el otro. No vale publicar cinco veces en un día y al día siguiente nada. Ambas cosas deben aumentar siempre, y nunca reducirse, porque siempre queremos más impacto, y no menos. Esto vale para los contenidos en blogs, en LinkedIn o en Marte. Siempre es igual, siempre aumentar, nunca bajar.

La frecuencia y el volumen son la clave para vender mucho más, y son dos factores que aumentan de forma exponencial, no lineal. Es decir, que al principio nadie verá lo que dices, pero, cuanto más tiempo lleves, más aumentará tu público cada vez. Y cuanto más volumen y más ayudes a la gente, más gente vendrá y mucho más rápido empezarás a crecer. Siempre es un proceso lento, como emprender, por eso pocos lo hacen.

Lo que nadie te contó sobre la atención

Compré unas carillas dentales para mí y para mi madre. Fue en la clínica dental Turrión Monescillo, en Madrid, probablemente la mejor que hay en España, y no es la más barata. Costaron cincuenta mil euros las dos. Al mes siguiente decidí comprar un viaje de dos semanas a Zimbabue y las Seychelles, por importe de más de cincuenta mil euros. Y al siguiente mes me compré un Rolex de cien mil euros; un Rolex Daytona Platino, una unidad muy exclusiva. Pero, una semana después, acabé comprando también un Ferrari 488 de doscientos mil euros. Y, un mes más tarde, compré dos Rolex más; a la vez, sí. Y al poco me mudé a una mansión más grande, en la zona más cara de Madrid y con un tamaño obsceno, digno de los mejores futbolistas.

¿Y por qué te cuento esto? ¿Qué tiene que ver con la atención? Es muy sencillo, ahora lo vas a ver claro, porque en el mundo hay varias cosas que atraen la atención por encima de todo. ¿Adivinas cuál es una de ellas? Bien, por si no lo sabes, te las enumero después. Se trata de las emociones más fuertes, y normalmente las que más atención atraen son las peores, por eso las usan tanto en los medios, porque saben cómo funciona la atención.

¿No te has fijado que en los medios de comunicación todo el rato de lo que hablan son de emociones negativas? ¿Sobre todo cosas que generan miedo, ira y odio? Y, de vez en cuando, cuando es algo muy positivo, meten alguna emoción como humor, amor o felicidad. Esto es simplemente porque el ser humano ha sobrevivido a lo largo de la historia por el miedo. El miedo es lo que ha hecho que la especie sobreviva a lo largo de los siglos, y es la emoción a la que más atención prestamos; pero, aunque el miedo sí nos ayudó a sobrevivir, no es lo que ha hecho que la especie progrese. Aunque eso a ellos les da igual, lo único que quieren es tu atención, así que ése es el motivo por el que las noticias son pura basura mediática y mienten y mienten con tal de llamar tu atención. Lo siento si hay algún periodista leyendo esto; es mi libro y es lo que pienso, por eso cada día hay menos gente que siga los medios de comunicación.

Bien, una vez que sabemos esto, vamos a ver cuáles son las emociones más fuertes que podemos utilizar para llamar la atención de la gente y crear contenido viral en la plataforma que sea, y en el momento de la historia que sea que estés leyendo esto. Pero, primero, vamos a identificarlas todas para que tengas claro cuáles puedes usar.

He aquí un listado de emociones a tener en cuenta: ternura, amor, odio, ira, irritación, tensión, alivio, serenidad, felicidad, alegría, tristeza, compasión, remordimiento, culpa, vergüenza, inseguridad, timidez, confusión, miedo, asombro, asco, hostilidad, aceptación, incomprensión, desamparo, soledad, nostalgia, melancolía, aburrimiento, ilusión, entusiasmo, euforia, desaliento, decepción, frustración, admiración, envidia, celos, deseo, satisfacción, orgullo, placer y gratitud.

Estas emociones se dividen en cuatro grandes grupos: ira, tristeza, miedo y amor. De todas, la más potente como ya habrás podido observar es el miedo. El miedo y la ira ganan normalmente por goleada, porque es lo que genera mayor dolor a la gente. El miedo se puede representar de muchas formas, y la ira la ves a diario en comentarios en los que la gente se insulta. Es lo que más puedes encontrar en redes sociales, porque la gente vibra muy bajo. Sus emociones predominantes suelen ser negativas (aunque ¿qué vas a esperar si ven las noticias y están con gente negativa?), y así es como lo expresan en redes; pero esto no es malo, de hecho, tú puedes aprovechar eso para hacerte viral, y así es como lo hago yo muchas veces.

Molestar a tu público no objetivo para atraer a tu público objetivo suele ser una estrategia de viralidad increíble. Por eso verás que suelo hablar de ricos y pobres, o publicar una foto con mi mujer, que es hermosa como la modelo más guapa del mundo. Es una mujer que cualquiera querría tener, y eso crea envidia. Las mujeres me dicen que la cosifico, y los hombres, que está conmigo por dinero. Y lo piensan así porque tendrán sus traumas respectivos, o es lo que ellos piensan de las mujeres guapas, porque nunca tuvieron una y la única con la que se acostaron les pidió dinero. Ni idea, pueden ser mil cosas, pero, sea como sea, genera emociones muy fuertes, como la envidia o el odio, y eso es bueno para la venta.

Lo mismo pasa cuando tienes un buen físico o cuando enseñas lujos. Esto son cosas que despiertan envidia, y es algo que casi nadie tiene, con lo que molesta a la mayoría porque ellos no han sido capaces. O, por ejemplo, como hice en uno de mis últimos posts, mientras escribo esto, que es demostrar que la gente es muy vaga, porque sienten rabia de sí mismos y se molestan contigo porque no quieren enfadarse por su propia pereza.

Simplemente tienes que entender cómo funcionan las personas, y, en la medida en que hagas *check* en estos puntos, la atención aumenta, y la polarización la sigue. El único truco es conseguir un contenido que potencie al máximo las emociones descritas arriba. Cuanto más las potencie, más viralidad. Así, mi mujer consiguió en un vídeo millones de visitas porque lo hizo llorando en un momento en que tenía mucha ansiedad. Logró unos cuatro millones de visualizaciones en unas horas con un vídeo que transmitía una gran emoción. No hace falta que sea negativa, sino simplemente una gran emoción.

Y, por supuesto, estas emociones te llevarán a atraer a un montón de personas que querrán insultarte y hablar mal de ti, en especial aquellos quienes no estén de acuerdo con lo que expresas en ese vídeo o post, sea la emoción que sea. Cuanta más visibilidad tienes, más son los opinadores «expertos» en todo. Yo he llegado a leer infinidad de veces que mi Rolex es falso, de AliExpress, y que se nota en ese detalle o en aquel otro. Hasta ahí llega la imaginación de un *hater* (vaya, un «odiador»). Hace poco dijeron que conocían la empresa que alquilaba mi Ferrari, que eran sus amigos. La empresa es mía (soy socio único y administrador único), pero qué más da, mentir es gratis, y odiar, también, así que lo harán de todas formas.

Aprende las leyes del espejo

Como te dije, a mi mujer le han dicho que es una fulana en redes sociales, y a mí me dicen que mis coches son alquilados o que el dinero es de mi familia. Pues bien, si conoces las leyes del espejo entenderás que a mí me la suda, pero, si no las conoces, lo mismo no entiendes bien cómo funciona la mente, y por eso saltas ante tales ataques. Y, ojo, que saltes es malo, porque en realidad te duele, y habría que mirar por qué. Por eso quiero explicarte las leyes del espejo, porque creo que, si te vas a meter de lleno a ganar la atención de la gente, debes estar preparado para cuando la gente te ataque, saber qué pasa ahí. Y nunca nunca debes contestar.

Primera ley del espejo

Todo lo que me molesta, irrita o quiero cambiar del otro está dentro de mí.

Aquí te va a dar un poco igual, porque en realidad tú no deberías estar publicando mierdas o defectos de otras personas, pero sí que puedes darte cuenta de que, si hay algo que te molesta de otras personas, es probable que eso esté dentro de ti, es decir, que te ves reflejado en eso. Estate atento, porque es posible que esto te ayude a mejorar como persona y descubrir cosas que haces que no deberías hacer. Y, bueno, también te puede servir a la inversa. Porque, cuando haya personas que se molesten contigo, tú piensa que en realidad es por los traumas que tienen. Así lo pienso yo cuando hablan de ricos y pobres y me dicen que no soy humilde; a mí me da igual, porque sé que en realidad es a ellos a quienes les duele no tener dinero y son ellos los que no son humildes. Que ésa es otra, que la gente relaciona humilde con pobre, y nada tiene que ver una cosa con otra.

Otro ejemplo sencillo es que a las personas que llegan tarde les molesta que otros lleguen tarde. En realidad, ellos hacen lo mismo, pero les jode que se lo hagan a ellos; y, sin embargo, siguen haciéndolo. Ésa es la base de esta ley del espejo.

Segunda ley del espejo

Todo lo que el otro critica o juzga en mí, si me molesta o me hiere, está reprimido en mí, y es necesario trabajarlo.

Éste sería el claro ejemplo de cuando alguien te lanza un insulto en redes sociales y tú te molestas; ahí hay algo que falla. No tiene por qué ser verdad lo que te dicen, y que sea por eso por lo que te sientes identificado; pero sí que hay algún motivo por el que te duele, y es necesario mirarlo, porque hay algo ahí que trabajar. Si no fuera así, no te dolería; a fin de cuentas son sólo palabras de un desconocido, y tú eres la única persona que les puede dar valor o quitárselo.

Si a mí me dicen estafador, vendehúmos o cualquier cosa de este tipo, no me molesta, porque yo sé quién soy. Si te dicen puta y te enfadas, pues tú sabrás por qué. Yo no me enfadaría si me llaman puto. No sé, llámame loco.

Tercera ley del espejo

Todo lo que me gusta del otro, lo que amo en esa persona, también está dentro de mí.

Esta ley es muy sencilla de entender. Cuando tenemos alguna cualidad en nosotros que valoramos mucho, si la vemos en otras personas las amamos, porque sabemos lo importante que es para nosotros esa cualidad y lo mucho que nos costó tenerla.

Por ejemplo, yo amo que mi esposa sea muy detallista, porque yo lo soy, y creo que es algo importante en una persona. O amo que cuide de nuestros hijos y los trate con tanto cariño, porque yo hago lo mismo, y para mí eso es algo muy importante. Por eso aprecio tanto esas cualidades de ella.

Cuarta ley del espejo

Todo lo que el otro critica, juzga o quiere cambiar de mí, sin que me afecte, le pertenece a la otra persona.

Esto quiere decir que, si en redes sociales me dicen que soy un payaso, que soy un arrogante, que no tengo un puto duro o que mi mujer está conmigo por dinero, es porque, o bien ellos son los arrogantes, o bien directamente ellos pagarían a mujeres si estuviesen en mi lugar, o incluso lo hacen ya, y por eso piensan que yo lo hago.

Creo que son fáciles de entender, y por eso no está mal que recibas este tipo de comentarios. Son los que vas a recibir frecuentemente cuando publiques cosas virales y la gente los vea, porque tienden a atacar todo lo que ellos mismos tienen por dentro al ver que no consiguen tenerlo y otros sí, o que sí lo tienen y, entonces, se ven reflejados. En fin, lo que acabamos de ver... Simplemente sacan a relucir sus problemas cuando se sienten identificados con alguna emoción que les haga sentir algo muy fuerte. Tú no has publicado para hacer daño a nadie, simplemente estás consiguiendo atención y ayudando a la gente, pero, hoy en día, las personas son muy sensibles y saltan por todo. Son ellos quienes se sienten identificados y le dan poder a tu publicación. Imagínate, al final eres un desconocido diciendo cosas en internet. ¿Cómo puede ser que algo que dice alguien que no conocen les preocupe tanto? Algo está mal ahí seguro.

En todos los casos, no te recomiendo ni que leas los comentarios, y mucho menos que los respondas. Es verdad que responder puede dar un poco más de *engagement*, pero involucrarte emocionalmente en una vibración tan baja te va a quitar energía y te hará sentir mal después de mucho tiempo mirándolos. Esto pasa especialmente con publicaciones que de verdad estén muy polarizadas y hagan mella en la gente. Pero, si eres capaz de entender esta fórmula, podrás captar su atención, y generar dinero masivamente será tan fácil como quitarle un caramelo a un niño.

Invierte en crear emociones

Hemos dicho que son las emociones las que crean atención y que la atención da dinero, así que debes invertir en crear esas emociones. Tienes que crear escenarios que generen esas emociones. Porque, en realidad, estarás invirtiendo en tu negocio y en ti, simplemente, y, aunque los otros no lo ven así, ésa es la realidad, y por eso yo invierto en coches, relojes, viajes y lujo. Por eso me gasto veinticinco mil euros en unas carillas dentales para mi madre o le regalo un iPhone. Porque, cuando publico eso, genero emociones, y esas emociones generan dinero. Y no sólo eso, sino que vivo sin miedo, disfruto de la vida y atraigo vibraciones más altas que, a su vez, hacen que venda más.

A veces publicarás cosas que despertarán odio en quienes quieren esa vida; y algunos la criticarán y otros la admirarán. Normalmente habrá más criticones, porque en el mundo hay más gente vibrando bajo que vibrando alto. Y, cuanto más admirable seas y más atención tengas, más dinero ganarás, así que tienes que ir entendiendo qué emociones hacen que la gente reaccione.

El lujo de otros es una de las cosas que más molesta a la gente, porque la mayor parte de la población es pobre, y la otra parte la forman pobres haciéndose pasar por ricos. Sólo una parte muy pequeña realmente tiene algo de dinero. Y eso duele, duele mucho. Duele no tener suficiente para poder proveer a tu familia. Duele ver que alguien se compró un Ferrari y tú no tienes ni para un Renault Twingo (un coche de pobres), o te duele hacerlo porque apenas te llega para la entrada (yo lo pagué al contado). Duele ver cómo los ricos alquilan barcos, tienen casas de lujo o viven vidas que el resto apenas ha podido soñar. Y la verdad es que es la mejor inversión que puedes hacer, porque no sólo genera atención, sino que te hace sentir mejor, vives una vida mejor y, encima, subes tu nivel de vibración. Creces porque tu autoestima crece, te sientes mejor, ves cómo aumentas de nivel. Es por eso por lo que cada día se ve más gente haciendo esto, no porque quieran presumir, ¡sino porque quieren tu maldita atención para ganar más dinero! A mí, el Ferrari que tengo me importa más bien poco; de hecho, hubo un tiempo en que compré uno y después lo vendí porque me aburría. Luego, volví a comprar uno cuando entendí el juego, y ahora me encanta poder usarlo para ganar dinero. Y, oye, de vez en cuando me doy una vuelta en él, y me sube la moral ver que todo el mundo lo mira con envidia. Esa gente me transfiere su energía cuando lo miran por la calle; me regalan su bien más valioso dándome su atención al pasar yo conduciendo.

Así que, sí, el Ferrari me da igual, pero trae muchas cosas positivas, entre otras, mucho más dinero del que me cuesta, porque crea sentimientos de admiración, envidia, ira, odio... Y son sentimientos muy intensos, porque, cuanto más difícil es conseguir algo para el resto o cuanto más lo han deseado, más intenso es el sentimiento en contra tuya, porque no pueden admitir que ellos no han sido capaces de alcanzarlo, y tú sí. En su mente no encaja que alguien como tú lo haya logrado pero ellos no, porque no piensan que sean más tontos que tú. ¡Y no lo son! Pero no han entendido que el dinero no va al más listo, y a estas alturas ya lo has debido de adivinar. El juego del dinero no funciona así, por eso les jode tanto. Ellos aún no lo han descubierto, y la mayoría de ellos nunca lo descubrirán. A partir de ahora tienes la oportunidad de entender y jugar también a este juego, así que sigue atento, que aún queda mucho por aprender.

Bien, digamos que puedes tener un bebé y hacer vídeos de él o ella. Eso genera mucho amor, pero no es algo que puedas comprar. El bebé, o lo tienes o no. Mi mujer hizo un vídeo de mi pedida de mano en el círculo polar ártico viendo la aurora boreal. Se hizo viral, pero eso no lo puedes comprar ni trucar, eso debe salir. Lo que sí puedes es hacer un regalo a tus padres, invitarlos a un viaje, preparar una sorpresa a tu pareja. Eso sí lo puedes hacer, y son esas cosas las que debes tener en mente para ir aprendiendo cómo captar esa atención. Aunque en realidad lo ideal sería que fuese natural y, simplemente, decidieses ponerte a grabar tu vida y ya está; pero, si al principio no es natural, hazlo forzado hasta que lo sea. Así es como se cambia de vida.

Si publicas algo sin emoción, a nadie le va a importar. Siempre tienen que involucrarse y, a ser posible, ver el vídeo varias veces o comentarlo, porque eso aumenta el tiempo de permanencia, que siempre es y será lo que más valore cualquier canal de comunicación del mundo entero. Lo que quieren es la atención de la gente, igual que tú, así que mostrarán lo que más atraiga su atención. Y es por eso por lo que un vídeo en el que sale mi Ferrari de fondo, aunque sea un vídeo sobre cualquier otra cosa, tiene el triple de visualizaciones, y eso sólo por el coche. Igual que el reloj, simplemente por aparecer en escena ya triplica las visitas. ¿Sabes cuánta gente hace comentarios de lo feo que es, que es falso o lo que sea que se les ocurra, y miran el vídeo quinientas veces para ver si sacan algún defecto o ven algo que les indique que no es auténtico para poder comentarlo? Si no lo sabes te lo digo yo. Demasiadas personas; pero eso hace que el vídeo pegue más aún. Ese alcance costaría mucho más caro si lo hiciese con publicidad, y, además, no podría disfrutarlo ni me ayudaría a crecer como persona. Ése es el gran motivo por el que esas compras no son gastos, sino inversiones en mi negocio. Es puro marketing, y así es como lo debes ver a partir de ahora, te guste o no.

A mí, tener un Rolex de cien mil euros no me «cuesta» dinero, sino que me hace ganar dinero. El Rolex no pierde valor, y me genera mucha más visibilidad. Todo es perfecto, mucho mejor que hacer publicidad. Simplemente tienes que entender cómo funciona el ser humano. Y tendrás que hacer cosas con las que estés más o menos de acuerdo, pero así es como funciona la atención, simplemente entiendes qué quiere la gente y se lo muestras. Unos lo quieren y no lo reconocerán, otros sí lo harán, otros tendrán conflictos... Yo lo entendí hace mucho, y cuando hago publicaciones en Instagram con mi mujer en la primera foto triplico (como poco) los *likes*. De hecho, muchos me dicen que qué tiene que ver que mi mujer aparezca ahí, pero yo sí lo sé. Ella tiene más alcance porque es preciosa, presumo de mujer, a ella le encanta que presuma de ella, y hacerlo, además, me hace ganar dinero. ¡Qué maravilla!

Lo de la atención es un mundo curioso. Lo único que tienes que hacer es acostumbrarte a estar pendiente de las cosas que pasen a tu alrededor, de los lugares a los que vayas, de las cosas que sucedan, de cómo reaccionas... Nunca sabes dónde hay algo viral, y puede estar en un comentario en un hotel, en un restaurante o viendo pasear a un perro en un carro por la calle. Si sabes contar la historia, ya lo tienes.

Y, por último (casi se me había olvidado), en el caso de los coches o del lujo, no sólo te ayudarán a vender, sino que, además, aumentarás la autoridad, porque la gente podrá ver el dinero que tienes y entenderá que si lo tienes es porque eres bueno en lo que haces. Menos los *haters*, porque ellos pensarán que eres un vendehúmos, que es un lujo alquilado o que lo has robado. O, si piensan que es de verdad, se excusarán diciendo que ellos son ricos porque tienen una familia preciosa o que prefieren su vida, porque tienen mucha gente que los quiere. Como si tener dinero fuese incompatible con tener amigos o una familia que te quiera. Ellos mismos justifican su pobreza pensando que hay que elegir uno u otro en la vida, y eso no es así. Pregunta a cualquier rico a ver qué te dice.

Pero, al final, todo esto da igual; yo te lo cuento para que lo entiendas y no te pille por sorpresa, pero ya sabemos que todo esto es necesario para la viralidad, así que es bueno que sea así. Tú no puedes controlar la reacción de las personas, pero sí puedes entender cómo piensan, y ésa es tu gran baza. Entiéndelos..., y el dinero es tuyo.

Tardé años en comprender por qué había tanta gente que ganaba menos que yo y mostraba más cosas en redes (y yo sabía de buena tinta que ganaban mucho menos que yo). Cuando apenas ganaban un poco, compraban algo de lujo y lo mostraban. Me daba rabia, lo reconozco. Los envidiaba, y pensaba, son gilipollas, aunque yo anhelaba comprarme los coches y los relojes; por eso pensaba: «¡Qué coño hace éste gastando ese dinero si no tiene ni dónde caerse muerto, que lo entierro en dinero!». Pero, claro, lo estaba viendo desde la envidia, porque yo también quería gastar, y lo hacía desde la falta de comprensión de cómo funcionaba el negocio de la atención. Preferí criticar en lugar de entender o comprender, porque siempre he sido de publicidad y, probablemente, nadie me lo había explicado ni yo me había parado a pensar en eso, hasta hace un par de años, cuando todo cambió. Así que ahora entiendo esto. Simplemente, no había entendido el juego de la atención porque yo pagaba por ella de otra forma. Unos prefieren gastar en lujo y disfrutarlo que gastar en publicidad, que el dinero deje de existir y que, además, no puedan disfrutar el equivalente material del dinero invertido. Simplemente, debes aprender a hacerlo bien para que la fórmula sea suficientemente rentable y esperar a que la cuenta suba, porque no es tan rápido como pagando.

Y, bueno, puede que tal vez aún no lo entiendas o te sorprenda, pero es así. Para mí, vivir en una casa de lujo no es un gasto, es una inversión; tener mi Ferrari no es un gasto, es una inversión; y tener otro supercoche o comprar unos relojes de lujo, tampoco. Simplemente, es así cómo he aprovechado los canales de comunicación actuales para dar a la gente lo que quiere y atraer así su atención. Una vez que la tengo, les cuento lo que hago y les ayudo a ganar más dinero. Como ves, es siempre lo mismo. Dale a la gente lo que quiere. Bien sean cosas para hablar, cosas para quejarse, cosas para opinar o cosas para admirar o criticar, y el dinero es tuyo. Y como ya sabemos cómo funcionan las emociones, ahora vamos a aprender a tocar los cojones a la gente, a generar mucho odio y mucho amor para hacerlo bien y que nos den su asqueroso dinero.

19

Polariza a tu audiencia

Ahora que ya empiezas a entender cómo funciona la atención de la gente, en este capítulo vamos a ver algunos ejemplos de cómo polarizar a tu audiencia utilizando las emociones en su máximo esplendor. Recuerda que, cuanto más genérica sea la temática, más identificadas se sentirán las personas y más fácil será que quieran ver el vídeo de nuevo o dar su opinión en comentarios, y más viral te harás. Y, cuanto más de nicho sea, menos le interesará a la gente, pero más probable es que vendas, por eso es mejor tratar de estar en medio de los dos polos. Es muy sencillo de entender, por eso yo hablo de dinero en general en los *reels* y en otros vídeos, y no hablo de cómo emprender, eso es algo que dejo más para historias o para vídeos largos de YouTube, pero no para vídeos cortos virales. Si hablase de emprendimiento no me haría viral tan rápido, porque no hay tanta gente interesada en emprender; sin embargo, si hablo de los pobres y los ricos, muchos se ofenden o se interesan, porque son temáticas sobre las que cualquiera puede opinar. Todos pueden opinar sobre si mi hotel es de ricos, sobre si los pobres hacen esto o aquello o sobre si los ricos viven así o asá. Simplemente, yo seguí este mismo *blueprint* para ejecutar esa polarización y hacerlo viral, y eso es lo que hace que pueda llegar a mi público objetivo, que es gente a la que le interesa el dinero, que muchas personas me sigan y que muchas de ellas, finalmente, vean que les interesa emprender. Por el contrario, si sólo hablase de emprendimiento sería mucho menos viral, menos gente me conocería y el número de personas que me verían se limitaría a personas que ya están emprendiendo o que quieren emprender, no a todo el mundo que le interese el dinero. ¿Me explico?

Para que veas algunos casos prácticos y podamos ir dando forma al concepto —además de, por supuesto, para invitarte a que me sigas en todas las redes sociales y puedas ver cómo lo hago yo e identificar patrones para copiar y hacer a tu manera—, voy a exponer algunos ejemplos para que tú puedas replicarlos. El post que pongo a continuación lo hice en LinkedIn; es uno de los muchos que he hecho virales, y me gustó especialmente porque la gente se enfadó bastante. Si te das cuenta, ahí ataco la culpa/remordimiento por ser un maldito vago. La base de esto es que los programas que yo tengo de consultoría son para gente que quiere trabajar. Si no eres trabajador no te puedo ayudar, así que no me importa llamar vagos a los que no trabajan tanto, porque sé que quien entienda el mensaje y esté de acuerdo en que para triunfar hay que trabajar no se va a ofender, y el que sí sea un vago... pues se ofenderá y me hará viral.

Es polarizante porque es exagerado. En el post estoy diciendo que, si no trabajas un 17 de agosto (que probablemente es la semana en la que menos gente trabaja en todo el año, al menos en España) eres un vago. Yo sabía que muchos se ofenderían, porque había demasiada gente sin trabajar ese día (lo publiqué un 17 de agosto); por eso es un contenido polarizante, porque está totalmente en el extremo. Y no es que no lo piense, es que realmente pienso que la gente es muy vaga y trabaja muy poco, así que, aunque es polarizante y puede que lo fuerce un poco, realmente, yo pienso así.

Encontrar este tipo de textos es fácil si piensas en cosas que hace todo el mundo y que tú no haces igual que el resto. Simplemente con ese detalle ya habrás encontrado un contenido viral. Imagínate si es fácil.

> Si no trabajas un 17 de agosto,
> estoy seguro de que mucho dinero no tienes.

Cuando empecé mi primer negocio
pasé de cero a 50 empleados en tres años.
Fue precisamente por trabajar todos los días del año,
incluidos vacaciones y fines de semana.

Si no, ¿de qué forma un veinteañero iba a montar un negocio sin dinero ni conocimientos e iba a superar a toda su competencia?
Y es que nadie lo quiere ver, pero es así.
Si eres un maldito vago, vas a ser pobre para siempre.

La gente espera ganar mucho dinero holgazaneando.
Eso no es real.
La única forma de conseguir resultados extraordinarios
es haciendo esfuerzos extraordinarios.

A muchos les dolerá esta afirmación
porque andan haciendo el vago estos días.
Entiendo que el autoengaño cuesta menos
que ponerse a trabajar.

¿Qué opinas?

P. D.: Tengo una newsletter de negocios; somos más de 40.000, y no es porque yo sea *copywriter*, sino por los consejos que doy.

El enlace está en el perfil.

Por cierto, si quieres acceder a la newsletter te puedes suscribir aquí:

Éste es un ejemplo cualquiera de post viral en LinkedIn. Como te he dicho, no tiene nada de especial, simplemente es un post en el que creo polémica sobre una opinión real que tengo con respecto a una creencia popular. Las creencias populares, los refranes y temas así suelen ser ganchos geniales, porque es lo que todo el mundo cree y le han repetido desde pequeño, así que lo tienen tan interiorizado que, cuando les dices lo contrario, les explota la cabeza y tienen que saltar para corregirte, insultarte o llamarte de todo. Es una maravilla. Y si encima les dices que eso es lo contrario a lo que necesitan hacer para ganar dinero y que justo por eso son pobres, ya entonces tienes la polémica servida.

En este post ataco claramente la pereza de las personas que no quieren trabajar duro para destacar y se conforman con participar. Como ya conoces las leyes del espejo que vimos en el capítulo anterior, sabes que, si no te sientes identificado, simplemente, no comentas nada, y ya está; pero hay muchos que saben que son unos putos vagos, y por eso no pueden evitar ofenderse y comentar. Y ahí trabajo la envidia que sienten de los que ganan, trabajo la soberbia, haciendo ver que eres mejor que el resto si ganas más; y eso les duele, porque saben en el fondo que ellos son los únicos responsables de no ganar dinero, a pesar de querer seguir engañándose a sí mismos al respecto. Esto lo digo mucho también cuando alguien me dice que tiene miedo de que lo despidan. Sólo tiene miedo de ser despedido alguien que no es el mejor en su puesto. Si eres el mejor, sabes que no te van a echar, o que si te echan tienes trabajo al instante, en cuanto salgas. Es la misma forma de pensar, y es que realmente es así, porque yo no echaría nunca a alguien que es el mejor, hay que ser imbécil para hacer eso.

Entonces, cuando dices estas cosas, la gente se colapsa y lucha contra su realidad reafirmando en comentarios que no es así, apoyándose unos a otros y validándose entre ellos para sentirse bien siendo pobres y seguir haciendo lo mismo que hacen sin cambiar su vida. Mientras, los que piensan en mejorar dan *like*, me siguen y pronto acaban comprando mis productos para subir de nivel, porque es lógico, es normal, no hay nada raro. Es sencillo de entender, no hay ninguna ciencia compleja detrás, y, como verás más adelante, en realidad se puede hacer sin ofender tanto. Es simplemente que a mí me gusta mucho esta estrategia, porque, cuanta más polarización, más fácil es la venta y más fuertes son tus detractores, pero más acérrimos son también tus fanes. Y eso vende mucho más.

En mi boda, mi amigo Mario Peláez (nofallesatupalabra.com) hizo un vídeo diciendo que cómo era que no había alcohol. Yo enseguida pillé que eso era para un *reel*, y le grité: «¡El alcohol es para los pobres!». Y ese *reel* se fue a más de un millón de visualizaciones.

Te transcribo el vídeo, completamente improvisado por ambos:

> —Jesús, ¿y el alcohol? ¿Dónde está el alcohol?
> —¡¡¡No hay alcohol, eso es para los pobres!!!
> —Es para los pobres..., mi colega rico no pone alcohol.

Ya está, diez segundos de vídeo, más de un millón de visualizaciones. Sólo gritando que no hay alcohol y ya está. Fíjate qué cosa más tonta, pero, claro, genera polémica, porque la gente va a decir que hay botellas de cien mil euros, que su amigo rico sí bebe y mierdas varias. Mi punto de vista es que los ricos no beben nunca o casi nunca porque tienen que usar el cerebro, y entonces lo llevo al extremo diciendo que no beben. Cada uno se lo toma como quiere, pero el vídeo estaba claro que iba a ser viral. Conforme lo estaba grabando, ambos lo sabíamos, porque es algo que a la gente le molesta, porque no quieren cambiar su vida y se niegan a reconocer que necesitan cambiar para ganar más, y van a defender eso a capa y espada.

El concepto es sencillo, hacer vídeos virales así es divertido, porque casi sabes que va a ser viral antes de empezar; entonces, simplemente haces y haces hasta que sale, y ya está. Sólo debes estar pendiente y decir algo que piensas de verdad, y de cualquier acontecimiento puedes sacar un gran contenido viral. Por ejemplo, cuando subí este post, una señora dijo:

—Ya era ganador antes de salir [... texto diciendo tonterías]. Lo importante no es participar, es poder participar, por eso perder es GANAR.

De este contenido hice una historia en Instagram y la convertí en *reel*. Te la transcribo:

Estoy viendo a una persona en LinkedIn que dice que lo importante es participar. Y que ya si vas pensando en participar ya has ganado, aunque pierdas.

¿Ya veis qué pasa? Que esta persona es pobre. ¿Qué consejo te va a dar una persona que está acostumbrada a perder? Te va a decir que lo importante es participar para no sentirse mal consigo misma y con sus resultados.

Entonces, ten mucho cuidado con la gente a la que escuchas. En redes sociales, todo el mundo habla, todo el mundo comenta, todos te dan su opinión, pero, claro, cuando me pongo a mirar a qué se dedica, vaya, tiene un sueldo promedio/medio bajo.

Entonces, ¿qué consejos me va a dar? ¿Me estás dando consejos para que yo sea como tú? ¿Ésos son los resultados que yo puedo esperar si sigo tus consejos? Me temo que no son los resultados que yo quiero, mejor no te voy a hacer caso.

Tengo una visión muy definida de las cosas, y hablo sin temor a ofender a la gente. No es que me crea mejor que los demás, no es eso, es que hablo sin miedo porque no tengo miedo a ser yo y decir lo que pienso. Pensar que prefiero ser un ganador y que no todos ganan no es falta de humildad; sin embargo, la gente se podrá ofender por sentir que tocas su pequeño ego. Ésa es la base del juego de la atención. Y lo curioso en todo esto es que, cuanto más lo haces, más vendes y más caro puedes vender.

La gente se ofende muy rápido por todo, y es que hemos creado un mundo de gente blanda. La realidad es que, si eres obeso, no puedes dar consejos sobre ponerse en forma, y, si eres pobre, no puedes dar consejos sobre ganar dinero. O sí puedes darlos, pero, desde luego, yo no los tomaría en cuenta; aunque ya sabes, todos tenemos una opinión, aunque sea una opinión de mierda.

Como ves, hacer vídeos y que sean virales es muy fácil, sólo debes decir lo que nadie se atreve a decir. Sé tú mismo, no hace falta que pienses como yo; si eres feminista y crees erróneamente que los hombres tienen más derechos, también puedes decirlo. Aunque no sea cierto, habrá mucha gente que te apoye, y venderás. Igual que si piensas que todos deberíamos ganar lo mismo y aún no te has ido a Cuba a vivir. O que los hombres y las mujeres futbolistas deben ganar lo mismo porque hacen el mismo trabajo. Una mujer de la Juventus se hizo viral por eso, y casi me caigo de espaldas. Imagínate, el mismo trabajo decía..., ja, ja, ja, ja, ja. Uno llena un estadio y las televisiones con millones de personas, y a la otra la ven quinientas veces menos. Aunque parece lo mismo, no lo es. Sería como decir que dos actores o actrices deben ganar lo mismo sólo porque ambos o ambas actúan. Pero, bueno, el mundo es estúpido, y decir estupideces está de moda, así que habrá gente acomplejada que se lo compre, y ya está.

En cualquier caso puedes decir lo que quieras, y lo bueno es que, mientras uses este esquema, podrás captar cada vez más la atención de la gente y ganar más dinero gracias a ello. Sólo con ser tú mismo y usar las emociones te podrás hacer viral. Si no, fíjate en este post que hice al llegar a un aeropuerto. Fue superviral, y en realidad lo escribí así a propósito. Este post se hizo viral en Threads, pero podría haberse hecho viral en cualquier red social, porque sigue los principios descritos en este capítulo:

> Me paran en control de aeropuerto.
> Pensaba que había metido agua en la mochila.
> Me puse nervioso, llegábamos tarde.
> Me dice: «¿Qué llevas ahí, un reloj?».
> Pienso: «Mierda, ya hay lío».
> Sí, es un reloj.
> «¿De plástico, no?», dijo irónicamente.
> Ja, ja, ja, sí, de plástico.
> Nos miramos sonriendo y me fui.
> ¿Puedes adivinar por qué dijo eso?
> [Aquí había una foto enfocando un Rolex Daytona Platino en el aeropuerto.]

Aquí, como ves, hay una parte de lógica que la gente no sigue porque no entiende muy bien si es que es el reloj que lo llevaba encima o lo pasaba por la máquina. Hay gente muy idiota, y, claro, eso genera comentarios y viralidad. Y, luego, por otro lado está el reloj, que en sí mismo es viral y hace que la gente diga que si es falso, que si es de AliExpress, que si es que sí que era de plástico y mierdas así. Como los invito a opinar, vierten toda su mierda en el post y me lo llevan a hiperviral. En realidad es muy sencillo. No te voy a negar que no llegaba tarde a ningún lado, y eso lo añadí para que tuviesen otro motivo para decir que mucho reloj pero poco cerebro, y cosas así. Y tampoco me puse nervioso, tenía que generar tensión para que siguieran leyendo. Pero la realidad es que es algo que sí que sucedió y que me dio la idea para poder hacer un post viral. Sin más.

Y, para acabar, pongo aquí un post de hace tiempo y que tuvo muchísimo alcance; es un post que no tiene que ver con cabrear a la gente, pero sí con crear interés, porque llegó a más de cinco millones de visualizaciones, sólo generando interés, y tal vez un poco de enfado en algunas personas que no estaban de acuerdo. El interés funciona muy bien, porque, si realmente es algo interesante, la gente lo compartirá mucho, y entonces será fácil que se haga viral. Mira, era así:

> Cuando un cliente te diga: «Es muy caro».
> Que ni se te ocurra justificar el precio o bajarlo.
> Cierra la puta boca.
> En cambio, responde:
> «Caro comparado con qué».
> Te van a salir con que conocen a Pepito,
> que vende más barato.
> Y tú le dirás: «¿Por qué crees que soy el más caro?».
> Aquí, el cliente no podrá sino decirte:
> «Debe de ser porque eres el mejor».
> Y entonces, cierras. Exacto.
> «Entonces, ¿qué quieres, el mejor o el más barato?»,
> dices, y te callas.
> El 99 por ciento de los clientes querrán el mejor,
> y hasta estarán felices de pagar por ello,
> por lo que ganarás la venta.
> Soy Jesús Madurga, soy empresario e inversor desde
> hace más de 10 años, y si quieres aprender a ganar
> mucho más dinero, ¡sígueme!

Como ves, el interés puede llegar a ser muy poderoso. Sobre todo, cuando tocas el ego de la gente y se enfadan porque te sacan casos en los que esto no funciona, te dicen que lo han probado y no les ha salido, que es mentira, que llevan no sé cuántos años haciendo ventas y eso no es así..., y bla, bla, bla. Al final, la mayoría de los comentarios siempre son basura, así que es mejor que ni los leas, pero básicamente es eso. Generas interés, es algo positivo pero, claro, es una forma de cerrar que no se aplica a todo, pero a ti te da igual, tú haces una afirmación categórica sobre lo que dices aunque sepas que no se aplica en el cien por cien de los casos. El que es suficientemente inteligente ya lo entiende, y el que no, comenta para tratar de quedar por encima y demostrar que es mejor que tú (ja, ja, ja, ja). Eso da pie a la polarización, la discordia, los comentarios y la viralidad del post. Y, como digo, el que es inteligente lo capta y sabe cuándo se aplica, y el que no tiene cerebro, pues no lo entiende, y en mi caso sé que no va a ser mi cliente, porque si algo tan sencillo no lo pilla, imagínate como le tenga que explicar cómo hacer para emprender. Apaga y vámonos.

Así que éstos son los principios de la polarización. Recuerda que, cuando empieces a pensar en esto, verás que ser viral es muy fácil, porque ya entiendes cómo funciona, y, simplemente, cuando te pase algo, lo contarás y lo harás de forma que genere viralidad, y eso te dará dinero; y te hará muy feliz saber que hay tanto idiota por el mundo comentando y haciéndote ganar dinero sin entender que tú has hecho eso a propósito, para que ellos vayan de inteligentes y comenten.

Jaque mate, universo.

Viralidad controlada

Es posible que los ejemplos anteriores te gusten más o menos. He tratado de poner un poco de todo, pero, en realidad, me da igual, y si no te gustan puedes buscar tu propio estilo mirando en redes contenidos virales, porque las bases ya las conoces. Simplemente, estos textos tienen la estructura de un texto viral porque hablan sobre algo con lo que mucha gente se siente identificada, y entonces quieren comentarlo, opinar, compartirlo y debatir.

Son textos que invitan a opinar porque hablo de cosas que todo el mundo cree que sabe, así que la gente se permite opinar. Y para que veas cómo funciona la viralidad, sólo di o haz algo que, aunque no lo pienses al cien por cien, molestará a mucha gente. Cuanto más genérico sea y a más gente moleste, más viral será. Te dejo algunas ideas extra para que veas ejemplos:

- Todos los ricos son malos.
- Prefiero ser pobre y feliz.
- Si cocinas eres pobre.
- Los ricos se aprovechan de la gente.
- No cambiar tus amistades te mantiene pobre.
- Hablar de dinero está mal.
- Si ganas 10.000 euros al mes eres pobre.
- Los ricos hablan de dinero; los pobres, de fútbol.
- Ahorrar es de pobres.
- ¿Qué harías para ganar 10.000 euros al mes?
- Si dices que en tu trabajo te pagan muy poco, te estás autoengañando.

Como ves, suelo hablar de dinero porque me dirijo a un público que quiere ganar más. Ofendo a mi público no objetivo para atraer a mi público objetivo. Porque sé que quien piense que prefiere ser pobre y feliz no es mi público. Lo tengo clarísimo, es algo de lo que no dudo, pero sé que muchos piensan así y les ofenderá mi opinión, y yo pienso que se puede ser rico y feliz, porque yo lo soy. Es un buen gancho, además. Siempre tienes que pensar en el gancho inicial. Da igual si escribes un post en LinkedIn, haces un vídeo en YouTube o en Instagram o estás haciendo un post de blog o un artículo de periódico. El gancho inicial es lo que atraerá a gente. El titular de toda la vida, vaya. Eso es lo que hace que sigas leyendo, y, luego, el cuerpo simplemente tiene que atraer a tu público objetivo, mantenerlos escuchando o leyendo, molestar al que no es tu público si es posible y hacer que se queden hasta el final. Sobre todo, resulta clave que estén el máximo tiempo posible viendo tu contenido, por eso comentar es tan positivo, porque hace que estén más tiempo en tu post. Cuanto mejor hagas esto, más viral te harás y más rápidamente.

Antes de entender cómo funcionaba esto de las redes, recuerdo que hice un vídeo viral diciendo cómo compraban casas los ricos. Resulta que todo el mundo sabía cómo las compraban, y se permitieron el lujo de comentarlo. La cuestión es que todos saben de todo, pero nadie hace nada. Y si tú haces y dices, harás que las masas se retuerzan y llamarás su atención. Atención que convertirás en dinero siguiendo los pasos correctos.

Si quieres ver cómo hago contenidos controvertidos y aprender más, en este *link* tendrás acceso a mis redes sociales, en las que podrás seguirme:

Al final lo importante es...

Lo que dices y cómo lo dices influye directamente en la gente. El marketing, bien hecho, es muy poderoso, y controlar el discurso es muy rentable, porque puedes hacer creer a la gente que ser pobre está bien y que, por su bien, tienen que vivir con una paga y alimentos controlados, y que ellos lo acepten.

Una mentira dicha mil veces se convierte en verdad, y, si lo haces de la forma correcta, puedes hacer creer a la gente que el país va bien aunque se caiga a pedazos. Así lo hacen muchos gobiernos (yo vivo en España, no quiero señalar a nadie), y la gente los sigue votando, y es justo esta estrategia la que usan para poder conseguirlo.

Un *setter* (vendedor por mensajes en redes sociales) trabaja con su tiempo, con lo que, al ser algo limitado, no va a ser rico.

Un *closer* (vendedor de toda la vida) trabaja con su tiempo, por eso no va a ser rico; lo mismo pasa con la automatización de YouTube, aunque es incluso peor, porque dependes de YouTube para que te paguen, y si bajan las comisiones, pues ganas menos y no puedes buscar otro cliente que pague más. Tus ingresos no dependen de ti, sino de un tercero. Maravillosa forma de emprender, empezar desde el inicio pensando en ser empleado y vender tu tiempo como lo hacías antes.

Y por eso aquí hablamos de otra cosa. Y hablamos con sinceridad y con las cartas encima de la mesa; y yo siempre hablo diciendo las cosas como las pienso. Así precisamente es como debes comunicarte tú también en tus redes sociales y en tu web. Porque la gente no quiere una opinión que no moleste a nadie; la gente quiere seguir a personas transparentes y que digan la verdad. Y si no dices la verdad es porque tienes vergüenza, y si tienes vergüenza, entonces, difícilmente vas a ganar dinero, porque la vergüenza es por falta de confianza, e imagina qué difícil va a ser ganar dinero si ni siquiera confías en ti y te importa lo que los demás piensen de ti. Va a estar complicado, ¿no crees?

Ya está bien de pensar que hay que hablar de usted y mandar e-mails con florituras. Las personas son personas, y hacer eso te aleja de la venta sea cual sea tu público objetivo. Si no molestas a nadie, pasarás desapercibido y nadie te escuchará (o muy pocos y sin apenas ganas). Debes decir lo que piensas sin ánimo de ofender, y contar tu mierda para que otros vean que la vida no es un camino de rosas.

Yo conté en redes que estuve en un centro de desintoxicación por adicción a la cocaína. Mierda, ¿se puede caer tan bajo como tener adicción a una droga y acabar siendo rico? ¿Se puede ser limpiador y acabar siendo rico y feliz? ¿Se puede tener un trauma de pequeño y falta de autoestima y acabar siendo rico, feliz y sentirte la persona más afortunada del mundo? La verdad es que sí, y contarlo hará que ayudes a otros que lo están pasando mal y que vean que hay luz al final del túnel, y que eres una persona transparente y sin nada que ocultar. Y eso es lo que hace falta en un mundo de redes sociales en el que todo parece perfecto y nadie tiene ningún fallo. Un poco de transparencia y honestidad, por favor. Por supuesto, tienes que argumentar lo que dices, pero sin miedo a herir a nadie o que te juzguen por tus ideas o tu pasado. Y es normal que la gente no esté de acuerdo contigo en todo, pero, desde luego, así te comprarán mucho más y tú serás más feliz.

La polarización, o llevar a la gente a un pensamiento definido y a poder ser extremo (si has leído el capítulo 9 sabes que el extremo es necesario para ganar mucho dinero, y no es malo, como te han hecho creer), es lo más viral en internet porque crea *haters*. Y los *haters* hablan de ti, y esos *haters* te hacen llegar a más audiencia, comentan tus posts y viralizan tu contenido. Y, si lo haces mucho, hasta los medios (televisión, periódicos y radio) te criticarán por tu contenido fuera de lo «políticamente correcto». Y me da igual si es un artículo de blog, un post en redes sociales o un e-mail. La polarización genera audiencia, y la audiencia genera dinero.

Esto lo hemos visto todos en internet millones de veces, con comentarios sobre que si tienes panza eres un inútil; eso lo puso de moda Llados (@lladosfitness). Ese comentario es viral en sí mismo porque toda la gente con panza se va a sentir ofendida y van a defenderse y compartir sus quejas con indignación. Igual que cualquier otro comentario muy contrario a lo que sea políticamente correcto, como que antes a los que sentían ser un perro los encerraban en el psiquiátrico, mientras que ahora los tenemos que aceptar porque es algo normal, y tú puedes sentirte ciego viendo, perro siendo humano y mujer siendo hombre. Yo creo que un hombre es un hombre, una mujer es una mujer y un perro es un perro. Y te puedes sentir como quieras, pero eso no hace que lo seas. Ésa es mi opinión, y no es que odie a los gais, simplemente son hombres a los que les gustan otros hombres, y ya está. Pero siempre serán hombres, por mucho que se sientan de otra forma. Eso no es ofender a nadie, es decir la verdad. Y, cuando hables, recuérdalo siempre, esto tiene un par de efectos rebote que debes conocer.

El primero es que es bueno tener tu propia opinión, porque la gente no quiere seguir a alguien que tenga miedo a ofender o que quiera gustar a todos. Y eso es bueno para la venta y los negocios;

y mejor aún para vender mucho más caro. Cuanto más identificada se vea la gente contigo, más dinero estarán dispuestos a pagar.

Y el segundo efecto es algo negativo; y es que estar demasiado polarizado puede crear demasiados *haters*, y después quizá no sepas aguantar la presión de la gente insultándote y difamándote, porque eso pasará. Cuando subes mucho y llegas a mucha gente con un mensaje que no guste a todos y sea ajeno al «mundo de flores» en el que vivimos hoy, la gente te atacará, los medios te atacarán y se inventarán cosas. A mí me han amenazado con acuchillarme por la calle, así que ése es el nivel. Y, cuanto más polarizada esté tu opinión y más viral tu contenido, a más gente llegarás y más rápido, más personas te dirán que te van a acuchillar y más presión ejercerá sobre ti el sistema (la famosa mátrix). Aunque luego no te va a hacer nadie nada, porque internet no es el mundo real, y como mucho lo que harán será inventarse cosas sobre ti para intentar generarte presión y que dejes de tratar de cambiar a las personas, porque a ellos no les interesa eso.

Si dices que hay que echar a los inmigrantes ilegales que roban y deportarlos, puede que mucha gente se ofenda y que tu contenido se haga viral. Y puede que ni siquiera tú pienses que sea así en algunos casos y que hay excepciones, pero las excepciones dan igual. No debes publicar el contenido diciendo: «Bueno, si robas para comer porque te mueres de hambre, no, a ésos no se los deporta». Esto no funciona así. Debes decir verdades categóricas y decir que echarías a todos, porque si no el contenido no es viral y no surgen los comentarios diciendo cada uno lo que piensa. Luego, si quieren debatir, que inviten a un pódcast; aquí el contenido no es para dar explicaciones a millones de personas, es para que millones de personas digan lo que opinan, te hagan famoso y vendas más.

Bien. ¿Y cómo puedes empezar a hacer contenido viral? Es muy sencillo, simplemente piensa quién es tu público objetivo y cómo puedes crear emociones en él (y en el que no es tu público, cómo puedes hacerlo para que se enfaden). A mayor intensidad en las emociones, mayor viralidad. E insisto, da igual lo que digas, todo puede ser viral. Ahora mismo me viene a la cabeza el caso de una chica negra (sí, digo negra porque mi hija es mestiza, y yo no soy racista, así que me dais igual todos los blandos que decís «de color»; ¿de qué puto color?, negro es negro y blanco es blanco, dejaos de tonterías) española que hizo una afirmación categórica sobre que los negros corren más que los blancos y que todos los atletas corredores blancos quieren ser negros. Pues ella llegó a las Olimpiadas, quedó sexta... y ganó una blanca. Y, claro, se hizo tan viral que tuvo que cerrar sus redes. No sé ni cómo se llama ni me importa, pero ella hizo una afirmación categórica que generó mucho odio y, bueno, no se hizo famosa por ganar (que no ganó), sino por eso (pobrecita, es terrible decir tonterías y hacerte famoso por ello). Lo mismo habría podido usar ese tráfico para vender algo, pero decidió cerrar sus redes porque no pudo soportar la viralidad que ella misma había creado. Creó odio y le volvió odio. Es algo obvio, pero, como lo hizo sin querer, y no con ánimo de ganar dinero, sino de decir tonterías y ya está, no entendió lo que había hecho, se asustó, no aguantó y se rompió. No estaba preparada para la fama.

Por poner otro ejemplo, yo dije que los pobres son pobres porque quieren, porque prefieren echar la culpa al sistema y no tomar la responsabilidad de su vida. Esto podría ser viral perfectamente, y muchos pobres se ofenderían; de hecho, en LinkedIn ya me dijeron que los de Zimbabue se enfadarían si me escucharan y no sé qué tonterías más. En fin, que los llamo pobres para que se ofendan, y a los que les pique..., pues Bepanthol (búscalo en Google si no sabes qué es). Y sólo eso hace que el mensaje llegue a pobres que no se ofendan, sino que entiendan que es cierto y que quieran poner solución, y ésos me comprarán. Todos felices.

Y no sólo funciona así, sino que puedes crear virales infinitos, hay tantos como ideas en el mundo. Por ejemplo, yo sé que mi público objetivo no tiene ayudas, ni viene de Marruecos a delinquir, ni son políticos corruptos... Las personas que forman mi público objetivo odian a toda esa gente porque quieren emprender y quieren impuestos más bajos en lugar de que les roben y regalen sus impuestos a otros. Por eso, muchos se ofenden con mi mensaje, lo pasarán a otras personas y harán ver lo malo que soy, y otros se sentirán identificados y empezarán a seguirme porque les interesa lo que estoy diciendo y ven que tiene sentido.

Por eso me meto con socialistas, con políticos, con los impuestos..., da igual; así que conoce a tu público objetivo y hazte viral.

Y ésa es la magia de polarizar. Así que, desde ahora, cuando veas un contenido en redes sociales, sabrás si están usando esa estrategia, y lo verás claramente. Recuerda: cuanta más gente se sienta identificada y conecte y cuanto más fuerte sea la emoción que generes con tu contenido, más viral te harás, y, aunque al principio no te vea ni Dios, espera un poco y sigue publicando. La fama no llega de un día para otro. E insisto, sigue la estrategia al pie de la letra, porque nunca falla. Da igual si no piensas que el cien por cien de los funcionarios no tienen autoestima porque no se valoran y prefieren cobrar algo seguro a luchar por ganar más en su vida y trabajar para poder tener unos ingresos mayores. Dilo sin matices, no digas que los que son funcionarios por vocación no están incluidos y que eso sólo se refiere a los inseguros de mierda que no se valoran y no piensan que hay que trabajar duro para ser el mejor y que no te echen. No lo digas así, porque, si lo haces, no vas a generar comentarios, por eso es bueno generalizar, porque llevará a que todas esas personas se echen encima de ti y te digan de todo. Saludos, funcionarios que hicisteis la oposición por miedo; sois unos cobardes, aunque yo siempre os querré, porque para que existan personas con coraje debe haber personas con miedo.

Así es como tu contenido llegará a miles e incluso millones de personas muy fácilmente, y luego redirigirá a unos pocos hacia la compra. Pero, que no se te olvide, la fama tiene un precio muy alto, y es que, cuanta más gente te conozca, más gente te va a odiar. Incluso si no lo haces para molestar u odiar a nadie, como le pasó a una chica (@whoisroro) que se hizo viral porque cuidaba mucho a su novio Pablo. Y, claro, eso molesta a las mujeres que no cuidan a sus parejas, porque saben que no tienen nada que hacer contra ella. Ella no hizo un contenido para ofender a nadie, pero que no hagas un contenido para ofender no quiere decir necesariamente que no haya gente que se ofenda. Siempre que te hagas viral tendrás detractores que te odiarán y te insultarán. Asúmelo, aguanta y hazte rico con ello.

20

Búscate la vida o no emprendas

Cuando empecé como empresario me di cuenta de lo solitario que es serlo. Lo es sobre todo al inicio, cuando ni siquiera tienes equipo y debes decidir tú solito qué hacer, qué no hacer, cuánto gastar y cómo invertir ese dinero que ganas.

En mi caso, además de estar solo y no tener dinero, era joven y no tenía experiencia. Sumaba todos los puntos negativos posibles para poder fracasar en mi emprendimiento. Los tenía todos, y si algo podía salir mal, salió mal. En serio, aquí te cuento mi experiencia para que aprendas, e incluso a veces con desapego a ese dolor, pero lo cierto es que duele mucho.

En esta segunda parte del libro vamos a aprender las habilidades que necesitas para que la gente sepa que existes. Más que nada porque si nadie sabe que existes, no te van a comprar. Es sencillo. Pero, antes de eso, quiero contarte una historia. Escucha atentamente, porque esto debes grabarlo a fuego en tu mente, si no te quedarás atascado una y otra vez y no avanzarás en tu camino.

Recuerdo perfectamente un día de verano de 2014. Acababa de conseguir mi primer cliente gracias a internet, y al menos ya podía pagar la cuota de autónomos y los gastos. No era mucho, pero, oye, algo es algo. Ya había conseguido clientes anteriormente, pero no tenía muy claro cómo hacerlo. Había probado a salir a la calle a buscarlos, pero era mucho trabajo para todo el dinero que costaba y el tiempo que me llevaba conseguirlos, así que decidí intentarlo de otra forma.

Abrí cuentas en Twitter (ahora X), Instagram y Facebook. No tenía muy claro cómo usarlos, pero algo tenía que hacer. Parecía que la gente conseguía muchos clientes por estos canales, pero yo no tenía ni idea de por dónde empezar, así que empecé por Twitter porque no tenía que poner mi cara. Mi pensamiento fue el siguiente: «Se necesitarán seguidores para que te compren, ¿no? Ni idea, pero, por si acaso, empezaré a seguir a gente para que me sigan y dejar de seguir a los que no me siguen de vuelta, a ver si así me ven más. Y también crearé varias cuentas en Twitter con varios nombres, como si en la empresa fuésemos alguien más que yo. Así se verá más profesional». Hoy aún puedes ver estas cuentas en X (lo que era Twitter), porque no me sé ni los correos, así que no las pude borrar. Imagínate el panorama. Ésas fueron mis decisiones para empezar a captar clientes, y, oye, fueron malísimas, pero fueron decisiones y me ayudaron a ver qué era lo que no funcionaba.

Más tarde encontré el SEO, y entonces probé y vi que eso sí funcionaba. No lo supe al principio; el SEO tarda meses en hacer efecto, así que tuve que tener fe en lo que hacía y trabajar gratis durante meses en algo que pensaba que iba a funcionar pero que no tenía ni idea de si funcionaría, ni tampoco sabía si lo estaba haciendo bien. Y ése fue el comienzo de NeoAttack, mi agencia de marketing digital, que es la mejor agencia SEO de España. No porque yo quisiera ser un genio del SEO, sino porque aprendí eso para captar clientes y vendí lo que aprendí a hacer para captar mis propios clientes. Fin.

El caso es que este relato incluye algo importante que quiero transmitirte. Porque, cuando tú creas una empresa, dejas de ser empleado y dejas de tener a alguien que te diga qué hacer. Y eso hace que tengas que tomar tú las decisiones y buscarte la vida. Nadie te va a salvar, ni el gobierno ni tu familia ni tus amigos..., eres tú solo contra el mundo, y debes aprender a buscarte la vida. Probablemente ésa sea la habilidad más valiosa (o al menos está entre las que más lo son) a la hora de emprender, porque habrá veces que no sepas hacer algo (la mayoría de las veces) y nadie te diga cómo hacerlo.

No sabía cómo hacer un logo, y lo busqué en internet. No sabía cómo hacer una factura, y lo busqué en internet. No sabía cómo hacer webs, y aprendí a hacerlas mirando en internet (gratis, sí, sólo buscando tutoriales y siguiendo los pasos). No sabía hacer entrevistas de trabajo ni contratar a empleados ni absolutamente nada. Simplemente, me busqué la vida. Los buscadores son tus mejores amigos (o la IA, me da igual). Y si no desarrollas la habilidad de buscarte la vida, acabarás este libro y seguirás igual. Será otro libro más para tu cajón de lectura. Un libro más que has leído de pasada, sin subrayar, sin estudiar cada capítulo, sin poner en práctica nada... Tiempo perdido.

La gente no tiene un problema de aprendizaje, sino de aplicación. Leen libros útiles como si fuesen novelas o como para estudiar para un examen. Lees y, a veces, incluso comprendes o estudias, pero no lo aplicas. Nadie te enseñó la parte final de la fórmula; la enseñanza se queda en estudiar, y ya está. Ya te digo que, en la vida real, eso no funciona. Yo te voy a decir los pasos para ganar mucho dinero, pero no te voy a enseñar a hacer SEO, ni te voy a enseñar a editar un vídeo, ni tampoco a cómo hacer una web, así que tendrás que buscarte la vida; y, en el momento en que olvides las excusas y las quejas y empieces a pensar que es tu responsabilidad buscarte la vida para prosperar, en lugar de un problema verás simplemente otra cosa que resolver y te buscarás la vida una vez más, lo arreglarás y continuarás tu camino.

Y si no aprendes a hacer esto, buscarás las excusas para acabar el libro y seguir igual. Así que, antes de empezar a explicarte todo, quiero decirte que no te voy a explicar nada. Lo que vas a ver aquí es un manual para crear un negocio validado por miles de casos de éxito, pero no vas a encontrar todas las respuestas. No es una enciclopedia, es un libro, y, para que funcione, debes aprender a buscarte la vida como yo hice en su día y como hacen los millones de empresarios del mundo en cada uno de sus negocios.

21

Empieza tu marca personal

Crear una marca personal es un proceso relativamente sencillo, porque simplemente debes ser tú mismo. Y si tú cambias con el tiempo, tu marca cambiará. Y unas personas empezarán a seguirte, y otras te dejarán de seguir. Eso es normal, todo en orden.

Lo bueno de la marca personal es que empezar a trabajarla es lo más rentable que puedes hacer, porque te acompañará toda la vida. Siempre digo lo mismo: si eres empleado, una buena marca personal te ayudará a conseguir un mejor trabajo, y si eres empresario, a conseguir más clientes y mejorar la valoración de tu empresa. Tanto es así que yo a mi hija, en cuanto tenga capacidad de leer y escribir, le diré que empiece a publicar en internet para que vaya creando su marca personal. Imagínate si creo que esto es importante.

Dicho esto, ¿cómo podemos empezar nuestra marca personal? ¿Se puede empezar una marca personal si eres farmacéutico, electricista o peluquero, o bien es sólo para algunas profesiones? Y, por último, ¿cuesta algo crearla? Vamos a verlo...

Lo primero que tienes que saber es que una marca personal se crea consiguiendo visibilidad. Hoy en día puedes conseguir esa visibilidad gratis y sin necesidad de estar en televisión o radio, así que empezarla será un proceso sencillo. Simplemente debes identificar sobre qué quieres hablar y empezar a hacerlo. Da igual si estás escribiendo libros o si lo harás publicando contenidos en internet. Lo importante es empezar a publicar y conseguir una audiencia. El mayor error de la gente en este punto es pensar demasiado sobre qué publicar. Da igual, ¿no lo has entendido aún? Lo importante es publicar, y después ya verás si pivotas de temática o no, ¡pero empieza a publicar!

Y, bueno, igual de importante que empezar a publicar es que seas alguien que merece la pena. Si no has trabajado en ti primero y te has convertido en una persona a la que la gente admira, por mucho que publiques, nadie querrá ser como tú, y tu marca personal será pura basura. Si aún tienes dudas sobre esto, es porque no has leído bien el inicio del libro; y, probablemente, si te sigue poca gente será porque, claro, quién va a querer tu vida de mierda. Y cuando digo «vida de mierda» no digo que debas estar hundido en lujos, sino que seas alguien que merece la pena como persona; que te levantes pronto, que no falles, que hagas ejercicio, que trabajes por tus metas, que seas honesto, transparente, buena persona... Eso es lo que la gente va a ver y que les va a hacer querer ser como tú. El lujo es una consecuencia, y sólo hace que la gente se fije más en ti, pero, para empezar, no necesitas eso.

Y si aun así no sabes sobre qué publicar, es muy sencillo. Puedes inspirarte en los capítulos de este libro y empezar a hablar sobre ello. Yo suelo leer, y cuando veo algo que me inspira, lo subrayo, dejo de leer y me voy a redes y hago una reflexión. La desarrollo en varias redes, a veces en vídeo, otras en texto, y sigo leyendo. Es así de fácil. Puedes hablar escribiendo tus ideas sobre este contenido en una red social o haciendo un vídeo corto o largo sobre lo que has aprendido. Piensa que al principio no te va a ver nadie, así que tampoco es relevante. Lo que sí es relevante es que no copies y pegues. Eso lo sabe hacer cualquiera, lo que debes hacer es una reflexión y tratar de llevártela a cosas que te pasen a ti en tu vida para contar historias basadas en tu experiencia. Si cuentas cosas como los demás, serás uno más. Si cuentas reflexiones basadas en tu experiencia, serás único. Esto lo irás mejorando con la práctica e irás ganando confianza en la medida en que lo hagas. Simplemente, empieza, y no lo pienses mucho.

Recuerda, donde fallan el 99 por ciento de las personas es en pensar demasiado y no hacer nada.

¿Y crear su marca personal lo puede hacer cualquiera, sin importar la profesión? Sí, crearla siempre te vendrá bien. Por supuesto, si trabajas tu marca personal te será más fácil cambiar a un trabajo mejor en un futuro o incluso empezar a vender algo en paralelo a tu trabajo y conseguir un ingreso extra..., y el esfuerzo que hay que hacer no es tanto. Por ejemplo, un día conocí a un chico que era peluquero y trabajaba en su marca personal. Era empleado de una peluquería, y siempre grababa los peinados que les hacía a las clientas. Eso hacía que muchas personas fuesen a esa peluquería sólo por él, con lo que aumentaba su caché de cara al empresario e incluso podría llegar a negociar comisión por esos nuevos clientes (esto último no sé si lo hacía). Y, por otro lado, eso le permitía convertirse en un activo valioso para la peluquería, con lo que sería más difícil que lo despidieran; e incluso si lo hacían, tenía todo su trabajo online, con lo que rápidamente podría demostrar lo que sabía y conseguir otro trabajo.

Esto no es un caso aislado, y casi todas las marcas personales que conozco acaban vendiendo productos para terceros o ganando un dinero extra sea cual sea su trabajo, porque lo más valioso que hay hoy en día es la atención de la gente.

En NeoAttack valoramos esto

Una sugerencia que hice hace tiempo al director de la agencia es que se valore positivamente a la gente que tenía marca personal, e incluso que se les pusiese un enlace propio para poner en sus redes y que, por cada cliente que captasen, se les pagaría un extra aparte. ¿Te puedes imaginar duplicar tu salario sólo por publicar contenidos en internet? Pues es justo lo que le dije que hiciesen, y los responsables empezaron a hacerlo. Hoy en día publican a diario en LinkedIn, y, aunque lleven apenas un mes, pronto empezarán a captar clientes y ganarán mucho más gracias a eso, además de aumentar su valor para la empresa.

Sólo piénsalo un momento: los negocios pagan por la atención. Cuando hacen publicidad, pagan por la atención; cuando hacen contenidos, pagan a la persona que los hace para generar esa atención. Da igual si es en la tele, en vídeos cortos o en el cine. Lo importante es que quien tiene la atención puede vender esa atención. Y eso precisamente es lo que logra la marca personal: que aumente la ratio de atención que eres capaz de cubrir. Y si la aumentas demasiado puede convertirse en un activo tan valioso que empieces a crear tus propios productos, como hacen los famosos.

Y, por último, ahora que seguro que estás pensando en si crear tu marca personal, lo que querrás saber es cuánto cuesta montar una y cómo puedes empezar. Y te voy a contar cómo lo hice yo desde cero y sin dinero, para que también puedas replicarlo.

Cómo crear una marca personal en seis meses

Yo no sabía nada de redes sociales cuando empecé mi marca personal. No pienses que era un entendido, apenas había usado una red social en mi vida, y hoy en día, sin embargo, soy muy conocido en redes. ¿Qué ha cambiado desde entonces? ¿Es algo realmente complicado o es fácil? No había publicado nada en los dos últimos años y no sabía ni cómo funcionaban (de hecho, aún aprendo cosas), y aun así conseguí generar millones a través de estas benditas redes sociales; a continuación te enseñaré a ti también cómo hacerlo. Para explicártelo, trataré de no enfocarme en una red social, sino en hablar de todas en general. Personalmente, yo publico en todas las principales, y creo que así debería hacerlo todo el mundo; y si éstas cambian, que cambie tu presencia con ellas..., eso es irrelevante. No cuesta tanto esfuerzo, y el contenido se puede reciclar de una a otra, con lo que no es tan tedioso ampliar a todas las redes si lo haces bien.

Cuando empecé con esto, era noviembre de 2021. Venía de una de las peores épocas de mi vida y quería empezar un nuevo negocio sin dinero. Me había propuesto empezar a captar e-mails para vender a través de e-mail marketing a mis suscriptores. Había visto a un tipo que se llama Isra Bravo (www.motivante.com) y a quien se le da muy bien enviar e-mails, y en ese momento ganaba cien mil euros al mes de beneficio con eso, así que yo también quería hacerlo. De hecho, me jodió bastante, porque ganaba más que yo en beneficio neto, y él no tenía empleados, mientras que yo tenía cincuenta por aquel entonces. Recuerdo muy bien ese sentimiento de rabia que me impulsó a querer aprender. Es un sentimiento que debes tener si quieres ganar dinero, pero no rabia en forma de odio hacia esa persona, sino rabia convertida en un deseo irrefrenable por hacerlo mejor que él y mejorar tus números. Y ese sentimiento es muy potente si sabes convertirlo en energía para trabajar.

Al contrario que la mayoría de la gente, si veo que alguien gana más que yo, me pregunto cómo lo ha hecho y le compro sus formaciones (o lo que venda) y lo investigo. No pienso que es mentira y que no tiene razón en nada de lo que dice. Ésa es una actitud de pobre que no te llevará a ningún lugar en la vida. Y, de hecho, así lo hice, compré todas las formaciones de Isra Bravo para poder ver qué hacía y cómo lo hacía, y me puse manos a la obra.

Tenía que empezar a mandar e-mails, y yo tenía una base de datos de quince mil personas en NeoAttack. No estaba mal, pero estaban ahí por el marketing, no por la inmobiliaria, pero, bueno, como no tenía nada que perder, copié toda la base de datos y les empecé a enviar un e-mail al día sobre inmuebles desde esta nueva cuenta. ¿Mal hecho? Me la suda. A lo largo del libro, ya verás que hay muchas cosas que, cuando tienes un negocio nuevo, no tienes que tener en cuenta, porque si las tienes en cuenta no consigues nada. En mi caso pensé que si de quince mil quedaban luego cinco mil interesados, pues eso que me llevaba. Sabiendo que cada e-mail podía costar cinco euros, me había ahorrado veinticinco mil euros. Suficiente como para molestar a todo el mundo con estos nuevos e-mails. Y así empecé a enviarlos.

Como puedes imaginar, muchos se dieron de baja porque no les importaba una mierda. Y algunos incluso se molestaron, fíjate qué problema, ¿iba a estar yo preocupado? La cuestión es que al final quedaron los suficientes para poder intentar venderles algo (o eso pensaba) y empecé a mandar e-mails.

Tú también puedes hacerlo

No te desanimes si no tienes una base de datos de e-mails como yo, siempre puedes coger tarjetas de visita que tengas, e-mails de tu correo electrónico y empezar a juntarlos todos. Seguro que, si te pones a buscar, sacas al menos mil e-mails para poder empezar con algo. Lo importante no es tener muchos, sino empezar a mandar e-mails.

Piensa que yo no sabía nada. Había leído un curso de un tipo que encontré no sé cómo, y con eso me puse a enviar e-mails. Yo ya había pasado por eso antes. Cuando empecé con NeoAttack aprendí a hacer posicionamiento en buscadores leyendo en internet, simplemente buscando cómo hacerlo y tratando de replicar lo que leía, pero esta vez fue igual o más duro, porque pensé que, como tenía una lista de correos, sería distinto, pero ¿sabes qué ocurrió?, que pasó el primer mes y no vendí nada. Pensé que estaba haciendo algo mal. No podía ser que no me hubiesen comprado nada. ¿Es que tan mal escribía yo los e-mails? Mierda, qué frustración. Ni un maldito euro después de mi primer mes entero mandando e-mails. Y eso que no me consideraba malo escribiendo, aunque tampoco un genio, porque acababa de empezar, pero no tan malo como para no vender nada. ¿Sería mentira esto que había leído? Maldito Isra Bravo, ¿me había engañado y se había llevado mi dinero? No sé, no lo creo, y me dije: «Voy a intentarlo un mes más...».

¿Sabes eso que pasa en las pelis que suenan unos grillos y te quedas como con cara de tonto esperando algo que nunca llega?

Pues así. Bueno, sí vendí..., por unos cien euros o así. Cosa que me alegró, porque algo es algo, pero, después de horas y horas leyendo sobre e-mail marketing y aprendiendo a enviar e-mails correctamente, no estar logrando casi absolutamente nada era algo desolador. Me sentí gilipollas. Estaba desesperado, no sabía qué mirar, no entendía qué estaba pasando. Volví a leerme todos los malditos cursos a ver si es que yo era deficiente o algo fallaba aquí. Y, no, parecía que no fallaba nada, así que, con la cabezonería que me caracteriza decidí seguir...

¡Y llegaron más ventas! Por ciento sesenta euros más en el segundo mes. Imagínate. Estoy ganando cientos de miles de euros al año con NeoAttack, y con aquello, en dos meses, no hacía ni trescientos. Menudo *pringao*. ¿Y aquel tío estaba haciendo cien mil euros al mes? ¿Era él tan listo o yo tan tonto? ¿Sería que no sé escribir? En serio, cuando estás ahí te cuestionas todo, y como no hay nadie que te diga nada porque no hay soporte, pues sólo queda confiar. Yo siempre lo digo, emprender es un acto de fe, y el que no cree no triunfa. Y yo creía en mí. Me negaba a pensar que había tanta diferencia entre nosotros, así que confié en el largo plazo y decidí seguir enviando e-mails un tercer mes, aunque sintiese que estaba perdiendo el tiempo.

La mayor parte de las personas habrían abandonado ya. Por eso nunca triunfan, porque abandonan antes de tiempo. Y, aunque esta lección no es sobre perseverancia, espero que entiendas que si yo, con todo lo que sabía, en tres meses no logré nada, tú, que seguramente sabes menos..., no te vas a comer tres, sino trescientos.

Bien, la cuestión es que seguí un mes más. Aposté porque esta persona no me había mentido. No lo conocía de nada, pero había leído sus e-mails, los leía cada día, y a mí me parecían convincentes, con lo que supuse que no era mentira lo suyo, y le di otra oportunidad. Y, por supuesto, me la di a mí mismo, porque mi reflexión siempre es igual: si esta persona puede, yo puedo también, y lo voy a lograr cueste lo que cueste. Así que, convencido, aunque a veces desesperado por no lograr resultados, seguí intentándolo.

En los siguientes dos meses vendí unos dos mil euros en total. Cinco meses de trabajo para prácticamente nada. Estaba agotado mentalmente; y no por escribir e-mails, sino porque iba a reventar el teclado de la rabia. Me llevaba una maldita hora al día hacer cada puto correo, pero no estaba consiguiendo nada. ¿Qué tan alejado estaba de lo que hacía este señor? Lo mismo no estaba hecho para hacer más negocios y había tenido suerte en el primero, y ya está. A lo mejor era eso, que en realidad había tenido suerte y que esto no era para mí... Y casi me lo creo. Realmente, estuve a punto de abandonar.

La revelación..., o la suerte..., o ponerse en acción

Mira. Los negocios son así. Tú haces y haces y haces y pruebas y pruebas... y no sale nada. Y te jodes, y ya está. Nadie va a venir a salvarte; o te salvas por ti mismo o te jodes. Y, piénsalo bien, yo sabía de marketing, y se supone que eso debería haberme ayudado. Y, aunque estaba empezando en un sector en el que nunca había vendido ningún producto propio (formación), se supone que sabía de marketing. Qué triste sentirse agotado y frustrado. Pero, como soy un cabezota, aunque sienta que hago algo que no vale, sigo adelante.

No fue seguir haciendo lo mismo. No sé, debió de parecerme que seis meses haciendo lo mismo había sido suficiente martirio, así que decidí sacar una nueva formación. Fue algo sobre inmuebles, porque había estado comprando muchas casas y tenía mi hotel Utopía, en Alicante, así que algo de conocimiento sobre esto tenía como para poder enseñar a gente. No tenía mucha esperanza, y de hecho empecé a venderlo antes de grabar, para ver qué tal. Fue en ese sexto mes que probé ese cambio..., y buuum. Conseguí diez mil euros de beneficio en un mes. El cielo se abrió, vi luz al final del túnel y todo empezó a brillar. Tenía buena pinta, y parecía que había conseguido dar en la tecla, así que seguí por esa línea a ver si podía repetirlo al siguiente mes, aunque probando un producto distinto.

Así son los negocios. Nunca sabes cuándo va a funcionar, y ni siquiera tenía producto, pero daba igual. Primero se vende, y luego se hace. Primero haces dinero, y luego ya veremos qué pasa.

Y, en realidad, lo que había pasado es que llevaba cinco meses mandando e-mails a esa gente, que ya me conocían porque estaban en la newsletter de mi empresa, y, además, yo llevaba cinco meses de pico y pala mandando e-mails. Había creado una marca personal y no me había dado cuenta, porque, en realidad, lo que fallaba no era mi marca personal ni los e-mails, era el producto. Fue cambiarlo y empezar a vender.

Llegado a este punto me puse a pensar si realmente era bueno vender lo mismo el siguiente mes también, y decidí que no. Entonces se me ocurrió que esas personas, como venían del marketing digital, tal vez quisiesen una formación para ayudarles a escalar su agencia de marketing. Y lancé mi programa «Escala tu agencia», con el que formé a muchísimos *marketers* del sector para ayudarles a crear y escalar su negocio de marketing. De hecho, en el primer mes vendí también otros diez mil euros, repitiendo la racha y pensando que, efectivamente, podía replicarlo mes tras mes sin problema.

El siguiente problema... (siempre hay otro)

Una marca personal crece cuando crece su audiencia, así que tenía que conseguir más e-mails para replicar y escalar los programas y ganar más dinero, así que me puse a barajar opciones. Esto ya lo sabía, porque vengo del mundo del marketing, así que lo tenía claro. O hacía publicidad para captar e-mails, cosa que llevaría inversión y un gasto que no quería hacer, o hacía vídeos en redes sociales para captar e-mails y así conseguir correos gratis para venderles después por e-mail.

Nunca había hecho vídeos en redes, y la verdad es me daba bastante vergüenza; pero, siempre que me pasa algo así, pienso en las opciones:

—¿Qué puede más, triplicar los ingresos en los próximos meses y tener vergüenza y quedarte igual o ir muchísimo más lento?

Y, al pensar así, rápidamente se me quitan las tonterías. Por supuesto, decidí la segunda opción, y empecé a publicar vídeos en Instagram. Un vídeo cada tres días o cuatro. No parecía que avanzaba nada. Absolutamente nada. Estaba de nuevo en el mismo punto que hacía seis meses, pero ahora me pasaba con Instagram en lugar de con los e-mails. Tenía un nuevo reto y tenía que desbloquear esto para poder seguir, así que me puse a investigar. Después de leer mucho, vi que un *reel* cada tres días era poquísimo, que tenía que hacer más *reels* y más historias, así que aumenté el número de historias a tres o cuatro al día, y el número de *reels*, a uno diario. ¡Ahora sí que iba a funcionar! O eso pensé... Pero, tras dos meses, apenas subí trescientos seguidores. Era ridículo el esfuerzo para tal retorno..., ¡muy ridículo!

Tenía tiempo, así que seguí investigando a ver qué más podía hacer; y fue entonces cuando descubrí la nueva red social llamada TikTok. Pensé que no tenía ni puta idea de cómo era esa red, pero que por probar no perdía nada. La gente decía que era más fácil hacerse viral en TikTok que en Instagram, así que por intentarlo no iba a ser. Al parecer había leído que TikTok es una red social que te puede dar mucho alcance y no tiene tanto en cuenta la cantidad de seguidores sino la «calidad» del contenido, así que empecé a publicar en ambas plataformas. Usaba los mismos vídeos para ambas, así que no era más trabajo. Cada vídeo tenía pocas visitas, pero, poco a poco, la gente iba entrando en la newsletter, así que decidí aumentar la intensidad y subí a cinco vídeos cortos (llamados *reels* en Instagram) al día. Los suscriptores seguían aumentando. Y fue entonces cuando aprendí una estrategia que me resultó interesante. Y, si recuerdas lo que hemos visto en el capítulo sobre la polarización (capítulo 19), son los *haters* los que hacen que llegues a más gente, aunque yo no lo sabía en ese momento; sí sabía que quería hacer más vídeos y no tenía ideas para hacerlos, pero lo que sí tenía eran comentarios en mis vídeos para responder.

Había gente diciendo que era imposible hacer un 12 por ciento de rentabilidad neta en alquiler, o que lo que yo decía era falso, o que no tenía tantas casas, o que no tenía un hotel... Así que empecé a responder a esos comentarios en vídeo siendo muy arrogante y con respuestas en las que dejaba en evidencia a estas personas. Esta función es algo que permite TikTok, así que estos vídeos sólo los publicaba en esta red social.

Sin duda fue la mejor idea que tuve ese año, porque, cada vez que hacía un vídeo argumentando lo tontos que parecían quienes decían esas cosas y explicándoles cómo se equivocaban, conseguía miles y miles de comentarios de más personas que pensaban que no era verdad, y con ellos venían miles e incluso millones de visitas, además de muchas otras personas curiosas que querían saber cómo lo hacía. Y estos últimos son los que empezaron a entrar en masa a la newsletter.

Tanto fue así que cerré con más de veinte mil euros de beneficio ese mes de julio, y el mes de agosto, con treinta mil euros..., y de ahí en adelante ésa fue la tendencia. Y todo por una sencilla estrategia en redes sociales en la que juntaba por un lado lo que sabía, respondía de forma soberbia y chulesca a la gente para generar polarización, y finalmente me llevaba a todos esos seguidores a la newsletter para finalizar la venta en un infoproducto (producto de formación distribuido en internet) que no tenía soporte y en el que ni siquiera tenía que trabajar para ganar dinero. Había dado con la gallina de los huevos de oro.

Y la combinación era sencilla y prácticamente gratis, porque eran vídeos caseros grabados con el móvil en mi casa, sin edición, sin subtítulos, sin nada más. En ellos sólo respondía comentarios de *haters* que pensaban que sabían algo sobre inversión inmobiliaria y que no tenían ni idea; y luego usaba la herramienta de e-mail marketing con la que enviaba un e-mail al día (e-mails que, al principio, me llevaba una hora escribir, pero que, con el tiempo, los llego a escribir en cinco minutos). Esto es algo que perfectamente puede hacer cualquier persona y que está al alcance de tus manos, simplemente creando una marca personal, consiguiendo seguidores y ofreciéndoles algo que les interese. Tan sencillo como eso, y tan complicado como mantener la constancia durante el tiempo suficiente como para que llegue a funcionar.

Ese verano, hubo un día en que llegué a publicar sesenta y siete vídeos. ¡En un día! Y todo simplemente porque veía que, cuanto más publicaba, más tráfico generaba, y que cuanto más tráfico generaba, más e-mails, y que cuantos más e-mails, más ventas. Muy sencillo, muy fácil de aplicar y a coste cero.

Ahora ya sabes cómo hacerlo tú también. Y aunque, por supuesto, hay muchas más cosas útiles para crear una marca personal poderosa, sin duda éstos son los elementos básicos que recomendaría a cualquiera para empezar desde cero y sin dinero.

Crea una marca personal poderosa

¿Y si lo que quieres es crear algo mucho más potente y subir de nivel? Sin duda, si tuviese que volver a empezar, algo que añadiría es un vídeo cada dos días en YouTube, publicar diariamente en Threads y X, y hacerme un grupo de Telegram con todos los seguidores.

Si quieres entrar a mi grupo de Telegram puedes hacerlo aquí:

Puedes empezar con un mínimo de un vídeo largo para YouTube a la semana, pero yo prefiero hacer más cantidad. De hecho, si lo haces así, incluso puedes recortar trozos del vídeo de YouTube para subir a Instagram, TikTok y YouTube Shorts, con lo cual no tienes que estar creando contenido exclusivo para esas plataformas.

Tal vez lo más complicado de hacerlo así es que tú solo, hablando en YouTube, debes crear contenido suficientemente interesante como para que, cuando recortes los trozos del vídeo y los subas a las otras redes, ese material sea suficientemente viral por su polarización. Y conseguir eso en un vídeo largo es más difícil que en una respuesta a un *hater* en un comentario en TikTok.

Dicho todo esto, y para terminar, prueba a hacerlo tú mismo y publicar como hemos ido viendo en el libro. Haz durante un año un vídeo en YouTube cada dos días, de unos diez a treinta minutos cada vídeo, y un vídeo corto mínimo al día en Instagram, TikTok y YouTube Shorts, que puede ser un recorte del de YouTube, para que eso no te quite tanto tiempo. Puede ser el mismo en las tres plataformas (tienes que quitar la marca de agua si la tienen); y, si tienes negocio B2B, mete LinkedIn, X o Threads, y te aseguro que si haces esto durante un año tendrás ingresos suficientes para dejar tu trabajo actual si eres empleado y llegar a diez mil euros al mes si haces todo lo que te he contado en el libro. Y si eres empresario verás cómo generas un aumento en las ventas en tu negocio que hará que no vuelvas a dejar de publicar en redes nunca en la vida.

A la última persona a la que reté a hacerlo le dije que si no ganaba más con esto que con su trabajo le regalaba cinco mil euros. No te lo voy a ofrecer a ti porque sería imposible controlar a todo el mundo, pero lo que sí puedo hacer es ayudarte a crecer en tus redes sociales etiquetándome en @mr.madurga. Si compartes tu evolución y me gusta, lo compartiré con los demás. Empieza el reto y compartiré tus resultados tanto si me etiquetas como si publicas con el *hashtag* #metodobillionaire. Recuerda, sólo compartiré a los mejores, así que dale caña, y a por ello.

Y, por supuesto, si terminas el reto y consigues estar un año publicando, me encantaría que me contaras tus resultados para que ayuden a otras personas que estén dudando si decidirse por empezar a publicar también y conseguir dejar sus trabajos y tener una vida mejor.

Si no te odian, no lo estás haciendo suficientemente bien

Por último, y no menos importante, no quiero que te asustes cuando empieces a tener visibilidad. Cuando empiezas a tener visibilidad y creas tu marca personal en internet, estás más expuesto y tienes más probabilidades de que la gente te odie, te critique y hable mal de ti; y eso sin conocerte, así sin más, como si fuera de risa. Y, si no tienes suficientemente trabajado el carácter, te pondrás a responder a estos cabeza de algodón, y eso es lo último que tienes que hacer. Responder enfadado es lo que ellos quieren que hagas, porque así se alimentan de tu energía. Lo que hay que hacer es no responderles nada y, sobre todo, no enfadarte. Los *haters* te ayudan a llegar a más gente, y siempre van a existir. Piensa que simplemente es gente que se odia a sí misma por no estar en tu posición, y eso les duele, así que te critican para sentirse menos mal; eso es todo... A veces, yo respondo para generar un poco de interacción, pero no es algo muy recomendable, porque te quita energía, hace que te enfades y que tengas un mal día por la cantidad de subnormales que hay ahí fuera. Así que ten cuidado con eso, es algo que te pasará si llegas a tener mucho alcance. Y si no te pasa, preocúpate, porque entonces no estás teniendo alcance suficiente, o bien tus palabras no le importan a nadie, y, si eso es así, no vas a vender un colín.

Así que toma nota: que no te importe molestar, que no te importen los *haters*, que no te preocupe que te digan cosas, sino que te preocupes precisamente si no te las dicen, porque entonces no estás teniendo repercusión suficiente y tienes que seguir esforzándote más aún.

22

Te compran a ti, no tu producto

Cuando empecé con NeoAttack, mi primer negocio, pensé que lo mejor era no involucrar mi marca personal, porque así el día de mañana podría vender la empresa más fácilmente, y porque así no dependía de mí. Pero no tuve en cuenta algo. Si hubiese empezado con mi marca personal y luego hubiese pivotado a empresa, el crecimiento habría sido más rápido que si hubiese empezado directamente como empresa; además, luego siempre puedes desvincularte poco a poco de tu marca.

Bien. Algo que parece tan obvio, no lo es tanto. Pero tener presencia como marca personal en tus empresas tiene una parte muy positiva, si no mira a Elon Musk, que hoy en día es el motivo principal por el que Tesla, sin apenas beneficios, tiene la misma capitalización bursátil que el resto de las empresas automovilísticas de la bolsa juntas.

Eso es una locura, porque los inversores no están comprando acciones por el rendimiento de la compañía, sino por la confianza que tienen en Elon Musk. Apuestan por él y porque saben cómo es, y ése es el motivo por el que Tesla históricamente ha crecido tanto, no por la marca en sí.

Éste es el poder de una marca personal elaborada. Y siempre puedes crear un plan de acción en el que poco a poco te vayas saliendo como referente de la marca; pero desaprovechar la potencia que tiene una marca personal sería tirar mucho dinero a la basura. Por eso, si tienes una empresa, te recomiendo que crees tu marca personal para ayudarla a crecer; y si no tienes empresa, primero crea tu marca personal, porque te ayudará a conseguir crecer más rápido.

La gente quiere seguir a personas, no a empresas, quiere sentirse identificada, pertenecer a un grupo. Y eso es más complicado de lograr con una empresa, pero con una marca personal es enormemente sencillo.

Lo importante que tienes que entender cuando empieces es que te compran a ti, no tu producto. Y no lo digo yo; simplemente, mira a esos famosos que han sacado un producto y la gente lo ha comprado. Y, luego, han sacado otro, y sus seguidores lo han comprado también.

O no te vayas tan lejos y mírame a mí. Empecé con inmobiliaria y saqué un montón de productos relacionados, y ahora he lanzado Billionaire Code, que es una consultoría para crear y escalar negocios, y desde el minuto uno estoy vendiendo también. Simplemente porque muchos seguidores que compraron mis productos de inmobiliaria querían emprender o tenían negocios, y lo que les importaba no era lo que contuviese mi programa, sino que lo hacía yo. Es mi audiencia y me sigue por quien soy, ésa es la gracia de la marca personal. Querían que yo les enseñase cómo he conseguido vivir en una mansión, comprarme un Ferrari, tener un Rolex Daytona Platino de cien mil euros o haber viajado a más de sesenta países del mundo. Quieren mi estilo de vida, lo que yo tengo, como yo vivo. Y eso es lo que compran, la transformación. Y, probablemente, a muchos les daría igual si fuese de otra forma, porque lo que verdaderamente les llama la atención es mi vida, y la forma de justificar la compra del producto es viendo lo que contiene, pero la realidad es que el 99 por ciento de las personas que compran mi consultoría de cien euros al mes ya tenían decidido comprarla antes de ver en qué consistía por sí mismas.

Y, de hecho, actualmente no tengo ninguna *landing* donde vengan las características de mi consultoría vip, que cuesta mucho más, y la gente tampoco necesita ver en qué consiste, porque han visto todo mi contenido gratuito en e-mail y redes sociales y ya saben que les puedo ayudar, y saben los conocimientos que tengo y todo lo que he logrado con mis negocios y para mis clientes. Ésa es la verdadera potencia de crear una marca personal.

Si no tuviese marca personal, me pasaría como con muchos clientes de NeoAttack, que, al haber llegado por publicidad y no haber conocido la marca de forma orgánica, no saben tanto sobre ella y les cuesta más pagar los precios que tenemos.

Sin embargo, la gente que me compra a mí y llega por mis redes o el e-mail, jamás me va a cuestionar el precio, y mucho menos dudar de entrar, porque la realidad es que el porcentaje de cierre de clientes con esta estrategia se va a más del 90 por ciento. Ésa es la magia de trabajar tu marca personal y crear contenido gratuito diariamente en redes sociales.

Si tú eres el producto, deben conocerte

Y, para que te compren, deben conocerte. Piensa que, si tú eres el producto y no invierten en tu negocio por lo que vendes sino por ti, lo que tienen que hacer es conocerte. Por eso publico vídeos con mi día a día, mi vida, lo que hago cada día y cómo vivo. Y, sí, puede parecer un poco pesado, pero piénsalo bien... Si tú fueses a ganar tanto dinero que no te faltara nada en la vida, ¿te importaría publicar tu día a día en redes sociales? ¿Te molestaría irte de viaje con una cámara y grabar? ¿Te preocupa enseñar lo que comes, adónde viajas o cuándo haces ejercicio? Ya te respondo yo: no.

El precio por exponerse es muy bajo para el retorno que genera, así que debes exponerte. De hecho, una de las cosas que hará que más te compre no es que enseñes que tienes un Ferrari —que también (cuando lo tengas)—, sino el proceso que compartes y la persona que eres. Que empieces a grabar hoy y dentro de cuatro años puedan ver vídeos de tus inicios en YouTube hará que confíen en que efectivamente lo que haces funciona, porque lo pueden ver todo documentado en internet. ¡Tú lo subiste! Entonces, no hay nada que ocultar, simplemente funciona porque está todo subido. Y ese proceso de crecimiento documentado vale mucho más que enseñar cualquier cosa material; porque, sí, los Ferraris se pueden alquilar o los Rolex pueden ser falsos, pero los vídeos del día a día de cómo tu vida ha ido cambiando conforme has ido ayudando a la gente con tu negocio..., eso no se puede falsear. Y eso genera confianza, transparencia y autoridad.

23

Qué hacer y qué no hacer

Cuando empecé mi primer negocio no tenía ni idea de qué había que hacer y qué no había que hacer. Eso hizo que tardase dos años en conseguir diez mil euros mensuales de facturación, que serían unos dos mil o tres mil euros mensuales para mí en mi nómina.

Recuerda que años más tarde, empezando ya un negocio nuevo, en sólo seis meses estaba logrando diez mil euros mensuales de beneficio, y, si has visto mi historia en YouTube, podrás ver que en el año siguiente generé ocho millones de euros en un año empezando desde cero... ¿Esto quiere decir algo? Sí, que cuanto más sabes, más capaz eres de ganar más rápidamente. Simplemente es cuestión de conocimiento: tienes que saber qué hacer, pero también debes saber qué no debes hacer.

Mi intención en este capítulo es contarte qué sí y qué no hacer, para que tú puedas entenderlo por ti mismo y consigas ganar más dinero y más rápidamente. Y para explicártelo, voy a contarte los cinco puntos clave en un negocio, que son los siguientes: captación, producto, personas (empleados), sistemas y administración.

Estos puntos se pueden subdividir en otros, o bien en algunos negocios habrá otros más, como la logística, pero, como queremos hacerlo sencillo, lo dejamos así. Y lo que debes entender es que, para crecer, debes trabajar cada punto en orden hasta el momento en que el siguiente punto falle.

Es decir, cuando empiezas tienes que ponerte a vender (la captación). Me da igual que no tengas producto, tú tienes que vender. Cuando empecé, no tenía ni idea de marketing digital. Es más, no había hecho marketing digital en mi vida, pero lo que sí «sabía» era vender. Llevaba vendiendo toda la vida, así que me puse a ello, y cuando tuve mi primer cliente fue cuando vi cómo resolvería el tema del producto.

Y mi recomendación es no centrarte en el producto hasta que no tengas suficientes ventas, y esto lo puedes ver en negocios como el *dropshipping*, que ha prosperado precisamente por seguir este patrón: tú empiezas tu tienda online vendiendo productos de terceros, y después, cuando vendes mucho, entonces ya te creas tu propio producto y empiezas a construir el resto de los pilares. Lo mismo pasa con los servicios, contratando a otros proveedores para que lo hagan antes de empezar a hacerlo tú. Al menos si no sabes hacerlo ya desde el inicio, como era mi caso.

Una vez que ya estaba consiguiendo mis clientes y subcontratando los servicios, decidí aprender a hacerlos yo para poder tener más margen. Simplemente porque tenía que ganar más dinero y aprender sobre lo que estaba haciendo para poder escalar, así que comencé a aprender sobre el producto. Mejorar el producto en este punto hace que los clientes se queden y que comencemos a crear un negocio estable, pero si hubiésemos empezado primero con el producto sin haber vendido antes, puede que hubiésemos muerto por falta de capital.

Por eso, muchas empresas mueren antes de empezar, porque se preocupan demasiado sobre lo que van a hacer sin pensar en que primero deben tener dinero para luego poder hacer. Primero, sobrevivir; después, crear valor.

Bien, una vez que tenemos clara la captación y van entrando clientes y nuestro producto tiene sentido, empezaremos a facturar más y más. Llegados a ese punto, tenemos dos opciones: subir precios o aumentar plantilla. Antes de aumentar la plantilla, mi recomendación es siempre subir los precios, porque tener más margen te permitirá invertir más en captar más clientes, en tener más tiempo para mejorar producto y en tener más margen para conseguir un mejor equipo. En mi caso contraté demasiado pronto a mis primeros empleados, algo que no habría hecho así hoy en día.

El peor problema que te puedes encontrar aquí es que no sepas cómo subir los precios y que, cuando lo hagas, pierdas ventas. Entonces, el problema es que estás intentando vender de la misma forma un producto más barato que uno más caro, y que no se venden igual. Pero, como eso da para otro libro, imaginemos que lo consigues, que subes los precios y empiezas a contratar a gente.

El siguiente problema que tendrás es de organización o sistemas. Cuando empecé a contratar a personas y empezamos a crecer a lo bestia, hubo un momento en que la gente que entraba no sabía qué tenía que hacer; yo debía explicar todo a todo el mundo, y me empecé a agobiar. Me estresó, no tuve tiempo..., y empecé a descuidar el tema de los clientes. Todo se estaba rompiendo, y el motivo no lo entendí hasta que mi amigo Leonard Dima me explicó que tenía que crear sistemas. Los sistemas son procesos que tú has creado para cada flujo de trabajo y que las personas de tu equipo seguirán. Esos procesos deben estar en manuales, y tendrán que ir mejorándose poco a poco, y principalmente te permitirán automatizar cosas que antes hacías manualmente y delegar tareas que estabas haciendo tú y que ahora hará otra persona basándose en el sistema que has creado.

Suena sencillo, pero no lo es. Por el camino se pueden desbaratar muchas cosas hasta que consigues automatizar un negocio, pero luego es algo muy agradecido. Hoy en día, yo no hago nada en NeoAttack, y generamos más de tres millones de euros al año; es un negocio que funciona por sí solo, sin mi intervención directa (aunque con un gran equipo directivo al mando). Funciona como en piloto automático gracias a la creación de sistemas y la delegación de tareas. Y así deberían ser todos los negocios. Yo siempre digo que una empresa no es un negocio de verdad hasta que no estás al menos tres meses fuera sin coger el teléfono y no se ha estropeado nada, y, además, sigue creciendo. Ahí es cuando de verdad ves que has creado un negocio.

Bien, una vez que tengamos los sistemas tendremos que trabajar la administración. Administración, finanzas... En fin, esas cosas que a nadie le gustan. Es el último punto, y aquí, muchas veces, el empresario peca de desconfiado y le cuesta delegar el manejo de las cuentas bancarias, los pagos y cobros..., pero si no delegas esta parte, tu negocio tampoco crecerá.

Éstos son los cinco puntos que tiene que trabajar una empresa para crecer. Para saber qué tienes que hacer, simplemente debes ver cuál es el peor de los cinco y trabajar en él; así que, si quieres saber por dónde empezar, sólo debes preguntarte:

- ¿Tengo problemas de captación de clientes?, ¿el *ticket* promedio por cliente es suficientemente alto o no estoy creciendo a la velocidad que me gustaría?
- ¿Mi producto es bueno y no tengo casi devoluciones y el *feedback* de la gente es positivo, o hay muchas quejas y el tiempo de permanencia del cliente es muy bajo?
- ¿No consigo personal cualificado, o el equipo que tengo no es suficientemente bueno, o necesito más personas pero no las encuentro?
- ¿Los empleados no saben qué hacer? ¿No hay procesos claros? ¿Se los saltan o no siguen los procedimientos? ¿Tardan demasiado y tenemos sistemas muy complejos? ¿No puedo irme sin tener que supervisarlo todo a distancia, porque si no deja de funcionar? ¿La empresa me necesita para sobrevivir y crecer?
- ¿Hago las tareas administrativas yo? ¿La gente tiene claro cuándo y cómo se cobra? ¿Hay problemas en el *cashflow*? ¿Tenemos impagos? ¿Se cobra y se paga en fecha? ¿Estoy haciendo tareas que no me corresponden por miedo a delegarlas?

Digamos que este tipo de preguntas serían las que deberías hacerte. Es muy sencillo crecer, simplemente debes preguntarte cuál es el mayor de tus problemas. Si no crece la facturación, ya sabes cuál es el escollo; si crece pero hay quejas o los clientes se van rápido, ya sabes cuál es el problema; si la gente no está cualificada..., en fin, y así con todo.

Así pues, tan importante es saber qué hacer como saber qué no toca hacer. Y, bueno, aquí no termina todo. Quiero que entiendas un par de conceptos más antes de continuar, porque tal vez son cosas que suponen el mayor de los problemas de los emprendedores al comenzar un negocio.

Un día conocí a un chico que estaba emprendiendo. Estaba haciendo SEO para captar clientes y se lo veía muy motivado. Tenía buena pinta, y lo estaba haciendo bien, así que le animé a seguir así, y nos despedimos. Tiempo después me lo volví a encontrar. Ya no estaba haciendo SEO; había empezado a hacer redes sociales. «Es que el SEO no funciona tan bien como las redes», me dijo. Bueno, si él se siente más cómodo así, pues que tire por ahí. Pasó el tiempo y volvimos a vernos. Había dejado las redes sociales y estaba probando con e-mails para concertar reuniones a puerta fría. «Las redes ya no funcionan», me dijo.

Después de eso no lo volví a ver hasta un tiempo después; él había dejado el emprendimiento y estaba trabajando para una consultora. Le pregunté qué le había pasado. Se quemó por no conseguir clientes, y acabó dejándolo. Y tiene sentido, porque cometió el mayor fallo que puede cometer una persona al emprender, que es saltar de una cosa a otra continuamente. Hay personas que hoy hacen *trading*, mañana hacen Amazon FBA, y pasado mañana crean una agencia o hacen *e-commerce*. Y todo les va mal.

También hay gente que crea una agencia y hace todo lo anterior y le va mal. Y ambos tienen una cosa en común. No dedicaron tiempo suficiente.

La gracia de emprender es que necesitas dedicar mucho tiempo, con mucha intensidad, sin apenas ganar nada al principio, y confiar en que va a funcionar. Y el problema es que la gente no confía y cambia antes de tiempo. Y eso hace que nunca acabe de funcionarles nada.

No es que el SEO, las redes o los e-mails no funcionen, es que no tienes que cambiar todo el rato. Cuando empiezas, elige un negocio que te guste y que sepas que funciona, céntrate en un solo canal de captación de clientes y sigue ahí hasta que lo logres. Y, cuando pienses que no merece la pena, sigue aún con más fuerza.

Al final siempre acaba funcionando. Pero, precisamente por eso, no todo el mundo sirve para emprender, porque lo dejan demasiado pronto. La gracia está en seguir cuando todos se rinden. Y cuando eso pasa, entonces es cuando funciona. Antes no.

Así que lo que no debes hacer nunca es rendirte. Empieza con la captación, empieza a vender y no pares hasta que lo consigas. Yo, sabiendo lo que hacía, tardé seis meses enviando e-mails hasta que logré ganar una cifra decente. Y estuve enviando un e-mail al día todos los días confiando en que lo que hacía era lo correcto, porque confiaba en la formación que había hecho y en la persona de la que había aprendido esa habilidad.

Ahora, tú también lo sabes. No cometas el mismo fallo que el resto. Encuentra un mentor y sigue los pasos que te marque hasta lograrlo. Si has elegido bien, podrá ser duro, pero habrá merecido la pena el esfuerzo.

24

Vende más con SEO y contenidos

En internet hay muchas formas de captar clientes. Hasta ahora hemos hablado de redes sociales, pero en realidad la cosa no termina ahí. Digamos que lo que hemos visto hasta ahora es como llegar a la gente creando contenidos en vídeo, pero, además de eso, también hay forma de llegar a través de contenido escrito. Si bien es cierto que a la gente le gusta menos leer que ver, nunca dejará de existir la lectura, porque en muchos casos es más fácil y más rápido que ver vídeos kilométricos de información, así que es importante que tratemos aquí el SEO para entender cómo usar esta estrategia de captación de clientes para nuestro negocio.

El SEO fue lo primero que hice para captar clientes. El pensamiento fue muy sencillo, simplemente no quería ponerme delante de una cámara y prefería escribir antes que grabar. Sentía que era demasiado joven y no me tomarían en serio, así que decidí utilizar la escritura para llegar a mi público objetivo. Ojo, no lo hagas así. No hagas como lo hice yo, porque lo hice por una creencia limitante. Aplica todo lo que viene aquí, no sólo el SEO. Si haces sólo SEO, estarás limitando demasiado tu crecimiento; yo lo hice de esta forma porque no tenía ni idea de nada, no porque fuese la mejor manera de empezar.

En realidad, lo que te voy a explicar es muy sencillo, y así debes entenderlo para que puedas hacer contenidos para tu web y captar clientes también. Simplemente debes entender cómo funciona el pensamiento de tu cliente para conseguir atraerlo y que te pague, y para eso veremos los distintos tipos de cliente según su «madurez». Podemos diferenciar tres tipos de clientes de acuerdo con su «madurez»: los que no saben que tienen un problema; los que tienen un problema pero no han decidido cómo resolverlo; y los que tienen un problema y ya saben qué van a hacer para resolverlo.

Tú mismo puedes estar en esa situación al leer este libro. Puede que no sepas que tienes un problema de dinero. Puede que quieras más dinero pero no sepas cómo conseguirlo, y que estés leyendo esto para entender qué te parece lo mejor para ti. Puede que ya sepas que tienes un problema y ya sepas cómo superarlo, y estés leyendo esto para pasar a la acción.

En el SEO, los que te tienen que interesar al principio son los últimos, porque son los que ya están preparados para comprar tu producto o servicio. Pongamos un ejemplo con esto mismo. Imaginemos que quieres empezar un negocio pero no sabes cómo. Si estuvieses en ese punto, serías del primer tipo de cliente, el que tiene un problema pero no sabe ni qué problema tiene ni cómo solucionarlo, y entonces te pondrás a buscar en internet cosas como éstas:

- ¿Cómo ganar más dinero?
- ¿Qué trabajos se pagan mejor?
- ¿Cómo conseguir un mejor trabajo?
- ¿Cómo hacer que me paguen más?

Estos clientes no interesan mucho, porque no tienen ni idea de que tienen un problema y están aún un poco perdidos. Como ves, ni siquiera tienen muy claro si tienen un problema de dinero, pero lo empiezan a pensar.

En el segundo caso, ya saben que tienen un problema y ven posibilidades. Y se preguntan:

- ¿Cómo empezar un negocio?
- Trabajos extra para ganar más.

- ¿Qué necesito para empezar mi negocio?
- ¿Cómo puedo trabajar de *freelance*?
- Quiero crear un negocio, ¿por dónde empiezo?

Bien. Este tipo de clientes son los últimos que trabajaremos porque aún no están preparados para comprar. Simplemente se están informando, y saben que tienen un problema, pero no saben todavía cómo resolverlo.

Una vez que lean lo suficiente, entenderán que lo que necesitan es crear un negocio, y se pondrán a buscar cómo crearlo o incluso cómo captar clientes para empezar su negocio. Ya saben que su problema de dinero se resolverá creando un negocio, así que han decidido empezar. Probablemente, busquen cosas como esto:

- ¿Cómo crear un negocio?
- ¿Qué negocio es mejor crear ahora?
- ¿Por dónde empezar mi empresa?
- ¿Qué tipo de empresa crear?
- ¿Cómo crear empresas desde cero sin dinero?

Pero este proceso no acaba nunca, porque, cada vez que quieran hacer algo, eso volverá a pasar. Cuando terminen de ver qué montar, mirarán cómo captar clientes. Y volverán a informarse porque han descubierto qué negocio hacer pero no tienen clientes. Y entonces pensarán que no tienen clientes; luego, qué métodos de captación usar; y luego, después de leer sobre todos los métodos de captación que hay (puerta fría, LinkedIn, llamadas telefónicas, redes sociales, publicidad, SEO, e-mail marketing, etcétera), entonces decidirán cuál es el método de captación que quieren para ellos y empezarán a investigar sobre ese método de captación.

Imaginemos que eligen hacer SEO (*search engine optimization*). Es entonces cuando se pondrán a buscar:

- ¿Cuánto cuesta hacer SEO?
- Empresas de SEO
- ¿Cuánto cuesta una agencia de SEO?

- Mejores agencias SEO
- Precio de *linkbuilding*
- Etcétera

Este cliente es el que más nos interesa, porque ya está pensando en comprar, su intención es contratar un servicio, y lo tienen claro. Siempre es el que está decidido el que comprará antes.

Si está pensando en montar una empresa, pues contará con una gestoría. Si tenemos una gestoría, ése es el punto del cliente que necesitamos. Si somos una agencia de marketing, nuestro cliente ya tendrá su empresa montada, y lo que buscamos son clientes que quieran captar más clientes.

Siempre existe este proceso; es el proceso de toma de decisiones para comprar cualquier cosa, y se repite continuamente cada vez que tenemos una necesidad. Simplemente tienes que saber cuál es el tuyo y entender qué contenidos hacer para que lleguen a ti. Luego los convences de que eres la mejor opción, y no la competencia, y listo.

Bien. Si has entendido todo lo anterior, los primeros contenidos que harás en tu web estarán relacionados con este tipo de búsquedas. Lo que debes pensar es qué busca un cliente cuando ya tiene claro que quiere contratar tus servicios. Y, una vez que hemos creado todo el contenido posible relacionado con esto, vamos «atacando» al grupo dos, y después al grupo uno. Pero siempre empezamos por los contenidos más transaccionales para conseguir compras lo antes posible.

El SEO es maravilloso porque junta a personas que tienen un problema con personas que tienen la solución a ese problema, y el único inconveniente es que el contenido que tú puedas crear para resolver esa búsqueda sea el mejor y que así lo entienda el buscador, de forma que te vaya mostrando cada vez a más gente y generando así un mejor posicionamiento y más ventas en tu página web.

El principio es sencillo, y funciona, porque ésta fue la estrategia que yo usé para conseguir levantar un negocio millonario desde cero sin dinero. El único inconveniente, como cualquier estrategia que no es de pago, es el tiempo que tardas en conseguir tráfico. Pero es exactamente igual que con las redes sociales, y, para entender por qué es así, simplemente debes pensar algo: la atención es dinero. Consigue ser al que presten más atención y tendrás más dinero. Por eso, la mayor clave para posicionar contenido en buscadores es crear un buen contenido que llame la atención, un contenido que haga que la gente se quede más tiempo leyéndolo y que ayude a más personas. A cuantas más personas ayuden tus contenidos y más gente se quede viéndolos o leyéndolos, mejor será para el buscador y, en consecuencia, más los mostrará.

No es tan fácil ni tan dificil

Cuando empecé a hacer SEO, fue porque leí unos artículos en internet sobre cómo hacer SEO, y no porque nadie me enseñase. Esto fue un problema, porque tuve que confiar en que lo que había leído en un montón de sitios web era cierto y en que, si escribía muchos artículos en internet, esos artículos acabarían posicionándose en los buscadores, lo cual generaría ventas para mi negocio.

«Que suerte tenéis, porque a vosotros os dicen lo que tenéis que hacer.» Esta frase se la dije yo mismo a mis empleados cuando empecé a contratarlos. Tenía tan poca idea de lo que tenía que hacer y era tanta la incertidumbre sobre el valor del tiempo que estaba dedicando a hacer esos contenidos (que no sabía si funcionarían o no) que me pasaba días y días con ansiedad, pensando en si mi empresa iba a quebrar al día siguiente y en que, en realidad, quizá lo que estaba haciendo no iba a servir para nada.

Recuerdo volver a casa en moto y sentir el casco como una serpiente en mi cuello, apretando fuerte, sin dejarme apenas respirar, y yo bostezando por el cansancio y la ansiedad del esfuerzo por intentar mantenerme «vivo». También recuerdo llegar a comer a casa de mis padres, sentarme a la mesa y tocarme el corazón. Dolía. Y mi madre me preguntaba si estaba bien, y yo le confesaba: «Me duele el corazón, mamá».

Ese estrés de no saber si lo que estás haciendo va a tener sentido o no, y si todo lo que has hecho o que haces cada día sirve de algo, de levantarte por la mañana y marearte en la ducha mientras piensas en otro día más sin saber lo que va a pasar..., ésa no es una sensación que recomiende a nadie; por eso, en este capítulo quería contarte las claves para empezar a crear contenido sin saber nada y advertirte que, como cualquier estrategia orgánica, lleva tiempo.

Ahora está en tu mano empezar, aprender y ponerlo en práctica. Pero, si lo haces todo tal y como te lo he dicho, es seguro que funcionará.

25

Un e-mail para conquistarlos a todos

Era 2023, y llevaba captando e-mails un año entero a través de publicidad y redes sociales. Como te conté, empecé robando la lista de una de mis agencias de marketing (tengo tres, por cierto, creo que no lo había dicho hasta ahora), y eso fue bajando, porque no había tantos interesados en estas nuevas temáticas. Pero, a pesar de todo y de una gran bajada, con las redes sociales empecé a llenar la lista de nuevo y conseguí llegar a algo más decente, hasta recuperar los quince mil suscriptores.

En aquella época seguía comprando casas tanto para alquilar como para reformar y vender después, y eso tiene un problema, y es que las casas son caras, y, si compras muchas muy rápido, el dinero se agota. Y eso fue lo que me pasó. Me quedé sin dinero para invertir porque me lo había gastado todo en casas, así que en ese momento estaba estancado. Es el mayor problema que te puede pasar en el sector inmobiliario: si compras mucho y te quedas sin dinero, te toca esperar... Pero me resignaba a hacerlo, quería seguir invirtiendo y no esperar a que mis negocios generaran más para volver a comprar.

Ya hemos hablado sobre la llamada «inteligencia infinita» (en el capítulo 7) y sobre cómo el pensamiento puede crear ideas y materializarlas en realidades. Y tener una marca personal y tender a creer que eres capaz de todo te lleva a tener ideas locas. Y así fue como pasó. Me puse a pedir. Pero no a pedir como haría cualquiera, es decir, a amigos, padres, familiares o conocidos. Me puse a pedir a todo el mundo. Había decidido que sería mendigo. ¡No!, ja, ja, ja, esto último es broma... Lo que había decidido es crear una plataforma para que me dieran su dinero y después invertirlo yo, gestionar el proyecto e ir a medias.

Sin saber nada de captación de capital, como locura está genial. Pero luego no es tan sencillo. A pesar de todo, mi teoría era la de siempre... Si Elon Musk puede pedir dinero a la gente y se lo da, yo puedo hacer lo mismo, pero en menor escala. Al fin y al cabo, yo tenía una audiencia a la que pedirlo, y por hacerlo no perdía nada, así que me puse manos a la obra y les pregunté en una encuesta. ¿El resultado? Estaban dispuestos a darme varios millones para invertir. Lo vi claro.

El año de los millones

No sabía por dónde empezar, pero, como por suerte tenía conocimientos de marketing, me encomendé a mi equipo, en especial a mi amigo Dimas Bueno, un genio que resuelve todos los problemas que se te ocurran del universo. Y nos pusimos a pensar cómo podríamos hacer eso. No sabemos de esto, pero copiar se nos da que flipas, así que sólo había que ir a ver webs que hiciesen esto y hacer algo similar, adaptado a lo nuestro, y, si no se nos iba el presupuesto, mejorarlo; y si se nos iba, pues cutre, y ya habría tiempo de mejorar después.

Y así creamos la web de mi Club de Inversión 100X. Algo sencillo pero efectivo. Sólo había unos pocos problemas grandes que me preocupaban:

- Si la gente podía ver las casas gratis, no había tensión para empujar la compra/inversión.
- ¿La gente estaría dispuesta a dejar una reserva de 5.000 euros sin ver la casa?
- Si pongo la casa, pueden verla y quitarme la oportunidad,

> quedándome sin negocio y sin nada, así que hay que conseguir que compren la casa sin verla. ¿Será posible hacer eso?

Creamos la página web del club de inversión y comenzamos a pensar cómo hacerlo. Si queremos que exista tensión de compra y que no estén ahí mirando para nada, hay que pagar para que la gente pueda ver las oportunidades, así que cobraremos 120 euros al mes por estar ahí. Y, para tener un extra, les vamos a dar una formación inmobiliaria semanal, así no sienten que sólo pagan por eso, y mientras tanto van aprendiendo.

Para la reserva, pondremos que pueden recuperar el dinero sin problema. Que la reserva no los condiciona, y así no tienen tanto reparo en hacer una transferencia sin ver ningún contrato ni nada. Como la gente me conoce y sabe que no necesito su dinero y que cinco mil euros es una mierda para mí y no voy a quedármelos, no tendrán problema en dejar el dinero en depósito. Esto fue clave, porque, de no ser así, no sé si habría funcionado.

Y, por último, estaba lo de comprar la casa sin verla. Algunos sí la vieron, aunque pocos, porque, como había mucha demanda, les decía que si no la querían se la pasaba al siguiente. Fue el FOMO (*fear of missing out*) lo que hizo que la cogiesen sin verla. El truco siempre fue que había muchas menos oportunidades que personas que me querían dar su dinero, y eso hizo que, en cuanto sacaba una oportunidad, la casa se reservaba al instante. Al instante me refiero a dos o cinco minutos. Ocurría que, normalmente, el que reservaba ya se había quedado sin oportunidades anteriormente por no hacerlo, y sabía que, si dejaba pasar la oportunidad, el inmueble no tardaría nada en tener otro inversor dispuesto.

Si te das cuenta, los principios que he utilizado son los mismos que verás en este libro: gatillos mentales, dolor, audiencia y una buena estrategia de marketing. No hace falta nada más para ser rico.

Mi objetivo era conseguir que la gente entrase y pagase una mensualidad para poder asegurarme de que quien estaba ahí dentro realmente estaba interesado en invertir y que se pelearía por las oportunidades cuando las publicase, y así fue. También tenía que conseguir que hubiese menos oportunidades que personas para conseguir ese efecto de escasez y venderlo todo al momento, pero, como tenía una comunidad grande, no hubo problema en esto. Además, eso era una parte clave también porque las gangas en inmuebles no esperan por nadie, así que generar escasez era un punto muy importante en el negocio. Y, por último, tenía que disponer de una forma para poder vender todo sin necesitar un gran equipo, para así poder conseguir agilidad y poder probar si el modelo de negocio funcionaba o no.

Parece fácil cuando ya lo has imaginado en tu cabeza. Una página web y quince e-mails más tarde, tenía cincuenta personas pagando ciento veinte euros al mes dentro de mi club de inversión. Si te pones a pensarlo, en realidad sólo con la mensualidad son seis mil euros al mes, sin gastos, lo cual, sólo por haber mandado unos e-mails, no está nada mal. Recuerda que cuando empecé no logré ni eso en seis meses.

Un antes y un después en mi mentalidad

Bien. Decidí empezar a enviar e-mails tímidamente para ofrecer oportunidades, pidiendo cantidades pequeñas y buscando casas que costasen poco, porque pensé que la gente no me daría su sucio dinero para invertir. ¿Te puedes imaginar? Yo, Jesús Madurga, empresario consolidado con negocios millonarios, pensaba que la gente no me quería dar su dinero, ¿o tal vez que eran pobres y no tendrían pasta? Pues, sí, así fue. Y cada vez que lo pienso me doy cuenta de que seguro que aún me quedan creencias por eliminar de mi mente. Menos mal que las identifiqué pronto, y, por suerte, unas semanas más tarde las rompí pidiendo una reserva de cinco mil euros, porque, al principio, las primeras dos reservas fueron de dos mil euros, y funcionó. Y después hice lo mismo probando con una casa de un importe mucho mayor..., que también compraron.

Increíble. Estaba vendiendo casas sin fotos, por e-mail y en apenas cinco minutos desde que publicaba la oportunidad. La gente confiaba tanto en mi criterio que no les importaba comprar la casa sin verla, pagar sin visitarla, pagar la reforma a mi empresa de reformas y que me ocupase de todo el proceso..., para apenas ver unas fotos cuando estuviese reformada, y ya está. Ciento cincuenta mil euros, doscientos mil euros, trescientos mil euros... ¿Lo puedes imaginar? Por favor, párate a pensarlo bien. La gente confiaba en mí como para darme cientos de miles de euros sin ver lo que compraban. ¿Te puedes imaginar la potencia que tiene una marca personal? ¿La confianza que puede llegar a generar el ver contenido de una persona día tras día, e-mail tras e-mail?

Ésa es la fuerza de los e-mails y la marca personal. Yo ya sabía que eran una herramienta potente, porque había estado vendiendo mucho, pero, hasta el punto de gastar doscientos cincuenta mil euros en una casa sin verla..., eso nunca pensé que llegaría a pasar. Y, de hecho, a cualquiera que se lo cuentes dudo que lo crea. Compré decenas de casas ese año, sin reuniones, sin visitas comerciales, sin negociar con nadie..., sólo por e-mail. Mis clientes (los inversores) no me llamaban jodiendo, porque les decía que, si me tocaban los huevos, los despedía. Alguno quiso una reunión presencial, y se la negué, y acabaron aceptando sin verme siquiera. Lo hice simplemente utilizando unos malditos correos a un público que, además, pagaba todos los meses una mensualidad por conseguir esas oportunidades.

¿Y yo qué ganaba con todo esto? Bueno, cuando vendiéramos la casa, repartiríamos el beneficio al 50 por ciento, es decir, la diferencia entre la compra, los gastos, la reforma y la venta. Ése era el trato. Y nadie se quejó ni me regateó. Bueno, un día, lo hizo un imbécil al que tardé cinco minutos en mandar a tomar por culo, pero ya está. Sin duda, esta hazaña ha sido la mayor que he hecho vendiendo por e-mail; pero, para poder hacer esto, antes he tenido que trabajar sobre algunos conceptos en el envío de e-mails, conceptos que vamos a ver a continuación, para que tú también puedas replicarlos. Y ojalá vendas también muchos millones.

Frecuencia versus calidad

Un e-mail al día es mucho si no quieres vender. En serio, piénsalo bien. Cuando creas una comunidad, necesitas comunicarte con esa comunidad. Tienen que escucharte, debes contarles cosas y hacer que lean. Hoy, hay días que incluso envío dos e-mails. Si no te gusta, te vas..., es fácil.

Cuando dudes, piénsalo bien. Cuanta más atención, más compras. Sólo hay un problema con enviar un e-mail al día, y es que muchos se darán de baja. Pero da igual, no iban a comprar o tardarían demasiado en hacerlo. Cuando estoy escribiendo esto, ya llevo dos años enviando un e-mail cada día, y lo que te puedo decir con seguridad es lo siguiente: es mejor mandar más e-mails que menos y mejores.

Sí, es más decisivo enviar más correos, y que estés presente, que menos y mejores, pero también debes entender que el contenido del e-mail debe cumplir su función. Y esa función no es aportar valor, sino entretener. Así, el e-mail debe ser fácil de leer, ameno y entretenido. Y, por supuesto, hay veces que aportar valor es positivo, pero el valor está sobrevalorado. La gente quiere conectar contigo, que le cuentes tu vida, lo que te pasa, tus reflexiones, las cosas que haces y que les pueden interesar a ellos. Si escribes algo muy técnico, lo más probable es que te lea muy poca gente, porque se pueden aburrir.

Es posible que algunos lean, algunos pocos a los que les interesa algo muy técnico, pero, en realidad, para eso ya tenemos lo que sea que vayamos a vender, así que no es necesario. Lo que sí es necesario es que mandes un e-mail al día, todos los días, y que no pase de las setecientas palabras (a poder ser, mejor entre cuatrocientas y setecientas). Eso es lo que debes hacer.

Ideas que la gente quiere escuchar

Si no sabes sobre qué escribir, te voy a contar lo que la gente quiere escuchar: es irrelevante lo que la gente quiera escuchar. Es irrelevante, en serio; deja de pensar en mierdas de qué escribir y qué no escribir. Lo que debes hacer es contar cosas que te pasen, y contarlas de una forma que resulte interesante. Igual que las historias de Instagram. Es exactamente lo mismo, pero con más alcance, porque, en Instagram, el contenido lo controla la plataforma, mientras que en e-mail nadie te limita el contenido. Un ejemplo:

E-mail: Tus resultados son causados por...
Decía en Instagram el otro día lo siguiente:
«Tus resultados son causados por tus pensamientos».
Y la explicación es sencilla.
Mira.

Pensamiento positivo vs. negativo.
Puedes pensar: «¿Y si me sale mal?».
O pensar: «Me va a salir bien».
¿Tú crees que en ambos casos operas igual?

Ya te digo que no.
En un caso operas desde el miedo.
En otro operas desde la convicción, la seguridad.
Y es muy distinto.

Porque, cuando operas desde el miedo, operas con cuidado.
Operas sin arriesgar, tímidamente,
dejando las puertas abiertas
por si acaso sale mal.

No lo das todo como cuando dices: «Va a salir bien».
Si tienes la convicción de que va a salir bien,
los resultados serán mucho mayores.
Porque no dejarás puertas abiertas y darás el cien por cien.

Simplemente, no hay comparación.
Es como el día y la noche.
Por eso, la mayoría no tienen resultados.
Porque ni siquiera confían en lo que están haciendo.

Confía en lo que haces.
Confía en ti, y da el salto.
Si tú mismo no confías en ti,
cómo lo van a hacer tus clientes.

Simplemente, lo que piensas afecta a tus decisiones;
tus decisiones, a tus actos;

tus actos, a tus resultados.
Si un cliente ve que dudas, más va a dudar él.

Y, si quieres aprender a vender en historias a lo bestia,
mejor echa un vistazo abajo.
Si tienes convicción en lo que haces,
esto me lo agradecerás...
Vende en Instagram a lo bestia incluso con pocos seguidores.

P. D.: Hasta el domingo a las 23.59 horas.

Como ves, cualquier tema puede ser susceptible de escribirse. Yo he escrito sobre la lluvia, sobre política, sobre la mentira del feminismo o sobre los hombres que últimamente son unos blandos sin testosterona con los huevos encogidos.

La realidad es que, escribas lo que escribas, simplemente debes ser tú y debes reflexionar siendo tú. La gente que no se sienta identificada se irá, y la gente que sí se sienta identificada se quedará. Y ésos acabarán comprando. Recuerda, sólo hay dos tipos de suscriptores. Los que se van y los que compran.

El dolor nunca te gustó tanto

Te he mentido. En realidad, sí hay cosas sobre las que sí es importante escribir, pero la realidad es que puedes vender sin hacerlas. Esto es simplemente para darle un empujón a tus ventas, porque al final es igual que en cualquier otra venta: tienes delante a un ser humano con miedos, problemas, objeciones y... dolores.

Así que tienes que hablar sobre eso también. Si hablas sobre un dolor que tiene alguien, puedes contar una historia, por ejemplo, sobre lo triste que estabas cuando no tenías dinero y no podías ayudar a tus padres y lo mal que lo estaban pasando. O puedes hablar sobre el problema que tuviste cuando comenzaste tu negocio con la captación de clientes y lo mal que se pasa por no saber captar (si vendes sistemas de captación); o bien sobre la excusa que ponías de no tener tiempo para estudiar o para sacar adelante tu negocio por miedo a que saliese mal o por pereza.

Al final, esta conversación es unidireccional, y trabajar cada uno de estos puntos irá haciendo que vayas desgranando distintas objeciones de cada persona de tu lista, resolviendo dudas, arreglando problemas y preparándote para la venta atacando su dolor. Veamos un ejemplo de cómo atacar el dolor del tiempo para vender:

> *E-mail: Sólo el 3 por ciento de las empresas tienen esto...*
> ¿Para qué quieres el dinero?
> Todo el mundo lo quiere para algo:
> más tiempo con tu familia o para ti,
> más viajes, comprarte un coche caro.
>
> Seguro que lo quieres para algo.
> Ahora, piénsalo bien, en todos los casos.
> ¿Qué necesitas para disfrutar de ese dinero?
> ¿Lo tienes?
>
> Tiempo, ésa es la clave.
> Porque puedes tener mucho dinero, pero sin tiempo...,
> da igual cuánto tengas.
> No vale para nada.
>
> A mí me gusta viajar; he visitado al menos cinco países nuevos cada año.
> Pero antes no tenía tiempo para hacerlo.
> Sí dinero, mucho dinero.
> Como para poder viajar el año entero sin parar.
>
> Pero necesitaba tiempo para poder llevar el negocio
> y que no quebrara.
> Ésa es la diferencia entre una gran empresa y una pequeña.
> La libertad del fundador.
>
> Y, bueno, si mañana quieres venderla, vale más si funciona sin ti.
> Eso también.

Y por eso mañana vamos a aprender a hacer esto.
A crear negocios escalables que no dependan de ti.

Que te permitan tener más tiempo para pensar y ganar más, o para estar con tu hija, o para viajar.
Pero que tú decidas qué quieres.
O hacer como yo: ganar más y tener más tiempo.

Te lo cuento mañana.
Y si entras hoy, te perderás una de las lecciones más valiosas, una que podrás aprender en cualquier sitio.
Porque esto no lo enseñan en las universidades.

Si no quieres perder esto.
Haz clic abajo y nos vemos dentro.
Cómo escalar tu negocio y crecer como hacen las empresas más grandes.

P. D. 1: Hasta hoy a las 23.59 horas; luego no podrás ver esta lección.
P. D. 2: 100 euros al mes y te das de baja cuando quieras.

Y, por supuesto, si quieres cerrar y estás enviando e-mails de venta para cerrar, no debes olvidar los cinco gatillos mentales que te ayudarán a finalizar tus ventas: escasez, aversión a la pérdida, urgencia, exclusividad, novedad, autoridad, prueba social y beneficio. Luego los veremos...

Eres su amigo, no un tieso

El principio básico de creación de comunidades es que si hablas como un gilipollas nadie querrá ser de tu comunidad. Bueno, tal vez algún gilipollas, pero normalmente ni eso. Y es muy sencillo; si lees mis e-mails, verás que la forma en la que hablo es como hablarle a cualquier persona que conociese, y hay que hacerlo así precisamente por eso, porque queremos conectar con la gente.

Piensa en cómo sería un e-mail que alguien recibiera de un amigo. Pues así debe ser el tuyo. Y me da igual si te diriges así a empresarios o directivos; yo lo hago, y muchos tienen empresas que generan millones cada año y no se ofenden porque diga palabrotas o porque les hable como a mí me apetezca. De hecho, si alguien se ofende es mejor que se vaya, porque esa persona chocaría conmigo como cliente.

Por eso es tan importante que lleves tu marca a todos lados; y no sólo en las redes sociales, sino en e-mails, pódcast, radio o televisión. Debes ser igual en todos lados, coherente con quien eres y sin ocultarte. La gente no quiere seguir a personas que en cada lugar son distintas, sino a alguien al que de verdad admira por su coherencia y que se comporta como una persona normal, no como un extraterrestre que usa palabras raras.

Podrás ver si estás haciendo esto bien cuando la gente empiece a responder a tus e-mails. Ahí te darás cuenta de que, efectivamente, sienten conexión contigo y de que tu mensaje les llega. Y, por supuesto, ahora que sabes todo esto, simplemente imagínate replicándolo. Imagínate creando tu propia comunidad, imagínate enviando un e-mail al día y pudiendo generar semejante movimiento de gente. Imagínate todo lo que podrías hacer para tu negocio y lo fácil que sería escalar y ganar mucho más.

Y ahora es el momento de abrir una cuenta en alguna herramienta de e-mail marketing. Elige la que sea, ya tendrás tiempo de cambiar si no te gusta. Recuerda, lo importante es empezar lo antes posible. Cuanto antes empieces, antes tendrás resultados. Y si quieres ver cómo hago yo mis e-mails, te dejo aquí abajo el enlace para que te suscribas a mi newsletter.

26

La crítica es parte del éxito

No hay persona que tenga éxito que no sea criticada en algún momento, o bien en muchos momentos; así que, bueno, debes esperar que te pase. No es algo agradable, pero es mejor que te lo diga ya y te cuente por qué no debería importarte y por qué deberías alegrarte cuando empiecen a hacerlo. Es sólo cuestión de números. Simplemente, si no te conocen, nadie te critica, así que, cuanto más lo hagan, más visible eres. Enhorabuena, lo estás haciendo bien. Y, sí, da igual que no promuevas la polarización, porque te va a pasar. Incluso las personas que menos puedes esperar, y con un discurso menos polarizado y más amigable, son criticadas por lo que sea.

No podemos dejar de hablar del caso de una persona que se hizo viral; se llama Roro (@whoisroro), y se hizo superviral siendo una persona amable que no se metía con nadie. Pero hacía algo que molestaba a algunas personas, bueno, les molestaba porque le tienen envidia, está claro. Cualquier hombre querría una mujer así, de modo que a muchas mujeres les duele, y por eso hablan mal de ella. Si no la conoces, te lo cuento... Roro publicaba vídeos cuidando de su pareja. Y eso, aunque es algo bonito, y aunque son vídeos que los hacía con muchísimo amor, levantaba envidias en otras mujeres que no lo hacían y a las que les parecía mal que ella lo hiciera, personas que decían estupideces sobre el patriarcado y cosas así. Fíjate qué cosa más tonta, simplemente por querer a su novio y cuidarle y hacer vídeos preocupándose por él, que tenga que soportar que otras personas la insulten llamándola sumisa, esclava y cosas similares.

Como ves, da igual lo bueno que seas o lo bueno que sea tu discurso, siempre vas a ofender a alguien con él. Y, si muestra mucha polarización, pues todavía más fácilmente ofenderá. Así es la vida, y así debes soportarla. Y puede que, llegados a este punto, pienses que no merece la pena, que hacer esto no compensa y que es una tontería exponerse de esta forma en internet si lo que vas a recibir son insultos de este calibre. Si piensas eso, piénsalo bien.

Tesla tiene una cotización mayor que todo el resto de las empresas automovilísticas juntas. Esto se debe simplemente a Elon Musk, porque la gente apuesta por él, porque lo conocen, porque confían en su forma de gestionar el negocio y en sus decisiones, porque él se ha hecho una marca en internet. ¿Sólo eso? No, todo eso. No sé decirte cuánto más vale la empresa simplemente porque él se exponga, pero es una barbaridad, eso te lo puedo asegurar. Tanto consigue Musk que es imposible no pensar en hacer lo mismo. Está pagadísimo. En serio, pagadísimo. Sólo hay un pequeño porcentaje de personas que desprecian la fama después de probarla; lo hacen, sencillamente, porque no pueden con ello. Pero normalmente a todos les gusta, y la prefieren porque aumenta sus ingresos en todos sus negocios, y no sólo eso, sino que te abre puertas. Con fama puedes acceder a personas y lugares donde de otra forma no llegarías. Ser conocido te abre una puerta que no te abre nada más, y eso es poder y dinero, mucho más de ambos.

No tenemos que irnos a un caso muy lejano. A Florentino Pérez no lo conocería tanta gente si no fuese el presidente del Real Madrid Club de Fútbol, pero resulta que lo es, y gracias a eso ha conocido a muchísimas personas que de otra forma no conocería. Ése es el punto de la fama. Algo que, si sólo fuese multimillonario, no tendría. Casi nada.

Y, bueno, si llevamos el tema a lo pequeño, te puedo decir que, si yo no hubiese tenido una marca personal, no habría podido sacar el libro más vendido de España en Amazon durante toda una semana, que fue *El precio del dinero: secretos de un inversor inmobiliario millonario*, ni tampoco habría podido levantar millones de capital para invertir mandando e-mails el año pasado. Imagínate el valor que tiene todo esto que sé que, simplemente por mi marca personal, estoy seguro de que si me quedase arruinado podría pedir dinero y miles de personas me lo dejarían sin dudarlo. Es más, sé que se pelearían por dejármelo, porque ya ha pasado. Imagínate el poder que tiene la fama.

Pero, por otro lado, la contraparte es que hablarán mal de ti. La gente débil responde al éxito de otros atacando. Simplemente al convertirte en alguien mejor que ellos hablarán mal de ti incluso aunque hagas cosas buenas. Esto pasa porque, en realidad, no tienen nada que argumentar, simplemente te atacan a ti porque no hay nada que decir en tu contra. Esto se llama argumento *ad hominem*, o falacia *ad hominem*, que simplemente consiste en responder al argumento de alguien atacándolo a él, a su persona. Es muy típico de los perdedores, porque algo que los suele definir es que son un poco cortos de miras, así que ni para argumentar sirven.

Imagínate si critican por criticar que hasta lo hicieron contra Amancio Ortega cuando éste regaló no sé cuántos millones en España, allá por 2017. Salió en todos los periódicos, fue algo muy hablado por la gran cantidad que supuso. No me acuerdo bien, pero tal vez fueron más de trescientos millones o algo así (y, según parece, ha ido aumentando enormemente esas donaciones), que regaló para la sanidad pública española. Pues bien, hubo medios y políticos que saltaron diciendo que, claro, que lo había hecho para deducirse el gasto en impuestos. Imagínate hasta qué punto llega la estupidez humana que hasta te van a criticar porque regales dinero con fines públicos. Y, bueno, es estúpido porque, aunque se deduzca eso como gasto, está perdiendo todos esos millones. Si los declarase como beneficio, sólo pagaría un 25 por ciento de ese dinero. Es decir, que se quedaría alrededor del 75 por ciento restante para él. Así pues, dime tú qué sentido tiene que critiquen que se los puede deducir y que haya hecho eso para reducir su fiscalidad. Efectivamente, no tiene ningún sentido, y pensar eso es de «primero de retraso mental», pero, como siempre hay tontos en todos lados, llegó uno y lo escribió en internet, y ya todo el mundo empezó a criticarlo. Especialmente parece que les molestó el gesto de Ortega a todos los socialistas resentidos a quienes les duele que una persona trabajadora gane tanto y que encima les vayan a curar con el dinero que ha regalado porque ha querido ayudar a los demás.

De modo que, sí, aunque hagas cosas buenas o malas te van a criticar. Te criticarán por regalar, por no regalar, por hacer y por no hacer, por decir y por no decir. Así que la fama tiene un precio muy alto. No puedes ver el periódico ni ver la televisión ni leer los comentarios de las publicaciones de redes. Vaya por Dios, ¡qué pena! Eso es todo. Así no ves lo que miles de imbéciles dicen de ti y vives más feliz. Punto.

Ah, y tampoco podrás salir a partir de cierto punto a la calle y a hacer cosas como cualquier otra persona; pero eso tampoco tiene nada de malo. Imagínate que gracias a la visibilidad que has creado en redes sociales ganas cien veces más o que tu negocio se ha multiplicado por veinte en dos años. ¿Tú crees que te importaría? Es que te da para vivir en una casa que tenga todo, hacer todos tus viajes en vuelos privados y juntarte con gente que esté a ese nivel para que no te persigan cuando vas a lugares públicos. Al final, tú cambias tu vida y te adaptas, y no sufres tanto, créeme..., que en avión privado se va muy bien, te lo digo por experiencia.

Así que, bueno, cuanto más visible seas, más te van a criticar. No se puede acceder a los niveles más altos de éxito sin pasar por ahí. Es algo estadístico, cuanto más subes, más gente te odiará, opinará, te dirá qué hacer y cómo hacerlo. Criticarán tu forma de hablar, de decir las cosas, de criar a tus hijos..., y, si te ven mear, también criticarán eso. Pero, descuida, siempre será gente que tenga un menor nivel de éxito que el tuyo, así que tampoco tienes que hacer mucho caso; o al menos no más que a alguien que no conoces, que te cruces por la calle y que se pare a decirte cómo tienes que hacer algo. Es el mismo caso.

Si después de todo esto no ves las ventajas de ser conocido y cómo esto puede multiplicar en tiempo récord tu capacidad para vender tus negocios, comprar otros, hacer contactos, ganar más dinero y no arruinarte nunca, pues entonces está claro que las redes sociales no son lo tuyo. Lo mismo debes plantearte hacer SEO o esconderte detrás de tu marca..., y listo; pero, créeme, tardarás mucho más en generar lo mismo, muchísimo más.

Las críticas se responden así...

Como te decía, a las críticas no debes hacerles caso, y mucho menos responderlas. Veo a menudo a personas respondiendo en redes sociales a los *haters*. Eso no tiene sentido, entrarías en una vibración muy baja, odiando a la gente y con rabia e ira por todo lo que te están diciendo. Y, sí, puedo entender que al principio es difícil, por eso es mejor no leer lo que ponen los comentarios o lo que dicen los periódicos, porque sólo atraerá malestar a tu vida. En lo que te enfocas, se expande, y si das importancia a eso se hará más grande y te hará daño. Lo que sí que debes hacer, es usar esa atención que te están prestando para darles donde más les duele. Es decir, ganando más dinero.

Si un periódico o la televisión pública emite algo hablando mal de ti, lo que debes hacer es un directo en redes sociales para captar a todos esos nuevos visitantes a tus redes y que vean cómo eres de verdad. Hay que seguir publicando, e incluso publicar mucho más. Te acaban de exponer a un montón de gente nueva, así que utiliza esa exposición para que vean más de ti. Impúlsate gracias a sus canales de difusión, y nunca entres a debatir. No entres a debatir con ellos, ni a pelear. Eso te quitará energía. Me costó mucho aprenderlo, no la cagues como hice yo en algún momento. Lo que debes hacer es convertir lo que puedas de su audiencia en tus seguidores y seguir haciendo tu trabajo de ayudar cada vez a más y más gente con lo que sea que vendas. Así es como se derrota a los *haters*, haciendo cada vez más acciones de captación, haciéndote más viral todavía y enseñándoles que usas su audiencia para ganar cada vez más dinero.

Y, por supuesto, créeme, no hay nada que les joda más a los *haters* que ver que cada vez te va mejor y que no entras al trapo ante sus comentarios. No entienden cómo puedes tener esa indiferencia hacia todo ese odio, porque ellos no la tendrían, y tú demuestras una vez más que estás preparado para seguir subiendo de nivel. La indiferencia es la mejor de las respuestas, y siempre acompañada de más acciones virales y más estrategias de captación. Ésa es la respuesta que debes dar a la crítica siempre. Recuerda, si no lo haces así, te pasará factura.

Dar sin esperar nada a cambio

Las personas que dan más durante su vida son más felices y ganan más dinero. Ya has visto que las emociones predominantes para atraer éxito a tu vida son el amor, la alegría y la aceptación, así que eso es lo que debemos lograr en nuestra vida. Por eso quiero hacerte una pregunta: ¿ayudarías a un desconocido con algo que no te costara nada y que le hiciera muy feliz? No es una pregunta trampa, piénsalo bien.

Bien, como sabes, mi misión es ayudar a que cada vez haya más gente que sea feliz, gane más dinero y emprenda, y conseguir que mi mensaje llegue a más personas. Por eso quería parar un momento para pedirte algo... Como sabes, la mayor parte de la gente juzga los libros por sus reseñas y su portada, por eso quería pedirte ayuda dejando una reseña de este libro.

No cuesta nada, tardarás apenas unos segundos, y a mí me ayudarás mucho, con lo cual yo podré seguir ayudando a otros; y no sólo te lo pido para mí, sino para otras personas que necesiten un empujón para salir adelante y no sepan cómo hacerlo. Tu reseña puede ser la diferencia entre que alguien tenga una vida mejor y más feliz, que tenga éxito y que su emprendimiento funcione o que siga buscando ayuda sin conseguir encontrarla.

Si lo estás escuchando en audiolibro, en Kindle o en Amazon, es sencillo, vete a la plataforma y haz clic en el apartado de valorar. Créeme, tu reseña cuenta, igual que cada acción del día para llegar a tus metas.

Y, antes de continuar, simplemente quiero darte las gracias, siempre es de gran ayuda encontrarse con personas que están dispuestas a ayudar a los demás. Y, para demostrarte mi agradecimiento, en los próximos capítulos voy a compartir contigo mis mayores secretos para que puedas aplicar el Método Billionaire y consigas unos resultados que jamás habías podido imaginar.

Y si crees que este libro le puede ayudar a otra persona y, además de una reseña, quieres hacer algo más, hazle saber del libro para que él o ella también puedan utilizar este método único.

Parte 3

Vende como las leyendas para poder tener una vida legendaria

27

Antes de empezar con la venta

Tal vez sepas algo de ventas, o tal vez no. Me da igual, pero debes entender varias cosas importantes que harán que vendas mucho más. Son principios de las ventas que hacen que tú seas mejor vendedor que el 99 por ciento de la gente, incluso sin saber vender; y todo ello está relacionado con la Metodología Billionaire.

Porque, sí, la gente no sabe vender. La gente hace que las ventas parezcan un departamento de inútiles intentando hacer algo con su vida pero sin apenas poder conseguir que se les levante. Es muy triste, y se debe, simplemente, a que la mayoría acabó ahí porque no tiene estudios o no sabía qué hacer, cuando en realidad es el departamento más importante y en el que más dinero puedes ganar en cualquier empresa del mundo, ¡y con diferencia!

Aquí te voy a enseñar cómo superarlos a todos. Y, oye, si tienes un negocio y aplicas esto, también tus ventas van a multiplicarse si pones en práctica este sencillo manual de ventas. (No hace falta que me des las gracias.) Pero como todo en este libro, si no sigues lo que te digo al pie de la letra, pasarás por delante y pensarás que no es importante o que no es necesario, y entonces no servirá para nada. De hecho, es posible que juzgues lo que vas a leer, que lo creas, que no lo creas, que pienses que no funciona para tu negocio, para tu sector o para tu producto. Antes de que eso pase, déjame decirte que sí funciona. Adáptalo si ves que hay algo que adaptar, pero no seas tan ingenuo de pensar que no funciona, porque lo he usado en tantos sectores y con tantos productos que puedo decir tranquilamente que funciona y funcionará mientras el ser humano siga siendo un ser racional.

Así que vamos al tajo, y, como siempre, empezamos por lo que menos te va a gustar de todo: la estadística.

Venta masiva versus venta mediocre

Digo mediocre para no hacer llorar a nadie, porque a este paso me van a vetar el libro en la mitad de los países del mundo, y es que estamos muy sensibles hoy en día, y parece que todo ofende a los pobrecitos ciudadanos de este planeta. Espero que tú no seas uno de esos con piel tan fina, porque esto es tan sencillo que ganar dinero te va a parecer estúpido.

Para que lo veas claro, el dinero es cuestión de estadística. Cuanto más te ven, más puedes ganar. Pero pasa igual ligando, simplemente, las mujeres no van a ir a la puerta de tu casa a buscarte si ni siquiera saben que existes. Es que..., no sé, es de lógica.

E igual que con las mujeres, si eres feo, pues tus probabilidades bajan. ¿Y sabes qué tendrás que hacer? Entrar a más tías, ser más elocuente y ganar con una conversación fluida y con confianza. Y lo mismo pasa en las ventas. Si tu producto o servicio es nuevo y no lo conoce ni Dios, eres el patito feo de la clase. O empiezas a hacerte hueco o nadie te va a comprar a ti. Así que apúntatelo y grábalo en tu mente: cuanta más gente te vea, más fácil será que vendas y que te conozcan. El número de impactos importa, y no importa porque sí, importa por estadística.

El problema de la gente es que tiene miedo al rechazo. Tienen miedo a poner un precio alto y que les digan que no, así que lo bajan. Tienen miedo a presentar una propuesta y que les digan que no, y no la presentan. Tienen miedo a que les cuelguen el teléfono, y por eso llaman menos, o mandan menos e-mails o hacen menos vídeos.

Tu problemita con el fracaso hará que el número de acciones que hagas sea mucho menor del que realmente eres capaz de hacer. Te quedarás pensando ocho horas qué cojones vas a decir en la conversación por teléfono, en lugar de llamar y ya está. Total, esa persona no tiene ni puta idea de quién eres; llama ya, joder. Y lo mismo con los vídeos. Si nadie te ve y acabas de empezar, ¿qué coño piensas que va a pasar? Y, oye, si se ríen de ti, pues aprendes, ya eres mayor como para entender que los comentarios de alguien que no tienes ni idea de quién es no te deben importar absolutamente nada. Puedo entender que ahora mismo te moleste, y entonces es algo que tendrás que trabajar. Pues trabájalo. ¿Sabes cómo se trabaja? Cogiendo el teléfono y llamando. Porque no va a haber mejor conversación en tu cabeza que la que tengas de verdad. Porque es la mejor forma de ver qué te dicen, de aprender y de mejorar. Hacerlo, y ya.

Y, cuando empiecen a llegar clientes, presenta esas propuestas, no tengas miedo de ser rechazado y genera tantas como sea posible. Todo es cuestión de estadística.

Si te jode que te rechacen es por esto

Y, bueno, esto lo aprendí hace tiempo de Monge Malo (mongemalo.com). Es un vendedor al que escuché decir algo muy interesante y que no tiene desperdicio; más o menos, él dijo que, si te jode perder una venta y tienes miedo a que te rechacen, no es porque tengas miedo al rechazo, sino por ver que no te quieren lo suficiente. No, no fue así como lo dijo, así lo digo yo. Más bien, él dijo: «Si tienes miedo a que te rechacen es porque no tienes suficientes propuestas». Pero si no tienes suficientes propuestas es porque no te quiere tanta gente, ¿no crees? En el amor pasa lo mismo, si eres un tío que tiene mil posibilidades es bastante probable que no te preocupe el rechazo, pero si eres feo, gordo y tartamudo, tu única bala la conservarás como si fuese tu bien más preciado, porque no sabes si vas a poder meterla de nuevo en tu vida. Y no tengo nada contra los gordos, tartamudos y feos, eh, que siempre hay un roto para un descosido; lo que quiero decir es que, como tu autoestima estará por los suelos, te costará mucho más ponerte a llamar a clientes, aceptar que tus estadísticas son una mierda y buscar hasta encontrar otra posibilidad.

Es ley de vida; por eso siempre es mejor ir a un logopeda, ponerte en forma y hacerte unos arreglos estéticos; o también leer un libro sobre cómo ganar más dinero, eso también te ayudará. Sea como sea, si no tienes suficientes propuestas es porque no estás haciendo suficiente o no has esperado el tiempo suficiente. Normalmente serán ambas cosas, pero es bueno que lo tengas presente para que, ahora que estás a tiempo, dupliques tus esfuerzos.

Hemos quedado en que, si te das un año siguiendo este plan, no sólo mejorarás tu economía, sino que conseguirás lo que sea que quieras en tu vida, desde una mejor pareja, ser más carismático, adelgazar o lo que quieras. Vale para todo, tienes los conceptos clave en este libro para poner en práctica todo lo que necesites, incluso dejar de tartamudear. Créeme, estoy cien por cien seguro de que, si lo sigues al pie de la letra, lo conseguirás, pero debes confiar en ti mismo y en tu capacidad de alcanzar lo que te propongas. Yo no soy más listo que tú, eh; pondría una foto mía de pequeño por aquí para que te rías y veas que era muy feo, con baja autoestima y sin futuro, pero te tiene que servir con imaginarme y saber que no te miento, porque es verdad, y me la suda. Ahora tengo mi vida soñada, una familia increíble, mi mujer es modelo y yo soy rico. Y me hace muy feliz saber que he sido yo el que se la ha currado, no ha sido regalada.

Y, bueno, ahora que ya tengo a toda la comunidad friki en mi contra, podemos continuar con el libro. Aún me quedan algunos más con los que meterme. O sales de aquí siendo una leyenda o no habrá servido de nada todo esto, así que lo vamos a lograr. Ésa es mi misión.

Y, ya sabes, si no has empezado aún es buen momento para volver atrás en el libro y empezar a poner en práctica todo. Coge un cuaderno y empieza a aplicar lo que has leído. Los libros no se miden por la cantidad que lees, sino por la cantidad de lo que aplicas de ellos.

28

El dolor, el miedo y las objeciones

Todo el mundo tiene un dolor. Cuando hablo de dolor no me refiero a un dolor físico, sino a algo que por dentro le remueve a la gente. Algo que se quiere conseguir, que se anhela lograr pero que no se consigue. Algo que, por encima de todo, se ansía en la vida. Ése es el dolor, y no sólo se tiene necesariamente uno siempre igual, sino que ese dolor puede tener varias formas en distintos aspectos y fases de la vida. Incluso hay personas que piensas que lo tienen todo, pero también tienen dolor; incluso en algo que parecería imposible que tuvieran dolor, también lo pueden tener. Todos tenemos dolores, y el dolor es importante para los negocios, porque, cuanto más grande sea el dolor de un cliente, más fácilmente va a comprar y más dinero va a depositar en tu cuenta para que le ayudes a resolverlo.

Entonces, todos tienen un dolor; incluso quien piensas que no lo tiene también lo tiene. Y ahora entenderás esto, pero antes quiero que te hagas unas preguntas importantes:

- ¿Qué pasaría si emprendes y pierdes todo tu dinero?
- ¿Qué pasaría si la empresa donde trabajas cierra y no pueden pagarte?
- ¿Cómo te sentirías si no pudieses proveer a tu familia?
- ¿O si no tuvieras dinero para vacaciones?

- ¿O si no pudieses pagar medicinas para tus hijos?
- ¿O si no ganases ese dinero que necesitas y que es tan importante para ti?

Si te has sentido identificado con alguno de los puntos anteriores, probablemente, el sentimiento sería de frustración, tristeza, rabia, ira... Ése es el dolor. Y si entiendes a quién te diriges, puedes saber cuál es el dolor que tiene y podrás comunicarte mucho más fácilmente con esa persona, porque empatizará, y la venta será mucho más sencilla.

Por ejemplo, probablemente, las personas que lean este libro tendrán un dolor relacionado con el dinero. No ganas tanto como te gustaría, eso es seguro. Y quizá has intentado cosas para cambiar eso, pero sin éxito. Me da igual si tienes un negocio o no; pero lo has intentado y no estás teniendo los resultados que esperabas, por eso estás buscando respuestas. Eso es conocer a tu público objetivo. Conozco tu dolor y puedo saber qué quieres y darte lo que necesitas. Y, sí, todos tienen dolor, incluso yo. Tengo mucho dinero, pero mi dolor es que quiero ganar dinero más rápido y quiero trascender por ser una persona que ayudó a millones a mejorar su vida. Así que, si alguien tuviese un producto y viese que puede ayudarme en eso y tuviese autoridad, si me transmitiese confianza y yo viera que está en el punto de poder ayudarme, seguramente lo compraría y me gastaría decenas de miles de euros sin ningún problema en comprarlo, porque mi dolor es muy grande. Haré lo que tenga que hacer (legalmente) para conseguirlo.

Si conoces a tu público objetivo entenderás sus problemas. Y podrás explicarles que tu producto resuelve esos problemas:

- No consigo más clientes.
- No sé por dónde empezar mi negocio.
- Estoy atascado en facturación.
- No tengo ideas para emprender.
- Me cuesta tener constancia.
- No tengo dinero para emprender.
- No sé qué negocio crear, no se me da bien nada.

- Me siento solo y no sé a quién consultar sobre estos temas.
- No consigo contratar a gente competente.
- La empresa depende demasiado de mí.
- No tengo vida y me paso el día apagando fuegos.

Entiende sus problemas para crear un producto que les ayude con ello. A la gente le da igual las características de tu producto, lo que quieren es saber que tú les puedes ayudar y que resolverás sus problemas. La manera en que lo hagas es indiferente, créeme. Eso está en un segundo plano, y ellos lo analizarán para entender lo que compran, pero la decisión ya la tomaron cuando vieron que podías resolver sus problemas.

Cuando me compran, les da igual lo que vendo

Cuando la gente compra mi programa Billionaire Business, no miran ni siquiera lo que vendo o las características. Saben el precio y saben que les voy a ayudar, porque, por todo lo que han visto y leído de mí, entienden que puedo ayudarles. Saben que resuelvo su problema, y ése es el motivo por el que compran. Debes entender esto, porque muchas personas se empeñan en vender las características de su producto o servicio. Eso le da igual a todo el mundo, la gente compra una transformación. Compran aliviar su dolor y justifican con la razón lo que sea que hayan decidido.

Es más, yo, si alguien duda y quiere reunirse conmigo para entrar en la compra, le digo que no, que, si duda, no soy la persona que está buscando. Y es lógico: si duda es porque no me conoce suficiente, y entonces me va a dar problemas seguro, porque no va a saber que si me toca los huevos lo mandaré a la mierda y le devolveré su asqueroso dinero.

Y esto no es chulería, es como funciona la marca personal. Piénsalo bien, simplemente mira mis contenidos en internet, y verás cuántas veces he hablado de lo que incluyen mis servicios. Ni siquiera aquí lo voy a hacer, porque sé que quien quiera emprender o hacer crecer su negocio no necesita saber qué tienen mis programas para saber que les puedo ayudar. Ya les he dado lo que necesitaban. De hecho, muchos aplicarán lo que viene aquí y ganarán dinero, y cuando se atasquen vendrán para que les ayude. Así funcionan las leyes universales. Da sin esperar nada a cambio, porque, si lo haces, recibirás.

Y luego vienen los miedos

Bien. Ahora imaginemos que todo sale bien y resuelves sus problemas, es posible que salgan a flote los miedos. Los miedos son aquellos que hacen que la gente se quede paralizada a pesar de tener un dolor y reconocer que tiene un problema para resolver ese dolor.

Normalmente, quienes tienen un miedo muy grande, pasarán todo el tiempo que sea necesario en ese mismo punto hasta que el dolor sea más grande que el miedo. Ya lo hemos hablado antes; en el primer capítulo te dije que si tu situación no te dolía lo suficiente no moverías el culo. Bien, para nuestros clientes es lo mismo, y por eso les apretamos donde les duele (sin hacer daño), porque así es como pasarán a la acción. Piénsalo bien. Por eso hay tanta gente ganando bien, aunque no todo lo que les gustaría, y no hacen nada por cambiar eso, porque no están suficientemente mal como para pasar a la acción, y, hasta que no les pasa algo que les hace necesitar más dinero, no se deciden a hacer un cambio en su vida.

Lo mismo pasa con la salud, con el amor..., da igual. El ser humano siempre sigue el mismo patrón. Si no estoy suficientemente mal, prefiero estar como estoy, porque es más cómodo que hacer algo y cambiar. En esos casos, el miedo es lo que habla por ellos. Y es por eso por lo que debes conocer los miedos de tu público objetivo:

- Miedo a la pobreza
- Miedo a perder el estatus
- Miedo a las críticas
- Miedo a quedarse solos
- Miedo a fracasar y ser juzgado
- Miedo a sentirse mal por no saber hacer algo

Si entiendes sus miedos y los sabes resolver, estarás mucho más cerca de que te compren. Además, y aunque esto lo veremos con detalle en la parte de oferta, sí que quiero que te quedes con algo importante aquí: cuanto mayor sea la garantía de que el cliente no tiene que tener ningún miedo a dar el paso, más fácil será que dé el paso. Por eso creamos contenidos con valor, para aumentar su confianza y la garantía que sienten sobre lo que están comprando, además de la probabilidad de éxito percibida por esa confianza que les hemos transmitido.

La clave de lo que hacemos aquí es que ellos ya conocen lo que estamos haciendo. Nos han leído durante meses, han visto vídeos largos en YouTube u otras plataformas, y, a veces, incluso durante años, y por eso no tienen ninguna duda en comprar, porque han visto cómo trabajamos y, probablemente, conocen los resultados que hemos logrado en otras personas.

Y las objeciones

Bien. Y el último punto clave que debemos conocer de nuestro público objetivo son las objeciones. Éste es el último paso antes de comprar. Porque, sí, aunque toques su dolor para que entiendan que tienen un problema, les enseñes que eres capaz de resolver su problema y disipes sus miedos, aun así es posible que tengan reticencia a comprar.

Si esto pasa, no es malo, simplemente es que quieren estar seguros de lo que están comprando. Y en este punto encontraremos que pueden decir cosas como las siguientes:

- Es muy caro
- No tengo dinero
- Tengo que consultarlo con mi pareja
- Voy a pensarlo mejor
- No tengo tiempo para aplicarlo
- No creo en los programas online

En fin, cualquier estupidez que se te ocurra. Lo importante es que entiendas que cada público objetivo tendrá objeciones distintas sobre tu producto o servicio, y tú debes conocerlas todas para saber cómo resolverlas. Resolverlas no consiste en rebajarte ante tu cliente a tu cliente y, si te dice que es muy caro, hacerle un descuento. Eso no es resolver una objeción, es ser gilipollas.

Resolver una objeción consiste en que vean que lo que dicen no tiene sentido y que la opción de comprar es mucho mejor que la opción de no comprar. Así se resuelve una objeción. Por ejemplo:

—Su producto es muy caro.

—¿Comparado con qué?

—Con otro programa que vi parecido.

—¿Y por qué crees que nosotros somos más caros?

Y te callas.

Normalmente te dirán que porque es mejor o incluye más cosas. La cuestión es no justificarte, porque tú no tienes nada que demostrar, sino que tienes que «hacer ver» al cliente, y que él se responda a sí mismo. Su respuesta siempre va a ser mejor que la tuya. Si tú respondes, puede que aciertes o no. Si él responde, acertará siempre.

Entonces, recuerda lo siguiente: cuando empieces un negocio y quieras vender, primero debes saber quién es tu público objetivo, a quiénes te diriges. Y pueden ser distintos públicos, no tiene por qué ser sólo de un tipo. Yo, por ejemplo, me dirijo a empleados que quieren ganar más dinero, *freelancers* (autónomos), empresarios, emprendedores... No hay sólo un público, y cada público tiene sus dolores, problemas, miedos y objetivos, todo lo cual tendremos que conocer para poder enfocar la comunicación a cada uno y conseguir más ventas.

29

Repetición compulsiva

No sé dónde lo vi, pero un día escuché a Mr. Beast (el canal de YouTube más visto de la historia hasta hoy), que decía que había un montón de personas que le preguntaban cómo empezar un canal de YouTube exitoso, que cómo podían ser tan grandes (como él). Su respuesta:

—Haz cien vídeos y, cuando los hagas, vuelve y te digo el siguiente paso.

Nunca nadie volvía, confesaba él con una sonrisa. ¿Y sabes por qué? Porque cuando ya has hecho cien vídeos, sabes perfectamente lo que tienes que hacer. No necesitas que te explique nada, porque la propia experiencia te ha hecho aprender. Ésa es la magia de la repetición (y de buscarte la vida).

Pero la repetición no sólo sirve para aprender —cosa que recomiendo a lo largo del libro, y por eso hay conceptos incluso que hemos repetido varias veces—, sino que también es la clave para vender. No vende el que tiene el mejor producto, sino al que más gente le ve. De hecho, ésta es la frustración de muchos empresarios que creen que tienen el mejor producto pero nadie les compra, mientras que a su competencia sí le compran. Si éste es tu problema, aquí tienes la clave, porque no se trata de hacer mejores anuncios, sino de repetir tu mensaje lo suficiente. La repetición puede contra todo. Siempre es más efectivo repetir que hacerlo mejor y menos veces.

Primero es más, siempre es más. Más veces, en más lugares, de más formas. Tampoco importa que sea el mejor anuncio, sólo que lo vean más veces. Eso marcará la gran diferencia, y, de hecho, esto es uno de los motivos por los que muchos no triunfan, porque no lo hacen lo suficiente, y, al no verlos lo suficiente, no les compran. Y entonces abandonan antes de empezar.

Los ricos lo aprendieron hace mucho

Precisamente por esto verás que las personas más ricas del mundo siempre son las que han hecho algo más veces y durante más tiempo que el resto. Me da igual si hablamos de Jordan, que entraba a entrenar antes y se iba después que el resto, o si hablamos de Grant Cardone, que publica diez veces más contenido que su competidor más cercano. Es más, Grant Cardone tiene todo un libro sobre esta filosofía de trabajo que le llevó a ser multimillonario y que te recomiendo leer. Se llama *La regla de oro de los negocios*, y, de hecho, Alex Hormozi, que tiene millones de seguidores, le pagó una consultoría a Grant Cardone y le preguntó por qué tenía tantos seguidores y más alcance que él. Su respuesta fue:

—Publico diez veces más que tú, Alex.

No es la calidad, es la repetición y la cantidad lo que hace que la gente tenga tanto éxito. La repetición continuada en el tiempo, suficientes veces, suficiente tiempo..., ésa es la ley universal más poderosa que existe, y la han usado desde tiempos inmemorables como el arma más poderosa para convencer a la gente.

En las ventas, el seguimiento define un gran porcentaje de los cierres. En el amor, insistir ha sido muchas veces la clave para atraer a tu pareja perfecta cuando ella no se fija en ti; y, en la guerra, ha sido el arma que ha hecho que caigan los imperios más grandes. No es otra cosa, sino la repetición, lo que hace que forjes una imagen en la mente de cada producto que compras. Y, como hay demasiado donde elegir, la única forma de competir contra el resto es conseguir una mayor atención y repetición que los demás.

Hoy en día, eso es muy fácil y gratuito gracias al SEO, al e-mail marketing o a las redes sociales. Por eso cualquier persona puede hacerse millonaria dedicando el tiempo suficiente incluso sólo a una de estas herramientas.

Yo conseguí hacer crecer mi primer negocio a base de crear contenidos que consumían una y otra vez personas que luego acababan contactándonos. Y en mi tercer negocio (con éxito, pues entre medias hubo más), llegué a diez mil euros al mes de beneficio en seis meses sólo con la repetición en redes sociales y por e-mail con la promoción de mis productos.

Y te preguntarás por qué no lo hace más la gente si es tan efectivo. Y la respuesta siempre es la misma, y la has encontrado ya varias veces a lo largo del libro: hay personas que no interiorizan el hábito, y, si lo hacen y tienen un contratiempo, su propósito no es suficientemente grande como para soportar el problema y abandonan antes de triunfar. Hay quien se rinde antes de conseguir los resultados, porque es muy duro repetir cada día lo mismo sin obtener un retorno. Eso puede acabar con la paciencia de cualquiera; por eso la repetición es el arma más efectiva, aunque sea también la más difícil de usar.

Siempre digo que, cuando empieces, no lo hagas pensando en el dinero, sino en interiorizar las estrategias que en este libro leas. Si trabajas sólo por dinero te quedarás en la cifra que te parezca suficiente para vivir una vida digna, bien sean cinco mil o diez mil euros al mes, y de ahí no pasarás. Sin embargo, si consigues cambiar tu propósito a algo superior, te alegrarás de haber seguido, porque siempre sobreestimamos lo que somos capaces de hacer en un año y subestimamos lo que somos capaces de lograr en diez. Deja que el tiempo haga su trabajo y disfruta de unos resultados que ni tú mismo creerás.

Da igual cómo, sigue este consejo

Empezar un negocio no es fácil hasta que sabes cómo hacerlo. Piénsalo bien. Al final es siempre lo mismo, para todo en la vida. Nada es fácil hasta que lo has hecho mil veces, y después se convierte en algo sencillo, algo repetitivo. Montar un negocio es igual, el problema es que empezar es más difícil de lo normal.

Cuando empecé en el negocio del marketing, no sabía lo que hacía. Comencé vendiendo SEO y contenidos porque era lo que podía hacer más fácilmente sin contratar a nadie más, y, además, mientras lo vendía lo aplicaba a captar clientes para mí. En mi caso no tuve mucho problema en plantear cuál era mi público objetivo, porque era un público como yo mismo. Tenía que escribir para gente como yo y que quería ganar más dinero con su proyecto. Al menos, eso tenía en mi cabeza; luego vi que había muchos más públicos, pero en aquel momento tampoco fui capaz de verlo tan claro. Buscaba gente que estuviese emprendiendo o que tuviese negocios y que le costase captar clientes (eso pasa en la mayoría de los negocios, porque la gente es muy mala en captar). Tenía que encontrar a esa gente que no tenía ni idea de conseguir nuevos pagadores y que sintieran que eso era más complicado que una audiencia con el rey. El problema era que, cuando les conseguía la audiencia, se quedaban paralizados por miedo y tartamudez, así que no era tan fácil como parecía.

Empecé a captar clientes, los había mejores y peores, no todos eran así de parados. De hecho, así también era yo. Recuerdo algo que nunca se me olvidará. Fue la primera reunión de ventas que tuve en persona, en verano de 2014, con un posible cliente que actualmente sigue siendo cliente de NeoAttack. Era con Limpiezas SIL, una de las mejores empresas de limpieza de Madrid, cuyo propietario, Miguel Arias (increíble persona y gran empresario del sector de la limpieza), era conocido de mi padre.

Que fuese una empresa referente en el sector aumentó mi miedo a cagarla. Mi padre habló con Miguel y consiguió una reunión con Alfredo Arias, su hijo, que era el encargado de contratar este tipo de cosas. Alfredo es una persona muy inteligente que ayuda a su padre mano a mano con el negocio y que destaca por su visión, así que, aunque nunca habían invertido en marketing digital, me dio la oportunidad de explicarles lo que hacía. Fue mucha la presión, porque tenía que vender como sea; así que me armé de valor y fui a hacer la visita comercial.

Recuerdo que había copiado un presupuesto tipo de un competidor. Hoy lo recuerdo, y no entiendo cómo no vi lo mal que estaba, pero me dio igual. No entendía nada y, sin tener muy claro lo que hacía, reproduje el presupuesto enfocándolo a mis servicios, y lo imprimí para llevarlo. Iba despistado, pensando en qué decir. Las manos me sudaban, y en mi cabeza me repetía continuamente la conversación que tendríamos para intentar que todo saliese bien. Sentía una fuerte presión en el pecho, como si llevase un corsé de una talla menos; y un pitido de fondo en mi cabeza hacía complicado que me concentrase. Entonces llamé y entré a la oficina. Un chico me atendió amablemente y me dejó esperando unos minutos hasta que al final entré.

El camino hasta el despacho apenas eran cinco metros, pero para mí fue como la salida de los gladiadores al Coliseo. Bullicio en mi cabeza, nervios y el corazón acelerado, como si tuviese un león cara a cara y estuviese a punto de luchar por mi vida. En el fondo, algo dentro de mí me pedía huir, pero, si no cerraba un cliente, mi negocio no iba a funcionar, así que la responsabilidad se puso por delante de la emoción, y me senté cara a cara con aquel Alfredo.

Lo que pasó a continuación casi ni lo recuerdo, me mareo sólo de pensarlo. Creo que mi mente lo intentó borrar de mis recuerdos para no hacerme daño, pero lo que sí recuerdo es que grité. Hablé muy alto, imagino que para que mis cuerdas vocales se tensaran y no se notaran mis nervios. Con la voz alta no se notaría el miedo que salía en forma de conversación a gritos con aquella persona, que imagino que debió de alucinar conmigo. Cuando salí de allí, fue como conseguir deshacerme de la soga de una horca en la que estaba pataleando aunque nadie consiguiera verme. Fue muy duro. Y no fue la última vez, sino la primera de muchas en las que, además de sufrir, conseguí cerrar el cliente.

Siempre estaré agradecido a Miguel y a su hijo Alfredo Arias, porque estoy seguro de que vieron en mí a alguien con ganas, que quería progresar y que lo daría todo por su negocio, aunque no tuviese suficiente experiencia. Sé que no fue por mi maravillosa presentación por lo que contaron conmigo, de eso estoy seguro, y eso hace ese momento más especial. Fue esa oportunidad de oro que necesitaba para tomar aire y confianza en mi camino como empresario, y la recordaré y quedará en un bonito lugar en mi corazón hasta el día que me muera.

Es muy duro exponerte a pasarlo mal para luego no conseguir nada. No siempre sale bien; muchas veces sale mal, y de las malas experiencias es de las que aprendí más, y es eso lo que hoy te quiero enseñar a ti. Lo primero es que da igual cómo, pero debes hacerlo. Las ventas dan miedo. Da miedo hablar por teléfono, da miedo ir a una oficina que no conoces, da miedo sentarte con gente con más experiencia que tú, da miedo jugarte tu futuro o el de tu familia en una reunión, da miedo hablar en público, da miedo hablar delante de una cámara, da miedo... Al principio, todo eso da miedo, aunque luego se pasa y es como ir de paseo por la vida. Pero piensa que no está mal tener miedo, es normal tenerlo, la mayoría tiene miedo a algo en algún momento. Eso no te debe frenar, porque, si sigues, ese miedo se acabará disipando y dejará de existir, y a cambio vendrán cosas muy buenas, con grandes resultados, y te alegrarás de haber luchado contra ese miedo.

Ésta fue una de las muchas veces que tuve miedo, pero siempre me pregunto qué haría esa persona en la que me quiero convertir. ¿Lo haría o no lo haría? Si la respuesta es que sí, entonces el miedo da igual, hay que hacerlo. Y el segundo aprendizaje es que un «no» nunca es un «no». Si te dijese que antes de reunirme con Alfredo me reuní con un encargado que me rechazó, ¿me llamarías loco? Porque fue lo que pasó, y aun así volví. Por eso siempre hay posibilidad de que un «no» acabe convirtiéndose en un «sí». Sólo debes seguir insistiendo. A veces no merece la pena, pero, otras veces, si insistes lo suficiente, al final acaba llegando el «sí». En mi caso tuve la suerte de que dejaron de contar con esa persona, y Alfredo decidió darme una oportunidad..., así que nunca se sabe. Por eso siempre debes acordarte de esta historia. Acuérdate de mí cuando dudes en hacer algo por miedo, y simplemente hazlo. Verás como con el tiempo me lo acabas por agradecer.

Una oferta para vencerlos a todos

La mayor parte de la gente no sabe hacer ofertas. No saben cómo vender algo para que la gente compre, y lo peor de todo es que piensan que sí, por eso lo que te voy a contar a continuación va a cambiar tu negocio por completo, y si aún no tienes uno, saldrás con una oferta muy superior a las del resto. Pero, para eso, primero debemos entender qué tiene de especial una oferta.

Una oferta es la forma en que comunicamos el valor a nuestros clientes. Con la oferta, ellos ven qué es lo que van a obtener definitivamente, y es nuestro deber no sólo que lo entiendan, sino que entiendan al máximo el valor real de la oferta. Para eso, vamos a utilizar varias estrategias psicológicas a las que tendrás que estar muy atento para poder aplicarlo después. Pero, antes de empezar, vamos a ver una fórmula del valor que me gusta mucho:

> valor = resultado soñado × probabilidad percibida de logro entre distancia de tiempo × esfuerzo y sacrificio

Esta fórmula del valor representa muy bien lo que tenemos que conseguir en cada producto y lo que vamos a hacer después para resaltar cada una de estas partes de la fórmula y que la oferta sea más atractiva. Pero, por si nos perdemos, antes vamos a explicar las distintas partes de la fórmula.

Resultado soñado

Es lo que vamos a vender. Si tú vendes carillas dentales, el resultado soñado es tener unos dientes bonitos y blancos. Y si vendes una «lipo», vendes estar delgado; pero si vendes entrenamiento personal, también vendes estar delgado. Entonces es importante entender que el mismo resultado soñado puede ser ofrecido por distintos productos que nada tienen que ver entre ellos. Son tu competencia indirecta.

Probabilidad percibida de logro

Es la percepción sobre la probabilidad de obtener resultados. Y aquí es importante recalcar que es la percepción, no la probabilidad real. Es sencillo de entender, porque, si nos vamos al ejemplo del ejercicio, de nuevo veremos que mucha gente tiene muy poca disciplina para continuar con dietas y rutinas de ejercicio, y eso precisamente es lo que hace que perciban una probabilidad muy baja de logro, porque ellos mismos ya saben que su disciplina es muy mala y que, cuando se proponen algo, nunca lo consiguen. Entonces debes tener en cuenta este aspecto para cuando vayas a transmitir esa percepción y trabajar con los puntos débiles que pueda haber a la hora de percibir esa probabilidad de logro.

Distancia de tiempo

Es el tiempo que vas a tardar en conseguir el resultado soñado. Por ejemplo, existe una distancia de tiempo muy distinta entre adelgazar mediante una liposucción o haciendo ejercicio. Éste es un factor importante a tener en cuenta, porque la reducción de tiempo aumenta el precio drásticamente.

Esfuerzo y sacrificio

Es la implicación que va a tener que aportar la persona, bien sea en tiempo, esfuerzo o incluso económica. Y también va a ser proporcional a las personas. No va a ser igual para todos, porque, por ejemplo, el esfuerzo económico de pagar una liposucción para una persona con mucho dinero puede ser muy bajo, y por eso le resulta mucho más cómodo hacer eso que hacer ejercicio. Sin embargo, si tienes poco dinero, el esfuerzo económico de la liposucción será demasiado alto en comparación con el esfuerzo físico que tienes que hacer para ponerte en forma. Entonces esa persona elegirá ponerse en forma, y lo hará con el monitor o el centro que le pueda asegurar ponerse en forma con un menor esfuerzo y menos sacrificio.

Bien, sabiendo esto, cuando presentes un producto, cuando vayas a vender algo, cuando tengas que hacer una *landing* o una ficha de producto o elaborar una propuesta para vender un servicio, entonces debes tener en cuenta esta fórmula y poner en valor sus partes para maximizar la fuerza de tu oferta.

Algo importante que debes saber es que las objeciones, el dolor, los problemas y los miedos también nos ayudarán en esta parte de la venta, porque son claves para terminar de convencer, bien sea en una propuesta, bien sea en una página web.

Si quieres ver una *landing* para que conozcas cómo estructurar una oferta, te dejo este código QR para que entiendas mejor lo que vamos a explicar a continuación.

Aunque, en realidad, apenas necesitarás hacer algo complicado si sigues los pasos que te he marcado en el libro, porque, aunque la oferta es importante, lo que trabajamos cuando hacemos captación orgánica es la confianza, y no necesitarán tanta confianza en ti como si haces publicidad, porque ya te han visto muchas veces y habrás explicado de mil maneras distintas lo que incluye tu producto o servicio.

Lo más importante de la oferta es que no sólo debes tener una, y sí debes tener varias ofertas para distintos tipos de públicos. Si eres capaz de crear una escalera de valor, las personas comenzarán comprando algo más barato, y después, cuando lo prueben, si les gusta y les das suficiente valor, comenzarán a escalar y a comprar productos más caros. Esto no es nada nuevo, lo hacen los supermercados cuando promocionan productos en televisión con los que apenas ganan nada o incluso pierden, pero hacen que vayas al lugar y que entonces compres más cosas. La teoría es exactamente la misma, por eso tu primer producto o tu producto gancho debe tener una oferta tan absurda que el valor sea muy superior al producto entregado. Si consigues eso, las probabilidades de que sigan comprando serán mucho más altas.

Por último, recuerda que una buena oferta no quiere decir que tu producto sea más barato, sino que el precio sea más bajo que el valor entregado. A menudo veo emprendedores «prostituyendo» sus precios (como hice yo), y ésa no es la forma de vender, y menos aún cuando tus acciones de captación de clientes van a ser a tráfico orgánico. En este caso te será bastante sencillo que compren productos de un precio medio/alto en comparación con la competencia, porque confiarán en ti; y, si recuerdas la fórmula de la oferta, la probabilidad de logro es uno de los puntos que puede dar más valor a lo que sea que estés vendiendo.

30

Ya eres rico sin serlo

Los guapos entenderán mejor esto, pero lo voy a explicar como si nadie entendiese nada. No me juzgues, así es la vida. Hay personas que nacen más guapas que otras, y esas personas ya entienden esta parte, porque nacieron con esa suerte. Tú, feo, tendrás que trabajar por entenderlo.

Si no sabes a qué me refiero y sigues perdido, hablo de la indiferencia, de la confianza, hablo del «yo sé que valgo mucho más, no me voy a conformar con esto». Y cuando eres una persona muy atractiva, en especial las mujeres, has vivido esto. ¿Por qué? Porque has tenido que quitarte a miles de hombres de encima y entiendes tu valor como persona. El problema es que, cuando vendemos algo, parece que si no tenemos clientes tendemos a la «prostitución» y a las rebajas, lo cual es un gran error. Incluido para ti mismo si eres feo.

Cuando empecé a vender comencé a bajar los precios. Me pedían descuentos y los hacía, me pedían más trabajo y no dudaba en decir que sí, me exigían y me hablaban mal, y me daba igual. Hacía cualquier cosa por vender, y, claro, era un infierno. Esto no es nada raro, es algo que suelo ver mucho en los comienzos de emprendedores de todo el mundo.

No se respetan, ¿y sabes qué pasa cuando no te respetas? Que atraes gente que tampoco lo hace. Con lo que los peores clientes te los llevas tú. De ahí que siempre se diga que los clientes que más pagan son los que menos joden. Porque, en realidad, cuando te respetas, tú ya no estás dispuesto a aceptar ese tipo de clientes, así que los desechas.

Aquellas personas que tienen mucho dinero, normalmente, ya están en un nivel de vibración superior y, frecuentemente, han expulsado de su vida el odio, las quejas, la envidia..., todos esos sentimientos negativos que sí que tienen todavía muchos emprendedores que están empezando, sentimientos que harán que no se valoren y que otros los traten como ellos se sienten (como una mierda).

Por eso, la confianza en uno mismo es muy buena compañía para emprender. Si te valoras, atraerás clientes que te valoran. Y si no te valoras, atraerás clientes que no se valoran. Me ha pasado hasta con comerciales. Recuerdo hace años que tenía un comercial que siempre traía clientes «locos». Si el cliente estaba loco ya sabíamos que lo había cerrado él. Con los años, me di cuenta de que atraía este tipo de personas porque su forma de vender era lamiéndole el culo a la gente, y por eso atraía clientes ególatras y maleducados que querían sirvientes, no servicios.

Por el contrario, según fuimos cambiando esta actitud y empezando a rechazar a gente, lo comenzamos a transmitir con nuestro mensaje, con nuestra actitud e incluso con nuestros precios; y lo que eso ocasionó fue que cada vez empezamos a tener más clientes que se fiaban más de nosotros, que valoraban más lo que hacíamos y que nos dejaban trabajar porque confiaban en nuestro servicio.

Las mujeres guapas lo entienden, porque, cuando conocen a un chico y no les encaja, no tardan en mandarlo a paseo. Los hombres feos, como encuentren una mujer que piensan que es más atractiva que ellos, tienden a dejarse pisotear y a que hagan lo que quieran con ellos, porque no creen que puedan optar a más. Y las mujeres feas igual, ojo. Creo que pasa más a los hombres feos que a las mujeres feas, porque les cuesta más, pero pasa en ambos casos.

Es de psicología de ventas de nivel uno. No hace falta ser un genio para entender esto, y lo bueno es que aquí tu belleza no importa, sino cómo presentes tu producto; y para eso precisamente entendemos cómo deben ser nuestras ofertas, para tener un producto atractivo y no tener que estar aguantando a esta gente maleducada.

Así que, a partir de ahora, debes aprender a ser rico sin serlo. Siente que tu producto ya vale y no necesitas el dinero. Siente que estás por encima de lo que te puedan dar y permítete el lujo de elegir a tus clientes. Con el tiempo te darás cuenta de que es lo mejor que has podido hacer, porque, si no haces este cambio en tu mente, jamás podrás mejorar tus finanzas y atraer a los clientes que realmente quieres para tu negocio.

31

Doblega la mente de tu cliente

A lo largo de mis años de aprendizaje de marketing, me di cuenta de que hay varios «gatillos mentales» que hacen que la gente compre. Debes elegir bien los que vas a usar, porque, si lo haces correctamente, las ventas se disparan, pero si lo haces mal o abusas de ellos, dejan de funcionar.

Son armas muy poderosas, y harán que vendas mucho más, pero, recuerda: los gatillos mentales deben ser verdad. Tú no quieres engañar a la gente para vender, eso lo hacen los perdedores. Tú quieres vender más diciendo la verdad, y eso es lo que vamos a aprender aquí.

No llegaba a tiempo (la urgencia)

Iba a comprar una formación de redes sociales a una persona, y, la verdad, me interesaba mucho, porque quería aprender, y esa persona me resultaba bastante interesante. Llevaba unos días recibiendo e-mails, y pensé que no era para mí o que mejor la compraría más adelante.

Con el tiempo fue enviando más e-mails, y entonces lo anunció. Había una fecha de finalización en la que dejaría de vender esa formación, y dijo que cuando la volviese a vender sería más cara.

Mierda, pensé. Yo no iba a comprar esto hasta dentro de unos meses, ahora casi que prefiero comprarla ya a esperar a después.

Cada día que se acercaba me iba diciendo la fecha. Quedan tres días, quedan dos días, el último día, mañana ya será tarde..., y compré. Acabé comprando aunque no lo necesitaba hasta dentro de unos meses, cuando pensaba ponerme con ello. Es posible que esto te haya pasado alguna vez. El motivo es sencillo, es un gatillo de urgencia, y lo que hace es que, mediante el cierre de puertas del servicio, fuerza a que los indecisos acaben comprando.

Funciona muy bien para lanzamientos, cursos o cualquier otro producto o servicio que, por algún motivo, tenga que parar la venta temporalmente. Yo lo utilizo mucho en mis e-mails cerrando mis servicios de consultoría vip o dejando de vender servicios o formaciones, y eso hace que el 35 por ciento de las ventas se produzcan en el último día. Lo importante aquí es trabajar la pérdida de la oportunidad que van a sufrir y que las condiciones que tienen ahora no las tendrán después. Si sienten que no pierden nada por entrar más tarde, entrarán más tarde.

También se suele acompañar con bonus extra o similares para forzar la venta. De esta forma consigues que vean una pérdida real, o bien cerrando el servicio para abrir después más caro, como has visto en el ejemplo. Imagínate la potencia de trabajar eso correctamente en tu comunicación.

No lo tiene nadie, excepto tú (la exclusividad)

Quise ir a comprar un reloj a Pawn Shop. Una tienda de empeños que me habían dicho que tenía buenos relojes a la venta y sin tener que esperar. No iba con intención de comprar nada; de hecho, mi intención era más mirar que otra cosa.

Fui con mi amigo Martín Dancausa. Entramos y nos preguntaron el presupuesto. Dije cincuenta mil euros, que era lo máximo que estaba dispuesto a gastar en un reloj. Una vez sabida esa estimación, me dijeron los relojes que podían interesarme basándose en mi presupuesto; y elegí dos de entre esos:

—Mira —dijo el vendedor—, éste es un Rolex Sprite, y este otro es un Rolex Daytona Platinum. El primero vale veinte mil euros, y el segundo vale cien mil euros.

—Mierda, ¿y qué diferencia tienen?, porque es un precio muy distinto —pregunté.

—Pues este Rolex Daytona Platino, además de ser de platino, es prácticamente imposible de conseguir. Sólo hacen unos dos al año en España. Es una pieza muy exclusiva, y por eso cuesta mucho más. Para que te hagas una idea, en la pandemia subió hasta docientos cuarenta mil euros.

—Vale, ¿me lo puedes guardar y vengo en unos días a por él?

—No, es que ya hay alguna persona que está interesada y está pensando en reservar.

Podía ser un farol, pero la verdad es que me enseñó un wasap que confirmaba lo que decía. Me puse nervioso, en serio. Pensé que tenía que ser mío y que, si era tan difícil de encontrar y había tan pocos, sería una buena compra. En mi cabeza, empezaron a pasar un montón de pensamientos motivados por esa emoción generada por la escasez, y todos eran para justificar la compra.

Efectivamente, alguien lo quería comprar, así que es una buena inversión, seguro. Pero yo pensaba gastar sólo cincuenta mil euros, no cien mil..., pero, bueno, pensé que un reloj así no pierde valor, que es demasiado escaso para perderlo... Todo eran razonamientos para justificar mi compra. En realidad yo ya había prácticamente decidido comprar el reloj, pero, a pesar de todo, quería asegurarme de lo que tenía delante, así que me fui a otra tienda a preguntar.

Al parecer, al ser una tienda oficial, cuando les dije que quería ese reloj casi se caen de culo. No podían vendérmelo, y, es más, no es que no pudiesen, es que tenías que comprar toda la colección primero para poder tenerlo. Vamos, un montón de años de espera para poder tener un reloj. Por lo visto sí era tan exclusivo como decía.

Una vez que supe esto me fui a comer a un restaurante con mi mujer y mi amigo Martín Dancausa, y después de valorarlo acabé volviendo a la tienda y compré el reloj. Pagué el dinero en el mismo día, y me fui con un reloj que vale como muchas casas, y en el mismo día, sin que tuviese ninguna intención inicial de comprarlo. Y, además, yo había comprado un Ferrari al contado dos días antes... Ése es el poder de la exclusividad.

No es la escasez, es la exclusividad. Es único, es distinto y no lo puede tener todo el mundo... Hay que hacer años de cola y tener el dinero para comprarlo. Es especial, por eso no lo venden a todo el mundo. ¿Cómo se hace? Limita el número de unidades y generarán sobredemanda. Crea sobredemanda y tu problema será únicamente subir los precios y tener producto.

Y ése no es un caso aislado. Es también el motivo por el que en Louis Vuitton, cuando fui a comprar la última vez, me dijeron que sólo quedaba una unidad de las gafas que quería. O el motivo por el que hay lista de espera para comprar un bolso de Hermes. O por el que un Ferrari nuevo no lo venden a cualquiera, y debes esperar un año para tenerlo.

Si eres capaz de limitar las plazas y vender mucho más de lo que creas, con un precio por encima de la media, entonces nunca te faltarán clientes, porque habrás creado un producto exclusivo.

Si no entras tú entrará otro (la escasez)

Cuando entiendes la exclusividad, entiendes la escasez. De hecho, éste es uno de los gatillos que más utilizo y que la mayoría de las personas usan erróneamente; no porque lo hagan mal, sino porque engañan a las personas diciendo cosas que no son, y engañar no es una buena estrategia de ventas.

Son muchos los «profesionales» del sector que veo que dicen que les quedan tres plazas y luego venden todas las que pueden. Y cada día tengo más certeza de que éstos tienen los días contados; y no por nada, sino porque cuando los clientes se den cuenta del engaño no te van a volver a comprar.

Si usas este gatillo, debes usarlo honestamente, y si sacas tres plazas, que realmente sean tres, y no diez. Y no uses eso de «por petición popular he aumentado diez plazas más, porque me lo habéis pedido muchos». En serio, tu autoridad y credibilidad mermarán cada vez que hagas eso, y la gente dejará de confiar en tu palabra. Las personas no son tontas.

Así que... usa la escasez. Anuncia un número limitado de plazas, y, si tienes miedo a que no se llenen, anuncia un número limitado de plazas y días, lo que se acabe antes. De esta forma, si no llenas en el plazo que pensabas, dejarás de venderlas de todas formas y no quedará raro de cara al público.

Perdí 70.000 euros por esto (la aversión a la pérdida)

En 2021 hubo un *bull run* de criptomonedas. Yo no entiendo de esto ni tengo intención de entender, pero fui víctima del efecto FOMO (*fear of missing out*, o temor a perderse algo). Si sabes utilizar bien el efecto FOMO, podrás usarlo para vender y sacarás un gran provecho de ello.

Ese año, las criptos subieron bastante, y habían pasado de unos treinta mil dólares a sesenta mil dólares en tres o cuatro meses, y, claro, la gente ya decía que eso se iba hasta los cien mil euros.

Yo, que no tengo ni idea de esto, no quería quedarme fuera, así que decidí comprar sesenta mil euros en bitcoins y cuarenta mil euros en máquinas de minar. Fue algo poco inteligente, sabiendo que, para ganar dinero en la vida, debes enfocarte en una sola cosa, no intentar meterte en todas.

El caso es que tenía liquidez y vi una oportunidad donde no la había. Todo el mundo hablaba de lo mucho que iba a subir, y siempre que todo el mundo habla de subir, está claro que no es momento de invertir. Siempre es así. Pero yo no lo sabía. Tú no sé si lo sabes, pero si no, ahora ya seguro que sí.

Cuando veas que todo el mundo invierte en algo, es que es momento de salir. No falla. Y, como no falla, lo que pasó fue que el mercado de criptos empezó a bajar poco a poco hasta irse a la mitad de precio. Momento en el que decidí desinvertir mi dinero para no seguir perdiendo.

Esta maravillosa aversión a la pérdida me causó una de las

mayores cagadas económicas que he hecho nunca. Pero también me ayudó a entender qué es lo que no hay que hacer y, por supuesto, me hizo aprender la fuerza que tiene la aversión a la pérdida.

Para crear esto en las ventas, lo único que debes hacer es crear un sentimiento en la persona que va a comprar de que todo el mundo está comprando y de que, si no compra, va a perder una gran oportunidad que no va a volver a haber nunca.

Pasó con el Fórum Filatélico en 2006, con las casas en 2008, pasó con las criptos en 2021 y pasa continuamente con productos y servicios por parte de empresas que saben crear esa sensación de pérdida de oportunidad. Simplemente, para poder crear esto, es importante hacer entender que es ahora o nunca, y que esto que está pasando ahora no va a volver a pasar y que todo el mundo está invirtiendo y es el momento adecuado.

¡Es cierto que funciona! (la prueba social)

El día que decidí empezar a recopilar testimonios de clientes fue el día que empecé a vender mucho más de forma masiva. Y el sentido es claro: simplemente, la gente quiere estar segura de lo que compra, y tu deber es tratar de que esas personas te dejen un testimonio para poder enseñarlo a los demás.

Estaba vendiendo unas formaciones de Billionaire VIP. Ya había tenido muchos testimonios de gente a quienes les he ayudado a llevar sus negocios hasta a diez veces más de cuando comenzaron conmigo, y había algunos comentarios muy bestias. Sabía que eso iba a ser clave, así que me lo guardé para los últimos días.

Cuando quedaban pocos días para entrar, empecé a sacar testimonios:

- «He recuperado los 4.000 euros de la consultoría en la primera semana, es increíble.» (Jesús Roldán, @jroldan90)
- «Ahora cerramos todo lo que nos llega.» (José Robles, @joseroblesseo)

- «He pasado de vender a 300 euros a vender a 1.000 euros gracias a tu estrategia de diferenciación, no sé cómo poder agradecértelo.» (Javier Atienza, @javiatienzag)
- «He llevado nuestro negocio al doble gracias a tus consejos, simplemente con la técnica de venta masiva lo duplicamos en seis meses.» (@inmanuelkant.r)

Y podría seguir así hasta que te aburras, pero esto no va de mí, sino de ti. Ahora, simplemente, piensa: ¿te imaginas un montón de empresarios diciendo esto sobre mi servicio? ¿Qué pensarías si tienes cuatro mil euros para pagarlo? ¿Te vas a perder la oportunidad de multiplicar por cinco tus precios o de recuperar el dinero en la primera consultoría?

Si eso va acompañado de un buen trabajo de las objeciones, solventando los miedos y apretando en el dolor del cliente, la venta está asegurada. No es así porque lo diga yo, es que lo he hecho cientos de veces, y, si quieres verlo en persona, simplemente tienes que seguirme en @mr.madurga, en Instagram, y ver mis historias.

Lo que te sorprende de otros (la autoridad)

Me costó entenderlo, pero, cuando lo hice, resultó bastante sencillo. Al principio no lo veía claro, pero con el tiempo me fui dando cuenta. En mi mente tengo marcada la autoridad de ciertas cosas. Por eso, a veces, alguien sale en el periódico y me sorprendo. Porque, en teoría, no es algo normal. ¿O sí?

Estaba empezando en el mundo del marketing digital, y buscaba alguna formación para hacer y dejar de subcontratar servicios. Quería ganar más, porque eso de ser intermediario no daba para mucho, así que me puse manos a la obra..., a buscar. No tardé mucho en encontrar una bien barata. Era una membresía de cincuenta euros al mes que tenía un montón de contenido, así que me dije, bueno, vamos a probar. Lo peor que puede pasar es que pierda cincuenta euros. Y entré...

Pero lo curioso no es que entré, sino por qué entré. Ellos tenían logos de un montón de periódicos y de charlas que habían dado. Eso me sorprendió y me hizo pensar que sabían de lo que hablaban. «Tendrán que ser gente importante», pensé.

No tenía ni puta idea de si era así, pero funciona. Y es que ahí aprendí que lo que te sorprende a ti también les suele sorprender a los demás. Tú le das una autoridad a las cosas según la autoridad percibida que tengas de eso, y lo mejor de todo es que puedes asociar la autoridad de algo o alguien a tu marca con un simple (y barato) proceso.

A veces no es tan barato —sobre todo si quieres usar a algún *influencer* que no compre tu producto o servicio por voluntad propia—, pero participar en eventos o aparecer en periódicos hoy en día tiene un coste muy bajo, incluso gratuito, así que es algo que empecé a usar desde casi el principio de mi primer negocio.

Comencé con las notas de prensa y con la compra de menciones en periódicos, y, por supuesto, acabé aceptando participar en eventos (como la charla TEDx que hice en Barcelona) o apareciendo en televisión, porque me di cuenta de que de esta forma asociaba la autoridad de marca a otros y podía usarla en mi web para vender más fácilmente.

Esto incluso se puede hacer gratis haciendo entrevistas a personas famosas. Quiero decir, no hace falta ni que les pagues, con que tengas un canal de difusión medianamente bueno ya puedes empezar a entrevistar a gente conocida y, por la ley de asociación, transferir su autoridad hacia ti. Y, oye, ¿sabes qué? Tú ya estás empezando a crear canales de difusión, porque, si has hecho lo que hemos hablado en capítulos anteriores, pronto podrás comenzar con estas nuevas estrategias, y completamente gratis.

Los que menos me gustan

Luego hay dos gatillos que me gustan menos: la novedad, que funciona muy bien para tiendas en las que tienen todo el rato cosas de tendencia que ofrecer; y el beneficio, que consiste en recordar los beneficios que tiene el producto para el cliente.

El beneficio suele funcionar bien cuando ofreces algo que nadie más tiene, como un extra que obtendrán si compran tu producto, como, por ejemplo, una garantía extendida. Está muy bien cuando tu beneficio está muy definido y es algo que nadie tiene, pero en otros casos no es algo que realmente genere una gran tensión de compra.

32

Pregunta y no hables, joder

Estaba en casa trabajando y encontré a un tipo asiático en YouTube. Se llamaba Dan Lok, y parecía interesante. Hablaba sobre una nueva forma de vender y sobre cómo podías conseguir vender más caro y mucho más gracias a unas técnicas de venta que él enseñaba.

Empecé a ver vídeos en su canal de YouTube, y me gustó bastante. Al parecer ya facturaba cerca de cien millones al año, cosa que me llamó la atención e hizo que me interesase por sus formaciones.

Al fin y al cabo, yo quería vender más y más caro, así que me parecía lógico aprender de «El rey de los precios altos», como se hace llamar él. Si era tan bueno como parecía en YouTube, realmente me ayudaría a vender más.

Fue un desastre, pero no por lo que piensas, porque el tipo me enseñó bien. El problema es que había aprendido técnicas de venta que hacían que pudiéramos vender incluso aunque la gente no quisiese realmente el producto, y eso fue un error. Y fue un error porque, al principio, parece increíble: vendes de todo a todo el mundo, todos compran y las ventas se multiplican. Pero el problema de vender a cualquiera y no sólo a quien realmente está preparado es que no a todos les va a ir bien, con lo que, en mi agencia de marketing digital NeoAttack, no seleccionar a quién vendíamos nos condujo a empezar a tener clientes insatisfechos. Demasiadas quejas. Muchísimas más de lo normal. Eso siguió aumentando durante cuatro o cinco meses..., hasta que tuve que rectificar y poner un filtro para entrar.

Lo bueno es que aprendimos a vender muchísimo mejor. Hoy podemos elegir a nuestros clientes, y nuestras ratios de cierre se han multiplicado. Lo malo es que aquella época me pasó factura, y fue cuando me quemé del negocio y acabé delegando en Álvaro Santiago, el director general que hoy en día gestiona la empresa, y que no sólo la hace crecer, sino que consigue unos resultados increíbles, además de que tenemos a nuestros clientes más contentos que nunca.

El secreto de las ventas

Aprender a vender es fácil; es incluso más sencillo de lo que puede parecer cuando entiendes los principios de la venta. Esos principios te los voy a enseñar a continuación, y te servirán para vender cualquier cosa. Por supuesto, habrá algunos productos con los que funcione mejor o peor, y luego veremos por qué es así. Vamos con esos principios...

Conecta con la persona

Algo que se olvidan la mayoría de los vendedores es de conectar con la persona. Empiezan a vender sin haber creado ningún vínculo. No hace falta que os hagáis «amigos», pero sí puedes preguntarle por algo que haga que baje la guardia y se sienta a gusto en la conversación, todo fluirá mucho mejor.

Si es para hablar, que sea una pregunta

El primer principio de las ventas es que quien habla primero pierde. En cualquier negociación, siempre el que habla primero pierde.

Y si hablas tú, sólo debe ser para preguntar a la otra parte, no para explicar tu producto o servicio como un vendedor parlanchín de poca monta.

Una frase de apertura que pone en situación el motivo por el que han contactado contigo suele ser la siguiente: «¿Qué le ha llevado a contactar con nosotros?». Esto funciona muy bien cuando es el cliente el que contacta con tu empresa para hablar, y así te da contexto. En mi caso, para Billionaire Code, suelo preguntar: «¿En qué crees que te puedo ayudar?». Para que me digan qué piensan que van a obtener de mí. En ambos casos, la idea es que pongan en valor lo que ofreces y que te den contexto para saber qué es lo que pueden necesitar para seguir preguntando.

Encuentra el dolor y apriétalo fuerte

Imaginemos esta situación:

—¿Por qué has contactado con nosotros? —preguntó un consultor de NeoAttack.

—Porque quiero vender más —respondió el posible cliente.

—Sí, pero por qué lo necesitas —profundiza en el dolor el consultor.

—Porque si no mi negocio puede quebrar.

(Bingo. Dolor conseguido.)

—¿Qué supondría eso para ti? —Haciéndose el loco, el consultor aprietas más aún.

—Bueno, que tendría que abandonar mi sueño y volver a un trabajo normal —dijo entristecido el posible cliente.

No sabes el valor que tienen estas palabras de arriba. Te he puesto este ejemplo, pero la realidad es que lo importante no es el ejemplo, sino las preguntas que hagas para sacar el dolor y cómo lo sepas encontrar. Si lo encuentras, la venta es tuya.

Acuérdate de la importancia del dolor para potenciar nuestras acciones, como vimos en el principio del libro. Pues eso es lo mismo, pero, en lugar de hacérnoslo a nosotros mismos, se lo hacemos al cliente para que tome conciencia y así impulsar la acción de compra.

Siempre tienes que pensar en profundidad. Si te dice que quiere vender más, no vale. La pregunta es ¿por qué? Todos queremos más dinero, pero necesitas saber los motivos. Me da igual si es para tus hijos, para una vida mejor, porque estás harto de tu trabajo o porque te ha dejado tu novio o tu novia, todo el mundo tiene un dolor. Podríamos decir:

—¿Hasta tú, Jesús?

—Sí, hasta yo mismo.

¿Y cuál sería el dolor de alguien a quien le va bien con los negocios, tiene fama, dinero y no para de crecer? Pues sencillo, tener más de todo y más rápido.

Recuerda, si no has encontrado un dolor es que no has buscado lo suficiente. Todos tenemos un dolor, y la única forma de encontrarlo es preguntar. Hay que preguntarle al posible cliente y, luego, hacerle visualizar su futuro si no pasa a la acción, porque así percibirá todo lo que puede perder si sigue así de inactivo.

Cuanto más grande sea el dolor del cliente, más estará dispuesto a pagar por solucionarlo. Quédate con eso en la cabeza, porque te servirá para el resto de tu vida. Y es precisamente por eso por lo que el cardiólogo cobra más que el médico de cabecera.

Visualización del futuro resuelto

Y, una vez le haces ver lo que tiene que perder, le tienes que hacer ver lo que tiene que ganar. Y es entonces cuando le dices que justo con tu producto o servicio se acabará su dolor y podrá tener exactamente lo que quiere o necesita. Tú ya sabes eso que quiere, no como los vendedores charlatanes que se ponen a contarte pelis sobre el producto sin saber lo que quiere el cliente.

No necesitas venderle las características. Mierda, nosotros nunca vendemos características, vendemos una transformación. Vendemos la solución al dolor del cliente, y ningún producto lo resolverá tan bien porque nadie se ha preocupado por saber cuál era el maldito dolor del cliente.

Por eso yo no vendo consultoría, yo vendo que vas a ganar más dinero en tu vida y vas a ser más feliz. Y con eso podrás resolver los problemas que sea que tengas por no tener dinero y por no entender tus emociones ni por qué te va mal en la vida. Igual que tú tampoco debes vender sea lo que sea que vendas, sino el resultado, el futuro, la transformación. Así es como venden los profesionales.

Ahora ya sabes cómo se vende, y debes entender que es muy poderoso, porque podrás vender lo que quieras a cualquiera, incluso haciendo que cojan préstamos o que hagan cosas que no deberían hacer, así que... cuidado con esta habilidad.

En nuestro caso, el día que entendimos eso, empezamos a poner gráficas en NeoAttack con los resultados de otros clientes con inversiones similares a las que querían hacer en ese mismo sector. Cuando visualizaron más aún el cambio que podrían tener, nuestros resultados rompieron los límites. El cliente se veía con esos ingresos, y no era ninguna locura, porque, como tenemos casos de éxito en todos los sectores, ¡podíamos ofrecer la transformación a cualquiera!

Y es por eso por lo que en anuncios de determinados tratamientos de salud o estéticos ponen fotos del antes y del después. No hay nada más eficaz para la venta que visualizar lo que vas a conseguir. Aunque parece que, cuando se trata de un servicio, nos solemos olvidar de eso o nos cuesta más entenderlo.

¿Te puedes imaginar ganando diez mil euros al mes limpios? ¿Qué harías con el dinero? ¿Qué pasaría si en un año ya lo estás ganando? ¿Cómo cambiaría tu vida? Piénsalo bien.

Tu casa, tu ropa, tu coche, tus vacaciones..., todo cambiaría por completo. Una vida nueva, una vida mucho mejor.

Pues eso es lo que te espera si aplicas todo lo que viene en este libro.

Rebatir objeciones con preguntas

Las objeciones también se rebaten con preguntas. Es posible que la conversación esté avanzando y te digan que tienen que consultarlo, o que hay otro con el precio más bajo, o cualquier objeción que se te ocurra. La cuestión es que hay un par de técnicas que a mí me gustan por encima de todas.

—Si tuvieses que decir, del uno al diez, cómo de cerca estás de la compra, ¿qué dirías?

Sea cual sea el número que te diga, la siguiente pregunta debe ser:

—¿Y qué haría falta para llegar al diez?

Esta pregunta la puedes hacer de mil formas distintas, pero, básicamente, lo que destapa es la objeción por la que no se produce la compra, y eso hace que salga a la luz y que podamos cerrar la venta.

Otra forma de sacar las objeciones es preguntar directamente. Por ejemplo, si te dicen que tienen que consultarlo con su pareja o si te dicen que quieren una propuesta, la pregunta abrirá la caja de Pandora una vez más. Yo respondería algo así:

—Si no es molestia, ¿qué es lo que consultarías exactamente con tu pareja?

O bien, si es la otra respuesta.

—¿Qué esperas ver en la propuesta que no hayamos visto todavía?

De esta forma, lo que haces es que sacas la objeción afuera, y le invitas a destapar la verdadera objeción, pudiendo entender qué hay detrás de semejante tontería de consultar o pedir una propuesta. Normalmente te contestará con lo que sea, y entonces podrás cerrar. Y si te dice que es para presentarla a su jefe, entonces es que no estabas hablando con la persona correcta. Fallo por tu parte, siempre tienes que conseguir hablar con quien toma la decisión.

Objeciones sobre el precio, las más temidas

La gente odia las objeciones sobre el precio, y en realidad se tratan igual que el resto. ¿Cómo? Con preguntas, efectivamente. Si eres caro o pretendes llegar a serlo algún día (cosa que te recomiendo, porque el dinero de verdad se hace vendiendo a los ricos), entonces lee atentamente este supuesto:

—Jesús, me parece caro el precio.

—¿Caro comparado con qué? —diría yo.

—Con otros que he visto.

—¿Y por qué crees que soy más caro? —diría yo, y me callaría.

Normalmente pueden pasar dos cosas: o bien el cliente es gilipollas y te dice una barbaridad, como que porque eres un ladrón o cualquier cosa así (algo que no pasa ni en un 1 por ciento de los casos); o bien le haces pensar para rebatir su objeción a sí mismo, dándote un argumento plausible por el que podrías llegar a ser más caro.

Sea como sea, el mejor argumento posible que le puedes dar no es el que tú pienses, sino el que el cliente piense que es el mejor. Por eso le hacemos pensar para que responda solo. Una respuesta podría ser:

—Porque tienes mejores empleados que el otro proveedor que visité.

O bien.

—Porque usas mejores materiales.

Podríamos decir..., o porque tengo más experiencia o más huevos. En realidad da igual. Da absolutamente igual, el cliente se responderá a sí mismo con lo que sea que piense que es la mejor respuesta, y tú, feliz, le dirás que efectivamente es así y cerrarás la venta.

33

Si eres y ofreces lo mismo que el resto, comprarán el más barato

La primera vez que hice este ejercicio con un cliente casi me caigo de la silla. Menos mal que no tengo pelos en la lengua, y, si le tengo que decir a los clientes que son gilipollas, se lo digo. Se lo digo con cariño, sin esas palabras, pero se lo digo.

Mira..., leí un libro que me cambió la mente y la vida. Es un libro muy muy denso, pero es tan importante que cambió mi forma de vender para siempre. Y no sólo mi forma de vender, sino mi forma de entender el negocio, imagínate.

No recuerdo cómo ni dónde, tampoco recuerdo si esa frase fue ahí donde la leí o es que se me ocurrió hacerla simplemente para entender mejor a mis clientes, pero ahí me di cuenta de lo mal que estaba el mercado y lo poco que tenía que hacer para ser mejor que el resto. Ahora, tú también sabrás esto y podrás usarlo para mejorar tu negocio, y, créeme, es absolutamente increíble lo que puede llegar a generar si sabes bien cómo aplicarlo.

La pregunta que cambió mis negocios

Entonces acabé el libro, y me dije, bueno, pongamos en práctica esto a ver qué tal. Y me puse a hacerles una pregunta a mis clientes. Nadie sabía dar una respuesta adecuada, o bien todos respondían igual, y era una puta vergüenza. Me pareció normal que les costase tanto vender si eran todos iguales. ¿La pregunta? Muy sencilla:

—¿Cuál es tu diferenciación?

A lo que todos responden lo mismo... Pero, si tienes un negocio, piénsalo primero... ¿Qué es lo que responderías tú?

Te lo digo:

—Tengo lo mismo que mi competencia pero más barato y con mejor servicio o atención al cliente.

Mira que me da risa, de verdad. Tu puta diferenciación es que eres más barato y más amable..., ja, ja, ja, ja, ja, no jodas. Normal que no te vaya bien en la vida. Es que así no se puede competir, porque ¡cualquiera puede bajar los precios y ser más amable que tú!

En fin, bromas aparte (y si a alguno le ha ofendido se puede joder y hacérselo mirar), éste es un libro para gente adulta que quiere hacer negocios y aprender de la vida, no para niños con complejos. Y debes estar atento, porque sin atender bien no se mejora. Dicho esto, ¿qué narices fue lo que me cambió a mí la vida e hizo que me diferenciase de todos los demás? Lo tienes en la portada del libro, pero ahora te lo voy a explicar.

Lo aplico en cada negocio que creo: NeoAttack, mi hotel Utopía (en Alicante), Billionaire Code, mi consultora de creación y escalado de negocios... Siempre es igual, y es muy sencillo; las bases son siempre las mismas, y son muy fáciles de entender.

Cómo la diferenciación me ayudó a... ¿ser único?

A ver, si la diferenciación es para diferenciarte, al menos debe incluir algo que no pueda tener el resto, ¿no crees? No sé, oye, llámame loco, que lo mismo me estoy colando; pero, si es algo que pueden copiar..., tarde o temprano lo van a copiar, y ya no habrá diferenciación. Así que lo ideal es que sea algo que no puedan copiar o que al menos les cueste hacerlo. Pero, claro, si vendes lo mismo que el resto e incluso compras al mismo proveedor..., es difícil que sea distinto..., ¿o no?

Aprendí esta estrategia leyendo el libro *La estrategia del océano azul*, de W. Chan Kim y Renée Mauborgne. Puedes comprarlo si quieres, porque, por lo que cuesta, seguro que merece la pena. Fue ahí cuando me di cuenta de lo mal que lo había estado haciendo siempre y que yo también era de esos que pensaba que mi diferenciación era hacerlo más barato y chuparla mejor. Qué desgracia la mía.

Lo apliqué a mi primer negocio, NeoAttack. Se acabó lo que había sido una pelea continua con la competencia porque nos copiaban TODO EL RATO nuestras *landings*, nuestras propuestas y nuestro discurso de ventas, y simplemente ponían el precio más barato. De la noche a la mañana ese problema se esfumó. ¡Ya no podían copiarlo!

Y no sólo eso, lo empezamos a aplicar a clientes y... ¿sabes qué pasó? Sí, efectivamente, funcionaba igual para ellos, ¡incluso si vendían productos iguales que su competencia! ¿No te lo crees? Sigue leyendo que igual te caes de la silla.

No es casualidad, no es casualidad. Es diferenciación, y se basa en el sesgo de igualdad, que quiere decir que, si lo puedo comparar, elijo el más barato con mejores prestaciones, pero, si no lo puedo comparar, entonces el precio deja de ser un valor a comparar y se pasan a mirar otros factores. ¿Qué factores? ¡La puta oferta, joder!

Ya no vendo lo mismo, y tú tampoco lo harás

Primero te cuento cómo lo hice, y luego te cuento todo lo que puedes hacer, que esto da para rato. Mira, nosotros antes vendíamos SEO, contenidos, publicidad en buscadores, redes sociales, etcétera. Como te he dicho, mi competencia llamaba, veía lo que hacíamos y lo copiaba. Hasta los malditos textos, en serio, no se cortaban ni un poco. Igualito TODO. Pero, claro, el cliente no entendía que nuestro servicio era más caro porque tenía personal más cualificado. Simplemente, veían lo mismo y pensaban: «Bah, es lo mismo pero más caro». Como es difícil de cuantificar y la gente no entiende de marketing digital, pues nada, *p'alante* con lo que sea. Muy frustrante todo, sí, lo sé. Peeero, lo que sí entendieron es que, si ya no vendíamos SEO y vendíamos un SISTEMA creado por mí, por mucho que quisieran copiar ya no había de dónde sacar. Porque o copiaban el maldito nombre o no había más hostias que copiar.

Así que, sí, creé un método propio llamado Sistema CMI (no fui muy original, porque esa sigla es por «campañas de marketing increíbles»), y con ese método conseguí multiplicar el negocio, deshacerme de la competencia, subir los precios y mandar a todos a chuparla. Y ésta es una de las formas en que lo puedes hacer tú también; pero te lo voy a explicar bien, no vayas a liarla.

Diferenciación en oferta

Hay seis dimensiones de la diferenciación. Esto lo aprendí de Carlos Muñoz (@mastermunozoficial), y ésta es una de esas dimensiones. Luego veremos el resto para que lo puedas aplicar todo en tu negocio, por ahora vamos con ésta.

La diferenciación en oferta se da cuando lo que ofreces no es lo puto mismo que el resto. Si me invento un sistema propio, ya no es lo mismo que lo de otros. Aunque luego dábamos por detrás el mismo servicio e incluía SEO, publicidad en buscadores y demás, en realidad ya no vendíamos eso, sino un sistema de captación de clientes para cada negocio. Ese sistema tiene dentro unas estrategias que podemos ir modificando según lo que cada negocio necesite, pero nunca lo desglosamos para no caer en el problema de ser iguales que el resto. *Voilà!*

Ojo, es importante que el sistema sea real. Es decir, yo me curré unos pasos concretos, en los que todo tiene un orden dado que yo vi que era el orden en el que nosotros trabajamos y con el que conseguiremos mejores resultados con los clientes. De forma que ordené los pasos, organicé las acciones y le puse un nombre. Podría haberse llamado «Sistema Madurga el Grande», pero no me dejaron. No, en serio, eso es broma, pero hubiese quedado bien.

Entonces, simplemente al cambiar la forma de presentar el

trabajo de servicios personalizados a crear un sistema paso a paso para hacer crecer negocios consiguió que duplicásemos los precios y vendiéramos un 20 por ciento más, y, además, dejamos de tener los problemas que teníamos con la competencia.

Habíamos hackeado el sistema creando un «océano azul»: un servicio (aunque esto vale también para productos) que no se puede comparar con el resto porque tiene una metodología que usamos nosotros e inventada por nosotros. Ahora ya no podían copiar nada.

Esta estrategia no es nueva, la usan las marcas continuamente cada vez que crean patentes o que sacan nuevos productos con algo único y especial, y les permite ser distintos y alejarse de la competencia. Basta con que llames «Detox Max» a tu limonada con jengibre, y listo. Es fácil, y a partir de ahora puedes crear también tu propio método o sistema para conseguir más ventas.

Si quieres ver cómo lo hago yo, puedes ver esta página de NeoAttack en la que explico el sistema CMI.

Diferenciación en modelo de negocio

La segunda estrategia para conseguir ganar más y diferenciarte del resto es saber qué cosas quieres potenciar en tu marca y qué cosas no. No se puede simplemente querer ser mejor en todo y hacer más por menos, y ya está. Eso nos lleva inevitablemente a la bancarrota, porque, si todos pensamos igual, bajamos más y más los precios, y al final nadie gana nada. La idea es entender que tienes que centrarte en algo y empujar desde ahí.

Por ejemplo, el gimnasio Curves creó un método único sólo

para mujeres. Se dio cuenta de que las mujeres no usaban casi las máquinas y de que muchas preferían un gimnasio sólo para chicas porque les daba vergüenza juntarse con los hombres, así que vieron un segmento de mercado perfecto, ahorraron un dineral en máquinas (pudiendo así mejorar los márgenes) y encontraron un método de trabajo distinto, una forma de ser únicos y de alejarse de la competencia.

Eliminaron las máquinas y se enfocaron en un nicho muy concreto, ganaron más margen y cogieron a todas las mujeres a las que no les gustaban los gimnasios de pesas. Más dinero, más margen, más fácil la venta..., sin comparación. Increíble, ¿verdad?

Nosotros hicimos lo mismo, pero creando varias agencias de marketing con distintos modelos de negocio. Ahora mismo tengo tres agencias de marketing, y en unas tenemos precios más bajos para clientes que no tengan tanto dinero. En ésas no hay visitas presenciales ni atención por teléfono, es todo por e-mail. Pagas menos por tener un tipo de servicio distinto. No se trata de dar más de todo, sino de decidir quién es tu tipo de cliente y entregar un servicio acorde a ese cliente, dando más de lo que sí valora y quitando lo que no valora tanto.

Diferenciación en mercado o tribu

Lo he dicho miles de veces. ¿Por qué la gente paga más por las acciones de Tesla que por las del resto de las compañías de coches? ¿Porque son mejores? Obviamente, no; es simplemente por Elon Musk. La gente no compra el producto, lo compra a él, y compra estar en su tribu. Pertenecer al grupo de personas que quieren cambiar el mundo con su visión.

Por eso he hecho tanto hincapié en este libro en crear una marca personal, en hacer vídeos, en mandar e-mails..., porque, cuando las personas conectan contigo y se sienten parte de algo, van a preferir comprarte a ti porque eres tú. Simplemente por eso, ni más ni menos. Incluso si tu oferta fuese peor, ellos no quieren tu producto, te quieren a ti. Tú eres el producto.

Ser el producto está muy bien, y con una marca personal es más fácil, pero, en realidad, se puede hacer incluso con una marca empresarial. Si no, mira Apple, con unos precios mucho más altos pero sin tener necesariamente el mejor producto. Porque la gente no quiere lo mejor, quiere la marca con la que conecta, y si consigues conectar con ellos, estarán dispuestos a pagarte mucho más por lo que vendas.

Por eso, cuando no tenía marca, empecé vendiendo mi hora a cien euros, mientras que hoy en día cobro miles de euros por una consultoría de una hora. No es porque mi conocimiento valga miles de veces más, es porque mi marca vale más. Entiende esto y podrás vender para siempre sin competencia.

Diferenciación en ofensiva de marketing

Igual que te puedes diferenciar en la forma en que ofreces tus productos o en cómo es tu mercado o tribu, también puedes diferenciarte en el marketing. Por supuesto, esto es complicado, porque hay que ir en contra de lo que hagan los demás, pero el efecto que tiene en los resultados es increíble.

Por ejemplo, cuando todo el mundo decía que hay que hacer un e-mail a la semana o no agobiar al cliente y que tenemos que escribir con florituras y cuidado de que nuestro público no se ofenda, Isra Bravo (motivante.com) hizo justo lo contrario, creando un marketing disruptivo que rompió el mercado y le hizo tremendamente famoso.

No es necesario hacer mil acciones de marketing diferenciado. A veces, con hacer algo justo al contrario que el resto y saber transmitirlo bien, ya es suficiente. Y esto no es un caso aislado, sino que podemos ver perfectamente la estrategia de marketing de Zara, que creó la moda rápida y con eso cambió toda una industria, aprovechando esa diferenciación durante mucho tiempo y haciendo que su marca creciese hasta convertirse en una de las más importantes del mundo.

Diferenciación en servicio/cultura

Había una vez una chica a la que le gustaba mucho la comida y vivía lejos de su tierra, Galicia. Ya sabes, allí se come muy bien, así que tenía morriña de la comida de su madre y le solía pedir hasta palés completos con comida para mandar a su casa, en Madrid.

Era un verdadero problema, porque no había empresas que lo hiciesen directamente y siempre tenía que contratar a varias; es decir, no era fácil transportarlos porque no había tantas empresas que gestionasen grandes volúmenes, y ella siempre andaba con problemas con eso.

Un día se enfadó y decidió empezar a hacerlo ella misma, y creó GOI. Esta empresa ya factura cerca de cien millones al año, y sólo unos pocos años después. Su CEO y fundadora, Yaiza Canosa (@yaizacanosa), apenas tiene treinta años, pero fue esa idea la que hizo que crease un negocio con un software que no existía (ni existe nada parecido), que hace que esas entregas se puedan producir en tiempo y forma con el mayor porcentaje de entregas a tiempo de la industria. Un problema, un producto, una diferenciación con lo que se estaba haciendo hasta ese momento, un negocio millonario.

Pero el de Yaiza no es el único caso, hay muchos negocios así, que se basan al completo en su diferenciación de servicio. Por ejemplo, el restaurante Zielou, en Madrid, cuya diferenciación en el servicio está en los detalles, y lo sé de buena tinta porque he ido bastante (sobre todo porque tienen una de las mejores tartas de queso de España). Aquí descubrí, además de la tarta de queso, que los detalles también te pueden diferenciar en el servicio. Y lo descubrí apenas entrando una de las veces al restaurante cuando nos sentaron a la mesa y, al poco, se acercó el camarero con dos copas de champán y nos dijo:

—Cortesía de la casa. El señor Madurga es un cliente exclusivo que viene mucho, y queríamos darle esto como agradecimiento.

Mierda. ¿Cómo un detalle tan tonto puede marcar tanto la diferencia? Vamos, no tengo ningún tipo de relación con el dueño, pero, desde luego, a mí eso me marcó, a pesar de que no me bebí la copa porque no bebo alcohol. Como ves, la diferenciación en el servicio puede ser sutil, puede surgir de una idea o puede aparecer con una tendencia en el mercado, como es este ejemplo que te voy a contar, que tal vez sea uno de los mejores ejemplos de diferenciación aprovechando una nueva tendencia del mercado, más liberal en el sexo, tendencia que Pedro Buerbaum (@pedrobuerbaum) supo ver perfectamente creando la tienda de gofres La Pollería.

Si no conoces a Pedro, es un joven veinteañero que ya tiene varios y diversos negocios millonarios como La Pollería (ya una cadena), Blast (aplicación de inversión) o Flava (bebidas), y tuvo la buena idea de crear gofres con forma de polla. Algo que hasta ese momento nadie se había atrevido a hacer y que él decidió crear, en el momento adecuado en el que el mercado consideraba que no era algo grosero, sino divertido.

Es un claro ejemplo de diferenciación sin sobrecoste. Es algo que podría haber hecho cualquier persona y que, en un entorno cultural en el que hablar de sexo ya no estaba mal, decidió dar un paso adelante y crear este negocio.

La diferenciación, en este caso, nos demuestra una vez más que da igual el producto si lo que haces es suficientemente distinto, y que una buena diferenciación en un producto puede llegar a serlo todo o casi todo, porque también hay que ser buen empresario para hacerlo crecer.

Diferenciación por razón de ser

La diferenciación por razón de ser es tal vez uno de los conceptos más poderosos que hay, porque, cuando sabes transmitirlo y la gente lo ve, consigues hacer algo completamente distinto a cualquier cosa que hayas podido ver antes, y entonces eres recordado como único de una forma tan fuerte que será imposible no estar en boca de todo el mundo.

Un buen ejemplo de diferenciación por razón de ser es el de Amadeo Llados (tu1millon.com). Es una persona muy viral en redes sociales que ha conseguido un gran número de seguidores promoviendo la productividad, el trabajo y una razón de ser superior a él que hace que cada día trabaje por ayudar a los demás. Esta diferenciación la integró poco a poco en su forma de ser, y también le ayudó a convertirse en una de las personas más conocidas en internet, y continuamente sale en la televisión y los periódicos, en los que tratan de desacreditarle por su forma de pensar diferente a la de los demás. Esa forma de pensar le llevó a multiplicar sus ingresos en un año y a alcanzar más de ocho cifras anuales de beneficio; eso es algo que, en lugar de desacreditarlo, los medios deberían enseñar al mundo entero.

Esta razón de ser de ayudar a los demás y hacerles ver que la vida es mucho mejor que la que tienen ahora ha sido muy criticada porque la sociedad no quiere ver la realidad, y es más fácil negar lo evidente que cambiar. Ese discurso se convirtió en su razón de ser, y predica con el ejemplo, teniendo la vida que siempre deseó; y con su ejemplo incita a los demás a pasar a la acción para que tengan ellos también la vida que siempre quisieron tener.

Algo que dijo en televisión es que si tú tienes panza es porque quieres, porque tienes malos hábitos y no te cuidas. Nada raro, pero, como somos una sociedad débil, mucha gente se ofende por cosas así. Lo mismo pasó cuando dijo que si alguien gana mil euros al mes es porque quiere. Nada raro, una vez más; yo pienso lo mismo, pero en los medios te van a tachar de todo con tal de no reconocer al mundo la verdad que hay en sus palabras.

No hay que decir mucho sobre la importancia de diferenciarte por razón de ser para entender un crecimiento tan exponencial. Simplemente hay que mirar los siete años anteriores de Llados en comparación con el último año, y se verá que sólo fue necesario creer en Dios, tener una fe masiva, actuar sin miedo y querer ayudar a los demás para generar un efecto que fue imposible parar. No es casualidad que sea parecido a lo que hemos hablado anteriormente sobre las vibraciones y el pensamiento a la hora de operar, porque, al igual que yo, Llados ha leído y entiende cómo funciona la inteligencia infinita, y la usa a su favor para crear la vida que siempre quiso.

Yo lo conocí en la charla TEDx que dimos en 2023, y aún no era así. No tenía ese propósito y esa mentalidad tan definidos y eso sólo me hace ver más aún la importancia de tener una gran razón de ser para poder generar un gran impacto en el mundo. Sé que Dios es importante en ese punto, y me alegra que él lo viese también.

Algo que creo importante es recalcar que esta estrategia de diferenciación no nace de la necesidad de diferenciarte, sino de querer de corazón cambiar tu razón de ser y tener un gran propósito que respalde eso. De eso ya hablamos en capítulos anteriores, y éste es un caso muy claro de ver. Y, bueno, Amadeo Llados te puede gustar más o menos (debería empezar a gustarte más si has entendido bien todo lo que hemos hablado hasta ahora), pero esto es un libro para aprender, y a este respecto hay mucho que aprender de él. Puedes tener la humildad de verlo así o cegarte de odio por sus palabras, pero, insisto, si has leído bien todo el libro hasta aquí, ya sabes que odiar no es nunca una opción, que si te molestan sus palabras es porque algo tienes que arreglar tú, y que desde el amor podrás ver que lo que hace es algo increíble, digno de estudiar en cualquier texto de negocios que tenga algo que ver con internet hoy en día.

Y, bueno, a pesar de que conozco a Llados en persona, no he tenido la oportunidad de hablar mucho con él; sin embargo, hay tanto que he podido estudiar que no lo he necesitado para poder escribir esto. Con quien sí que he tenido la oportunidad de hablar mucho e incluso hemos ido de vacaciones juntos es con un alumno suyo, Mario Peláez (@mpelaezecom), quien, gracias a esos aprendizajes de Llados, hizo suya la cultura de ser su mejor versión y pasó de nada a ganar más de cien mil euros al mes de beneficio. Algo digno de analizar si quieres aprender a crecer como persona y a conseguir que la razón de ser de tu negocio se convierta en un motor de crecimiento tan grande que sea imposible pararte hasta conseguir lo que te has propuesto en la vida.

34

Cómo medir el progreso

Me levanté un día y vi que no avanzaba. Me di cuenta de que seguía igual, y no sabes lo frustrante que es hacer y no ver resultados. Es increíblemente frustrante. Así que, después de leer, investigar y hacer mil cursos, vi que mi problema era que no estaba midiendo el progreso. No estaba midiendo el progreso, y por eso llegaba a final de año y no había avanzado tanto como quería. De hecho, esto le pasa a la mayoría, que hacen cosas y piensan que avanzan pero no logran nada. Están muy ocupados, pero son pobres. ¿Cómo es posible? Te lo digo yo. Confunden actividad con logros. Hacen muchas cosas, pero, como no miden el progreso, no ven que no les esté sirviendo para absolutamente nada.

Y, bueno, después puede pasar que sí que avances algo, pero no lo que tú esperabas. Normalmente, esto viene por dos partes. O bien tus objetivos son muy altos, o bien tú haces muy poco, o una combinación de ambas cosas, que suele ser lo normal. Y no está mal tener objetivos altos, ojo. Yo siempre digo que hay que ponerse objetivos mucho más altos de lo que crees que puedes conseguir, porque, si no lo haces así, nunca te esforzarás más para ver hasta dónde eres capaz de llegar, que es lo que le pasa a mucha gente que, por tener esa mentalidad, nunca llegan suficientemente lejos. Y, sí, sé que hay una corriente que dice que, si te pones objetivos muy altos y no llegas, eso te puede hacer sentir mal, pero, realmente, piénsalo. ¿Con qué objetivo preferirías quedarte corto?, ¿con cien mil euros al año o con un millón? La respuesta es clara, por eso es importante ponerse objetivos más altos, porque si no nunca sabrás hasta dónde podrías haber llegado y no harás un esfuerzo mayor para lograrlo.

Bien... Así pues, puede que tu objetivo sea muy alto o tu esfuerzo muy bajo, pero lo ideal sería saberlo a tiempo, no esperar a final de año y llevarte el disgusto, así que, entonces, cree en el sistema de medición de progreso que te voy a explicar ahora, que es muy sencillo y no te va a costar nada entenderlo. Sigamos...

Imaginemos que tú quieres ganar diez mil euros al mes de aquí a final de año. Y te dices: «OK, tengo el vehículo correcto o el negocio correcto, tengo el tiempo necesario y los recursos para hacerlo». Por supuesto, si nadie te ha asesorado en esto, ya llega la primera parte complicada: que estés seguro de que lo que estás haciendo sea lo correcto, en el negocio correcto, de la forma correcta y dedicando tiempo y recursos correctos. Esto ya complica mucho la situación; y a mucha gente le pasa eso, que no están seguros. Se ponen a hacer, pero, como no saben si van bien o mal, palman por el camino. Bien, por suerte a ti no te va a pasar, porque puedes seguir los pasos de este libro y listo, así que entendamos que esto lo tienes controlado. Es decir, sabes al menos lo que tienes que hacer, y te pones a hacerlo. Y te haces una estimación progresiva de cuánto van a aumentar tus ingresos mes a mes para llegar a diez mil euros mensuales de aquí a final de mes. Sería algo así como: en enero, doscientos euros mensuales; en febrero, cuatrocientos euros mensuales; en marzo, ochocientos euros mensuales; en abril, dos mil euros mensuales..., y así hasta diciembre.

Si tu negocio es estacional, aplica la estacionalidad, no me seas cabeza de algodón. Y si no lo es, pues aplica la progresividad, así como te lo he explicado. Bien. Ahora es muy sencillo, lo siguiente es ver qué vamos a hacer para conseguir llegar al siguiente nivel de ingresos cada mes, qué acciones vamos a realizar y si éstas tienen el efecto que pensábamos o no. Y entonces revisamos, y a final de abril vemos si estamos en dos mil euros al mes; y, si no estamos en eso, ¿sabes qué pasa?:

- O bien no has hecho lo que tenías que hacer, o sí lo has hecho, pero no lo suficiente.
- O bien no tienes el tiempo y los recursos para hacerlo, porque el objetivo era demasiado alto para el tiempo y los recursos de que dispones. Y punto.

Entonces tendrás que equilibrar: o bajas el objetivo porque te has pasado, o le metes más recursos o más tiempo. Tan sencillo como eso. El problema es que la gente, cuando llega final de mes, dice: «¡Cáspita!, no he llegado. A ver el mes que viene». Pero ¿cómo que a ver qué pasa el mes que viene, cazurro? ¿Es que el mes que viene crees que harás más trabajo? Nooo, no lo vas a hacer. ¿Y qué consigues? Que el mes siguiente no vuelvas a llegar. Y no eres consciente de que, o bien pones más carne en el asador, o bien no logras absolutamente nada. Ésa es la realidad. Eso es lo que nadie quiere ver, y que pasa una y otra vez; y ése es el motivo por el que la gente no consigue sus metas. Y, bueno, ya te adelanto que, normalmente, eso pasa porque se equivocan (aunque hemos dicho que no te pasará a ti) o porque no ponen trabajo suficiente, que es lo típico, porque ven en redes que los ricos no hacen nada y piensan que el dinero llega del cielo o les molesta trabajar y que nadie les pague. Así que se sienten mal por trabajar y no tener ningún ingreso, y abandonan o ponen menos energía, porque jode trabajar sin cobrar.

Hace tiempo que yo entendí que esto funciona así; por eso, cada año, hago un esquema con lo que quiero conseguir y pienso en qué recursos de tiempo y dinero debo dedicar, en cuánto creo que es lo normal para poder conseguir esas cantidades. Y, entonces, lo hago. Y si mes a mes no llego, o bien meto más dinero para captar más clientes, meto más equipo, invierto más, o bien dedico más tiempo; y, en otro caso, bajo las expectativas, cosa que no suele ser algo que me guste, así que, antes de tocar el numerito del Excel, amplío mis esfuerzos. Sobre todo si sé qué es lo que tengo que hacer; si no, lo que hago es contratar a un mentor que me ayude en el punto que creo que necesito ayuda para entender si el camino que estaba siguiendo es el correcto o me estaba equivocando en algo. Y punto. Ya está, así de sencillo.

Y, entonces, vas y lo haces, y aumentas la implicación; y al mes siguiente sí que llegas a los objetivos. Y punto, ya está, así se mide el progreso para que no llegue final de año y, una vez más, vuelvas a acabar casi igual que empezaste. Es lo mismo que cuando pierdes peso, es exactamente igual, pero con dinero, y, en lugar de «perder», hay que «ganar». Piénsalo bien, cuando pierdes peso cada mes revisas cuánto has perdido, y si no has perdido peso puede ser por dos cosas: o bien has comido de más y te saltaste la dieta, o bien has hecho ejercicio de menos y no gastaste suficientes calorías. Punto. Si eres capaz de regular eso, perder peso es tan fácil como ganar dinero.

Así pues, ¿cuándo vas a empezar con esto? ¿En dos, tres o cuatro meses? ¡Nooo! Hazlo ahora mismo. Da igual en qué mes del año estés al leer esto, porque las metas no esperan a nadie, y el mejor momento para empezar es ahora. Créeme, al principio costará un poco, pero con el tiempo verás que le coges el tranquillo, y eso también te ayuda mucho a entender en dónde estás fallando para aplicar un esfuerzo mayor.

El tiempo medio para ganar 10.000 euros al mes

Entiendo que amamos conocer el progreso, pero a veces no es tan fácil de medir. De hecho, aunque hemos visto cómo medirlo, habrá momentos en que ni siquiera estés seguro de lo que estás haciendo, y es normal. Plantar la idea del éxito en tu cabeza no es como plantar bambú, que tarda siete años en florecer, o como tener un bebé, que sabes que son nueve meses lo que tardará en nacer, o algo menos. Y tener nueve bebés con nueve madres no acelera el proceso, porque eso dura lo que dura. Con el dinero no es exactamente así, y eso hace complicado lo de los tiempos, y es el motivo por el que tanta gente abandona.

El dinero funciona de manera distinta. He visto a mucha gente lograr llegar a diez mil euros al mes en un año, pero hay gente que nunca llega. ¿Qué los diferencia? ¿Es la inteligencia? Definitivamente, no, la inteligencia no tiene que ver con eso. Pero, si yo tuviese que decir algunos factores determinantes que hacen que vayas más o menos rápido en conseguir ganar más dinero, a continuación te cuento los que te ayudarán a llegar antes a tu meta.

Elección de nicho y enfoque

Lo que hagas influirá en la rapidez y en si puedes o no llegar. Porque hay nichos en los que no vas a conseguir nunca llegar a esas cifras, como, por ejemplo, dedicándote a hacer ganchillo. Como comprenderás, esa actividad no es algo que te vaya a dar esas cantidades. Pues, de la misma forma, habrá negocios en los que llegues antes o después. Hay negocios más o menos rentables, y, por supuesto, elegir bien hará que llegues antes, o bien que incluso nunca llegues a esa cifra.

Mentor y fuente de aprendizaje

De quién aprendas, si es que aprendes de alguien, hará que vayas más rápido o más lento. Yo tardé mucho en mi primer negocio porque no aprendí de nadie. Eso me retrasó demasiado. Sólo aprendía sobre cómo hacer el servicio, no sobre cómo captar clientes y hacer crecer el negocio, porque no sabía dónde aprender eso o ni siquiera existían personas que lo enseñaran. Eso me retrasó mucho. Por eso, tanto si tienes un mentor o alguien de quien aprender cómo, lo bien que explique y lo mucho que sepa ese mentor, todo eso influirá directamente en el conocimiento, y éste, en las acciones y en tus resultados. La velocidad aumentará cuanto mejor sea esa información. Si quieres seguir aprendiendo conmigo, en este enlace podrás ver *links* a mis redes sociales para seguir aprendiendo.

Cantidad y calidad de trabajo

La cantidad de trabajo es directamente proporcional al logro de resultados. Por eso, muchos de los que emprenden, si tienen un trabajo mientras tanto, nunca acabarán por lograr nada, porque el tiempo que dedican a su meta es demasiado poco. De esto ya hemos hablado en anteriores capítulos, es simplemente cuestión de comparativa. Si tú y mil personas más emprendéis a la vez, en el mismo sector, vendiendo lo mismo y en igualdad de condiciones, quien conseguirá salir adelante será el que más tiempo le dedique. Es pura lógica.

Y, bueno, la otra parte es la calidad. Es decir, no se trata sólo de la cantidad de trabajo que haces, sino de a qué dedicas el tiempo. A eso me refiero con *calidad*. Cuando empecé, no sabía qué hacer para captar clientes, y la calidad de mi trabajo era muy mala. Simplemente porque dedicaba tiempo a cosas que no tenían sentido y que no estaban aportando nada al negocio. Yo pensaba que sí, ojo, pero la realidad era que no aportaban. La mayoría de las horas no eran efectivas, pero, como echaba más horas que un reloj, de algo sirvió.

Actitud, pensamientos, ejecución

Por último, el punto definitivo que aumentará o reducirá drásticamente el tiempo en llegar a esa cifra es la actitud, los pensamientos y la ejecución. Normalmente es ahí donde falla la mayoría de la gente, porque no quieren seguir el *planning* al pie de la letra y se creen tan listos que pueden hacerlo a su manera.

Esto es así, no te puede pasar sólo a ti, sino que es el pensamiento general de la población. Nuestros resultados son malísimos, pero nos creemos muy listos y decidimos hacer a medias lo que nos dicen, o bien no hacerlo. Y luego no llegan los resultados, porque ni hemos puesto las ganas ni hemos centrado nuestros pensamientos ni hemos ejecutado tal y como nos han dicho.

Nunca es tarde para repetirlo una vez más. Si no estás ejecutando tu plan tal y como lo explico aquí, el tiempo que tardarás en lograr resultados aumentará. Cuantas más cosas estés dejando sin hacer, más aumentará ese tiempo, hasta el punto de que, tal vez, no te funcione. Sin embargo, cuanto más se parezca lo que explico a lo que hagas, más fácil será que llegues antes a los diez mil euros al mes y que en un año o menos puedas estar ganándolos. Todo va a depender de cómo sea esa actitud, de tus ganas de aprender y de seguir los pasos, y de tu ego positivo; es decir, de si te permite hacer caso o hace que quieras decidir y hacerlo a tu manera.

No olvides postear en redes tus resultados con el *hashtag* #metodobillionaire para dar fe al mundo de tu evolución y ayudar a otros a que comiencen su cambio en la vida.

El desafío de treinta días de Mr. Madurga

Creo que ya ha quedado claro, pero quiero repetirlo. No te voy a engañar, con un mes no vas a conseguir el éxito en tu vida, pero, sin embargo, como he dicho anteriormente, eso es suficiente para que sientas el cambio de paradigma. Este desafío ha cambiado vidas en todo el mundo, y hoy puede cambiar la tuya. No es una exageración, es algo que realmente producirá un cambio increíble en tu vida, haciéndote más feliz, más alegre y ayudándote a ganar dinero mientras tanto.

En treinta días descubrirás más abundancia de la que jamás hayas pensado. Te darás cuenta de que existe otra forma de operar y que, con unos pequeños cambios, todo cambia. La prueba es de sólo un mes; pero, si quieres conseguir que funcione a nivel económico en tu vida, deberás hacerlo durante al menos un año. Y, cuando lleves un año, podrás revisar los resultados y decidir si merece la pena seguir o si prefieres quedarte como estabas antes. Debo decir que aún no conozco a nadie que haya hecho esta prueba y que haya vuelto a hacer las cosas como las hacía antes..., ¡a nadie!

Este desafío está basado en el control de tus pensamientos. Como ya has visto, tus pensamientos son el origen de todo, y, si consigues enfocarlos, podrás emprender acciones que convertirán tus metas más absurdas en realidad; así como se convirtieron las mías y lo siguen haciendo año tras año. Para eso, tú y yo necesitamos dos puntos clave, y los vemos a continuación...

Control del pensamiento y metas

- Crea un propósito grande y absurdo. Tan grande que ilumine el mundo entero. Algo que te haga feliz, que te llene el alma y que te haga ilusión. Luego, traza objetivos que te ayudarán a conseguirlo. Aún no pienses cómo lo lograrás, sólo piensa en tu propósito y tus objetivos.
- Cambia tu paradigma, creando tus metas y apuntando en tu oración diaria todo lo que quieres tener. Apúntalo en presente, y que sea lo primero y lo último que haces cada día. Todos los días, sin fallos.
- No contamines tus pensamientos con televisión, redes sociales, entorno. Limpia tus pensamientos dominantes y no dejes que nada que no sea positivo y esté alineado con conseguir tus metas se interponga en tu camino. De ser así, debilitará tu deseo y tus posibilidades de éxito.
- Ten fe, confía en ti y en lo que haces. Huye de las frecuencias más bajas del pensamiento y, si te encuentras a ti mismo ahí, saca esos pensamientos fuera y vuelve a las frecuencias positivas. Deja de pensar en cosas negativas, porque te conviertes en lo que piensas la mayor parte del tiempo, y esto se aplica a pensamientos negativos y positivos. Cada vez que tengas un pensamiento negativo, reemplázalo con uno positivo. Recuerda que debes actuar como si fuese imposible fracasar, porque así será si sigues estos pasos.

Acción masiva y creación de hábitos

- Pasa a la acción diariamente con todo lo que creas que te puede llevar a tu meta. Compórtate como la persona que quieres ser. Si dudas, piensa en qué haría esa persona que admiras y a la que te quieres parecer en esa situación.

- Ser exitoso es cuestión de repetición. Ganar dinero es el resultado del éxito. Repite lo que creas que te llevará ahí hasta que llegue. Es cuestión de tiempo, no sabes cuánto, pero sabes que es así porque tienes certeza de ello. Trabaja cada día en las acciones que te llevarán a tu meta.
- No falles. Haz todo lo que tengas que hacer, incluso lo que pienses que es imposible. ¡Hazlo también! Todo fue imposible hasta que alguien decidió hacerlo. Interioriza esto y hazlo tuyo. Crea nuevos hábitos y ponlos en marcha a diario.
- La única diferencia entre alguien con éxito y alguien que no lo tiene no es la suerte, ni la inteligencia, ni el lugar donde nació..., sino lo que hace cada día. La actitud, la mentalidad, la forma en que haces las cosas traen consigo un efecto proporcional aunque no lo veas. Nadie se hace rico trabajando sin ganas, y cuesta exactamente lo mismo hacerlo bien que mal. Demuestra lo que eres capaz de hacer.

Recuerda, tienes todo en el libro. Si dudas, vuelve a empezarlo de nuevo, consúltalo, léelo una y otra vez hasta que la repetición cree ese nuevo subconsciente y ponga en marcha tu plan. No dejes que la pereza o el miedo ganen la partida. Tú eres el único que puede decidir tu futuro, y aquí tienes todo lo necesario para hacerte cargo de que sea exactamente como tú quieres que sea.

Pon tus avances en redes sociales bajo el *hashtag* #metodobillionaire o etiquétame para que lo comparta, para que tú puedas recordar tu evolución y veas que otras personas, al igual que tú, ya están consiguiendo sus resultados. Publicar te ayudará a mantener tu palabra, porque estás enseñando a todo el mundo tu compromiso y ayudarás a los siguientes a que se motiven cuando vean los resultados que ya has conseguido. Ayudando a los demás también te ayudas a ti.

Comienza paso a paso tu desafío de treinta días

Para comenzar tienes que empezar por lo más básico. Te voy a apoyar en la creación de tu vida ideal porque suele ser donde se atasca más la gente. Una vez que tengas bien claro el propósito y hayas visualizado el lugar al que quieres llegar, empezar a trabajar para llegar hasta ahí será bastante sencillo.

1. ¿Quién es la persona o las personas que admiras y a quienes te gustaría parecerte? Puedes señalar aspectos concretos de cada persona si son varios, no tiene que gustarte todo; pueden ser rasgos del carácter, pero también del aspecto físico.
2. Si pudieras trabajar en algo y ganar lo que te gustaría, ¿en qué y cuánto sería? Apúntalo para poder tener claro lo que quieres.
3. ¿Cómo sería tu casa? Cuántos metros, quién viviría ahí contigo, cómo sería esa convivencia, dónde estaría exactamente, cuánto costaría la casa..., apúntalo todo. Necesitas imaginarlo en detalle.
4. ¿Qué harías en tu vida distinto si pudieras cambiarlo todo? Apunta todo lo que no quieres o no te gusta y lo que cambiarías o harías diferente.
5. ¿Tu vida actual es muy distinta de tu vida deseada? ¿Cuánto dinero necesitarías estar ingresando mensualmente para llegar ahí? No escatimes. La gente suele pedir menos siempre porque muchos piensan que es imposible. No lo hagas. Haz una lista con los cálculos, apúntalo todo: agua, luz, seguros, viajes... Anota todo lo que te gustaría hacer y cuánto más costaría hacer eso.
6. Imagínate que puedes lograrlo. ¿Qué estarías dispuesto a sacrificar para alcanzar tu meta? Apúntalo y mira si tiene coherencia lo que estarías dispuesto a hacer con lo que quieres o si es demasiado para lo que estás dispuesto a poner encima de la mesa. Recuerda, tus acciones deben ser equivalentes al objetivo. A grandes objetivos, grandes esfuerzos.
7. Escribe lo que vas a hacer, cuándo vas a empezar y cuánto tiempo vas a hacer de prueba. Yo siempre digo que una prueba de un mes es suficiente para ver un cambio en ti, pero, si quieres ver un efecto económico, lo ideal es que,

> una vez que veas que efectivamente en el primer mes hay cambios, pases a hacer esta prueba durante un año. Un año es suficiente para obtener un retorno mayor y ver que efectivamente tus esfuerzos tienen una recompensa real y equitativa a lo que estás sacrificando, porque la realidad es que lo que quieras tardará en materializarse, no será inmediato.

Recomiendo que, en tus metas y en tu vida, siempre traces objetivos económicos, personales, familiares... Eso te ayudará a dar forma a toda tu vida. No sólo pienses en que quieres ganar diez mil euros al mes o un millón. Piensa en cómo te gustaría que fuera tu relación de pareja y en qué puedes hacer para mejorarla, en cómo te gustaría que fuese tu trabajo e incluso en qué cambios harías en tu personalidad. ¿Te gustaría ser más alegre? ¿Más positivo? ¿Tener más energía? Apúntalo y empieza hoy. No tienes nada que perder y toda una vida que ganar.

Parte 4

Si has seguido los pasos, es hora de escalar tus ingresos

35

Cuatro pilares que debes cuidar para escalar un negocio

Hay cuatro pilares en un negocio que deberás cuidar y que hacen referencia a todas las acciones en los distintos departamentos que se tienen que llevar a cabo. Estos pilares son los mismos en cualquier negocio, y, de hecho, cualquier gerente de un negocio medio grande tendrá que hacer el mismo trabajo sea cual sea el negocio, porque, a cierto nivel, todos los negocios son iguales.

Así es como entendí los pilares que existen, pensando en cuáles eran los puntos más importantes para cualquier empresa y en qué nos debemos concentrar para mejorar un negocio, sea cual sea el negocio del que estemos hablando. Así que éstos son los pilares, y a continuación te voy a contar lo más importante que debes tener en cuenta de cada uno para que puedas escalar tu negocio hasta donde estés dispuesto a escalarlo. Para poder entenderlo, tendrás que «ver» con los ojos de un gran empresario, elevarte a vista de pájaro y, luego, entender cómo funciona en el día a día en lo que sea que estés haciendo tú. Es muy sencillo, verás que no tiene complicación.

Mírame, soy lo que buscas

Principio número uno para escalar negocios: si no te ven, no existes. Y esto sirve para venderte a ti, encontrar trabajo o conseguir clientes. Normalmente, la mayoría de los negocios que vienen a mis sesiones de Billionaire VIP son negocios que tienen problemas en este aspecto. Les cuesta la captación de clientes porque tal vez han crecido con el boca a boca, o bien no han potenciado mucho la captación, o bien incluso han empezado pero se han quedado atascados, con lo que su crecimiento se ha estancado.

Recuerdo una empresa de servicios de Sevilla que entró con nosotros facturando unos veinticinco mil euros. En tres meses, y activando sólo un canal de captación de clientes, habían pasado de eso a facturar unos ciento sesenta mil euros mensuales. De hecho, los conocí porque me invitaron de ponente a un evento suyo, y ahí fue cuando me dijeron que les echase una mano. Por supuesto, no todos los casos son así, pero estas personas en concreto lo hicieron muy bien y siguieron los pasos que les dije; al principio, a regañadientes, pero finalmente con mucha determinación. Esa determinación multiplicó los beneficios de su empresa en tiempo récord. Siempre es igual, es el tráfico lo que hace que existan posibilidades. Es el número de personas que te ven lo que va a determinar si tu negocio funciona o no, porque, sí, para saber si funciona o no y qué mejorar, primero tendrán que verte. Da igual que seas el mejor si nadie te conoce; simplemente, dará igual. Y, para saber qué corregir o qué les gusta o no, tendrán que verte. Para saber que existes tienen que verte. Y cuanto más te vean, más probable será que compren.

Como para cualquier persona, el atractivo es un factor diferencial, pero puedes ser la mujer más guapa del mundo que, si estás en casa incomunicada, dará igual lo guapa que seas, porque no te verán y no habrá nadie a quien le puedas gustar. Y es exactamente igual con tu negocio, por eso he hecho tanto hincapié en la visibilidad en este libro, porque, para que compren, tienen que verte. Aumenta las visitas y aumentarás las probabilidades de éxito.

Ahora, ¿eres guapo o no lo eres?

Lo importante está en el interior. Pero, si tu aspecto da asco a la gente, por muy bonito que tengas el interior no se van a acercar a ti. Y, seamos sinceros, el porcentaje de ventas que tengas se producirá por tu atractivo. Como ejemplo, este libro, sin ir más lejos. Tú lo habrás comprado por la portada y porque lo has visto. Si no estuviese visible, no lo habrías encontrado, y si no te hubiese llamado la atención, no lo habrías comprado. Cuanto más atractivo sea tu producto o servicio más personas de las que te han visto querrán comprar.

Si te ven mil personas y no compra nadie, tienes un problema. Si te ven mil personas y te compran veinte, no está mal. Y si te ven mil personas y compran doscientas, entonces ya estás entre el 1 por ciento mundial, enhorabuena. Y, bueno, si aumentas tu autoridad y, por ejemplo, sales en la televisión, te comprará más gente aún. Simplemente, cuanto más conocido eres, más fácil es que la gente asocie tu autoridad a la del libro y lo compre. De hecho yo sé que muchas personas lo habrán comprado porque ya llevan tiempo viéndome en redes sociales o habrán leído mi otro libro, mis e-mails, etcétera. Son simples estadísticas. Sólo tienes que entender qué es lo que mejora la conversión para trabajar este apartado.

Aunque algunas cosas ya las hemos visto, como la autoridad, la escasez, la oferta o las ventas, existen más variables que podrás ir mejorando mediante el sistema de prueba y error. Aunque, en realidad, al inicio y para llegar a tus primeros diez mil euros al mes, eso no será algo relevante, porque con lo que tienes en este libro puedes aplicarlo todo y llegar a más de doscientos mil euros al mes sin problema.

¿Cuánto vales y por qué?

Dime cuánto vales y te diré cuánto vas a ganar. Y no por nada, sino porque soy de los que piensan que hay que maximizar el precio por el que vendes hasta el punto en que el retorno sea menor. Y el problema típico aquí es que la gente piensa sólo en subir el precio sin hacer nada más, y, claro, no les compran más. El precio se sube mejorando la oferta y dando más valor; mejorando la oferta con su fórmula correspondiente, mejorando las partes de esa fórmula. Es sencillo de hacer, en serio. Por ejemplo, como hemos visto antes, si haces más vídeos orgánicos, la gente confiará más en ti, con lo cual entenderán que su probabilidad de éxito es mayor y estarán dispuestos a pagarte a ti antes que a otros aunque seas más caro, porque tienen una mayor certeza de que conseguirán su objetivo.

Asimismo, si consigues que tengan un buen resultado en menos tiempo, probablemente estarán dispuestos a pagar mucho más. Sólo tienes que ir trabajando en cada una de las variables, y cada vez que consigas mejorar una de esas variables, puedes subir el precio. Así de sencillo.

Cuando veas que no puedes subirlo más sin resentir las ventas, entonces ya has llegado a tu precio más alto y estás maximizando el beneficio del negocio. ¡Bravo!, ahora, a seguir escalando.

Dime cuánto te compran y te diré lo bueno que eres

La calidad se mide por la recurrencia. Si tu producto lo compran una y otra vez, entonces la calidad es buena. Si no lo compran más, entonces la calidad es mala. Y, oye, la calidad no reside sólo en lo bueno que sea, sino en cómo lo perciban o cómo de bien entiendan el funcionamiento. La aerolínea *low cost* Ryanair es un producto de «baja calidad», pero la gente lo compra una y otra vez. Es simplemente porque el valor es más alto que el precio, eso hace que, para lo que cuesta, la calidad sea buena. En otro caso, no lo comprarían tanto.

El problema que hay en el lanzamiento de muchas herramientas y software es que no hacen bien el *onboarding*, y luego la gente se va porque no entienden cómo usar la herramienta o es muy complicada. Eso también es parte de la calidad de la herramienta, porque, si la gente no la entiende, en realidad no es tan buena como te piensas. Esto quiere decir que no sólo es importante lo que ofreces, sino que la gente sepa usarlo y conozca bien todo lo que tiene disponible. Si no se enteran de eso, es como si no lo tuviesen disponible. Y eso es un problema para el valor de lo que ofreces.

Lo mismo pasa con los servicios. A mí me pasaba con el SEO, muchos clientes se iban porque no entendían que la optimización en buscadores lleva tiempo. Tuvimos que cambiar la forma de vender y el *onboarding* para mejorar el servicio y conseguir una mayor retención de clientes, pero ya no sólo eso, sino que cambiamos el servicio por completo pasando de vender SEO a vender el sistema CMI para poder ofrecer más calidad aún y así conseguir llevar las ratios de retención de clientes a un punto que jamás habíamos visto antes.

Nadie es capaz de hacerlo como yo

Si tuviese que empezar haciendo alguna recomendación a alguien que está emprendiendo y comienza a contratar sus primeros empleados es que suprima esa frase que resuena dentro de su cabeza y que le dice: «Nadie es capaz de hacerlo como yo». Porque sí, es la frase más usada (o al menos yo la usé mucho) en los inicios de un negocio. Porque contratas a gente y no es mejor que tú, y entonces crees que todos son unos paquetes y que tú eres la hostia, pero tu ego se va por las nubes, y así el negocio no crece. Y aquí pasan dos cosas muy importantes que hay que tener en cuenta. La primera es que, normalmente, si tú llevas mucho tiempo haciendo algo y lo haces como a ti te gusta, es complicado que llegue alguien y, desde el primer día, lo haga mejor que tú, y encima a tu manera. Es muy complicado, y más cuando tú eres el jefe y haces las cosas como a ti te gustan. Esta persona se debe adaptar, y, además, tal vez que no es tan buena, porque, al estar empezando, quizá has querido «ahorrar» en sueldos y no has contratado a la persona más cualificada precisamente.

Entonces se crea ese concepto de «nadie es capaz de hacerlo como yo». O puede pasar que contrates a gente y nadie sea tan bueno ni lo haga tan rápido como tú. Pero, generalmente, siempre es por tres motivos, o bien porque no les has dejado suficiente tiempo, o bien porque eres un paquete contratando, o bien porque no has querido gastarte el dinero en contratar. Siempre es lo mismo, no le des más vueltas. Si no encuentras a nadie mejor que tú es tu culpa, porque no eres bueno contratando; en realidad, esto es lo que pasa en el 90 por ciento de las ocasiones, sobre todo porque esa frase (la de «nadie es capaz...») es muy típica de principiantes. Si no lo crees, pregunta a algún gran empresario a ver qué te dice. Si realmente tiene un gran negocio y no tiene un ego desmesurado, reconocerá que fue gracias a contratar a otras personas mejores que él en ese campo concreto como pudo delegar tareas y, así, hacer que la empresa siguiera creciendo.

Lo cual me lleva al siguiente punto. Vale, pensemos que tenemos claro que sí que habrá gente mejor que tú y que estás dispuesto a encontrarlos y a pagarles para que se queden. Pero ¿cuándo debemos delegar?, ¿cuándo empezamos a contratar? No debemos hacerlo muy pronto, pero tampoco muy tarde. Porque, si lo haces muy pronto, puedes tener problemas económicos; y si lo haces muy tarde (lo normal), lo que te pasará es lo que yo llamo la paradoja del autónomo. ¿Qué es?

Mira, si eres autónomo (*freelance*) es muy probable que te haya pasado. Lo que yo llamo la paradoja del autónomo es cuando empiezas a tener más trabajo y piensas que pronto deberías contratar, pero no lo haces. Llegas a un punto en que tienes demasiado trabajo, y al final acabas perdiendo clientes o dejando de captar tantos por no dar buen servicio, pero en tu cabeza no entra eso, lo que entra es lo que te has estado repitiendo todo el rato, que es: ¿y si baja la facturación?, ¿y si no alcanzo para pagar al empleado?, ¿y si pierdo clientes?

Y, efectivamente, los pierdes, pero no los pierdes por casualidad, los pierdes por no contratar. Y, como no metes gente a tiempo, no das un servicio de calidad o no dedicas más tiempo a captación, los clientes se van, o bien no llegan más, y tu facturación vuelve a bajar, con lo que te dices a ti mismo que, efectivamente, tenías razón y que menos mal que no contrataste. Craso error, porque con eso haces que tu negocio nunca prospere y te quedes siempre siendo autónomo. Es una de las primeras barreras que se encuentran los emprendedores para crecer, y muchos se quedan ahí y nunca prosperan, y todo por creencias limitantes que les hacen morir antes siquiera de haberlo intentado.

Cómo, cuándo y de qué forma contratar correctamente

Entonces llegamos al siguiente punto: ¿cómo empezamos y cómo lo hacemos correctamente? Mira, yo tengo una teoría, y es muy clara: cuando empiezas un negocio, en la mayor parte de los casos, es mejor empezar con precios bajos para ir trabajando tu confianza y empezar a generar resultados; y esos resultados aumentan la confianza en ti mismo y crean una cartera de clientes que te hará generar tus primeros ingresos.

Los problemas empiezan cuando comienzas a tener la cartera de clientes llena y no tienes más tiempo para atender a más. Muchos emprendedores se quedan ahí atascados, o bien contratan directamente a alguien. Fue mi caso, aunque no recomiendo hacerlo así, recomiendo esperar y subir precios antes de contratar.

Siempre es mejor trabajar con precios más altos antes de contratar porque te aseguras un mayor margen y la posibilidad de que, cuando contrates, lo hagas con gente muy capacitada y que te ayudará a sentirte más cómodo y no tan apretado. Yo lo hice de esta forma porque no tenía ese concepto sobre los precios ni tampoco tenía mucha idea sobre cómo captar clientes. Si hubiese sabido todo lo que sé hoy, estoy seguro de que habría subido los precios primero, y, de hecho, así lo hago en los nuevos negocios que lanzo o en los que asesoro a mis clientes, y siempre funciona mucho mejor. Contratar es algo que lleva muchos gastos añadidos. No sólo de la persona, sino que es posible que necesites cambiar la figura jurídica que uses en tu negocio, tal vez necesites asesoramiento jurídico para contratos, despidos, bajas... Incluso puede que necesites una oficina para meter a la gente, y eso, inevitablemente, conlleva unos gastos que de otra forma no tendrías.

Por supuesto, esto es genérico y es lo que funciona en la mayoría de los negocios, pero no quiere decir que funcione en todos. Sin ir más lejos, Tesla sacó primero sus coches más caros, así que la estrategia que usó fue posicionar su marca en el mercado, asociando los precios a una alta calidad, y después fue haciendo vehículos cada vez más asequibles. Esta estrategia, si eres nuevo en los negocios, no es la más recomendable, pero, como sabrás, Elon Musk no era precisamente nuevo cuando lanzó su marca de automóviles. Bien, así es como yo crearía y escalaría con los primeros empleados mi negocio, y espero que esto te ayude a tener una idea de cómo hacerlo tú también.

Qué hay que hacer y qué no

Cuando estamos escalando un negocio, tan importante es saber lo que hay que hacer como lo que no hay que hacer. A mí me costó unas cuantas decenas de miles de euros aprenderlo, así que hoy te lo cuento para que no te pase lo mismo.

Tenía unos veintiocho años y me iba bien; íbamos creciendo, y pensé que era el momento de abrir en otro país. Elegí Colombia porque vi que el cambio en cuanto a salarios no estaba mal, de forma que podía contratar gente allí para reducir el coste conjunto de los empleados en España y Colombia, así que me lancé a ello.

Sin tener ni idea, encontré un despacho de abogados, creé una sociedad allí y me fui a la aventura para empezar a contratar empleados. Era como empezar de cero, porque no sabía nada de nada. Tuve que pagar un montón en abogados, contratos, oficinas, programas, ordenadores..., todo para poner en marcha el nuevo proyecto. En España estábamos bien, íbamos creciendo y todo iba de forma estable, así que pensé que era buen momento para dar el paso. Lo peor que podía pasar era ahorrarme dinero en salarios, así que parecía una gran decisión.

Monté la oficina y estuve allí un par de semanas para organizarlo todo. Luego dejé a un chico que tuve en su día de *freelance* en Venezuela, Dimas Bueno, a quien le ofrecí mudarse a Colombia y aceptó, así que se quedó de jefe de la oficina de allá (más tarde, Dimas y yo llegamos a ser amigos). Era importante tener a alguien de confianza, porque yo no iba a poder estar moviéndome esas distancias para organizarlo todo. Eran ocho horas de vuelo, con el hándicap del cambio horario, más el coste de todo el desplazamiento, y no tenía sentido, así que tuve que dejarle los poderes suficientes como para gestionar todo sin mí: accesos a bancos, contrataciones, despidos, etcétera.

Fue un acto de fe, pero, para crecer, a veces tienes que dar pasos sin saber dónde vas a pisar. Pero, oye, no me equivoqué, porque hoy en día estoy escribiendo estas líneas y puedo decir que Dimas sigue trabajando conmigo mano a mano y nunca me ha fallado. Es más, le daría todos los accesos de mis cuentas bancarias sin dudarlo ni un solo segundo.

Bien, quiero que entiendas algo que yo no entendí cuando abrí en Colombia. Existe un cuadrante de crecimiento que hay que respetar y que dice claramente que, antes de vender en otro mercado, debes vender en el tuyo. Hay que copar el crecimiento del tuyo, porque requiere menos tiempo, esfuerzo y dinero vender más en tu mercado que irte a otros mercados. Yo no lo hice, y decidí empezar en otros mercados sin apenas estar haciendo un millón al año de facturación. Por supuesto, eso fue una mala idea. Aunque estuvimos usando la empresa de allí para abaratar algunos costes, no tuvo sentido, porque perdimos dinero y tiempo y nos complicamos la vida. Eso hizo que perdiese muchísimo foco sobre lo que tenía que hacer y, por supuesto, no crecer tanto como habría crecido de ser de otra forma.

Por eso es tan importante saber qué toca y qué no dependiendo del momento en el que esté tu negocio. Me pasa mucho, veo a personas queriendo comprar casas en lugar de meter dinero en su negocio, que es lo que más les da; o bien que quieren montar otros negocios (yo mismo lo he hecho) en lugar de meter más en su propio negocio una vez más.

La pregunta que debes hacerte siempre es la siguiente: ¿qué es más fácil, ganar más en lo mío o montar más cosas?

Siempre va a ser en lo tuyo, por eso debes centrar ahí tus esfuerzos. Si metes dinero en casas porque tienes miedo de perder tu negocio, es porque no te estás esforzando lo suficiente y no confías en ti mismo, lo cual es un gran problema para ganar más dinero. También puede ser que no sepas cómo hacer crecer el negocio, y no pasa nada por eso, porque siempre se puede aprender; pero no te pongas a meter dinero en veinte sitios a la vez por no saber cómo hacer crecer más el tuyo, porque es un error. Siempre piensa en qué toca hacer, y hazlo. Y, si dudas, piensa en cualquiera de los multimillonarios famosos, a ver si llegaron a ser tan ricos abriendo diez negocios a la vez o centrándose sólo en uno y, después, cuando ya eran unas bestias multinacionales, empezaron a hacer otras cosas. La pregunta se responde sola.

Entonces, cuando el crecimiento orgánico es insostenible, crecemos de forma inorgánica. Es decir, compramos empresas de la competencia para crecer más rápido. Y, cuando ya no podemos crecer más así, vemos si compramos fuera o montamos fuera desde cero, pero primero siempre hay que crecer en el propio mercado antes de pensar en irse fuera.

Y siempre es lo mismo, una empresa grande es igual que una pequeña, pero a escala. Necesitas meter dinero en la captación de clientes, y a poder ser en un solo canal, hasta que en ese canal no puedas meter más. Es entonces cuando empiezas a ampliar, o bien, si quieres, cuando ya llevas muchísimo dinero metido en el primer canal, pero es la misma teoría. Por ejemplo, si te va bien captando clientes con publicidad en buscadores, ¿para qué vas a empezar con otra cosa? Aumenta la publicidad ahí hasta que no captes más, y después ya te metes en otro lado. Siempre es mejor hacer más de lo mismo que ya funciona antes de empezar a dedicar tiempo y dinero a otras cosas.

Y con el producto pasa igual. Hay un mercado, un producto y un público objetivo... Tú primero mejoras el producto, y después, cuando ya veas que tienes muchos clientes que quieren más productos, trabajas para ofrecerles más. Pero no crees más productos y dediques tiempo a eso si no estimas que tienes un volumen suficiente como para que te merezca la pena el tiempo empleado. Como ves, la estrategia es siempre igual. Son las bases las que importan, así como entender qué es lo que toca en cada momento y qué es lo que no toca. Eso hará que crezcas mucho más rápido, que no pierdas el dinero yendo tras «objetos brillantes» y que a la larga ganes mucho más.

36

El principio de Peter

Era una tarde de verano, y teníamos unas cien páginas web en cola —«en cola» quiere decir pendientes de hacer—, bueno, cien o probablemente más. A dos mil quinientos euros por web de media, no está mal. Lo que sí estaba mal es que estaban en cola porque el trabajo no fluía, el departamento web estaba colapsado y nada funcionaba como debía.

Años atrás, mi padre me había hecho leer un libro: *El principio de Peter*. Leerlo supuso un antes y un después en mi forma de ver a las personas y de verme a mí mismo, y ahora estaba viendo precisamente que era eso que dice ese principio lo que nos pasaba. En la mejor agencia de marketing digital de España, NeoAttack, trabajamos por departamentos. Cada departamento lleva un servicio, y, además, hay un departamento de *project manager*, que es el que lleva la comunicación con los clientes y coordina los servicios. De esta forma, el cliente no habla con tanta gente y hay una persona preocupada de que todo salga a tiempo. Pues, en cada departamento, el trabajo se realiza de una forma un poco distinta, porque mi idea siempre fue que los directores tuvieran su propia independencia. Me refiero a independencia para contratar a quien quieran, apoyarse en recursos humanos y apoyar a las personas que lo necesiten dentro de un presupuesto en función de su facturación.

Luego hay bonus por bajar el gasto, hay sugerencias por parte de gerencia para establecer y mejorar flujos de trabajo, etcétera. Pero, en todo momento, la última palabra la tiene el director, que es el que está al pie del cañón y quien lleva el día a día. Entonces, el director es quien decide qué método de trabajo usa, da los tiempos de entrega por web al comercial, establece unos precios en función de esas horas de trabajo y gestiona y coordina al equipo; y también decide quién va a hacer la web, las prioridades, el tiempo de entrega, etcétera.

Nada raro, creo que es lo normal, pero todo se estaba enturbiando, y los plazos no se cumplían. Había decenas de webs pendientes, y había un director, llamémoslo «Rodrigo», que llevaba conmigo desde que sólo estaba él en ese departamento, cuando empezó con unos veinticinco años, si no recuerdo mal. Estaba él solo en ese departamento, y no es que fuese un genio, pero sabía desenvolverse bien. Los trabajos salían y, cuando no había nadie más en el equipo o incluso cuando teníamos dos o tres personas, las cosas iban bien. Todo funcionaba correctamente, los trabajos fluían y nada se atascaba..., hasta que se jodió.

Empezó a haber clientes quejándose, estrés, ansiedad... Parecía que cada vez que sonara el teléfono nos iban a gritar por otra web más que se retrasaba. Eso se estaba convirtiendo en un infierno, y poco a poco se nos estaba complicando cada vez más. Las páginas no salían y, por más que le preguntaba si necesitaba más personas para sacar antes el trabajo, él me decía que no, que íbamos bien así.

¿Te lo puedes imaginar? ¿Íbamos bien con cien webs pendientes cuando lo normal era tener diez retrasadas en un flujo de trabajo sano? Y, sí, puede que pienses que tenía que haberlo visto antes, pero, imagínate, una persona que no te ha fallado durante años y que siempre ha dado la talla, ahora, de repente, estaba colapsada, y yo tenía que tomar la decisión de intervenir en el departamento o dejarle trabajar. E intervenir no era algo sencillo, porque siempre le había dejado trabajar, como he comentado antes, y ya llevaba conmigo unos cinco años.

¿Cuál había sido el problema? Un crecimiento muy rápido impulsado por publicidad en buscadores y una campaña agresiva de captación de clientes nos llevaron a ese punto. ¿Seis meses? ¿Tal vez un año? No lo sé, no recuerdo que fuese más tiempo. Eso había sido suficiente para tener una lista de espera interminable de clientes enfadados, una *project manager* cuyo trabajo era recibir quejas todo el día y un director que sólo sabía decir que «ya casi está» a todo el mundo.

Como ves, hacer crecer un negocio no es un camino de rosas. Mi nivel de tolerancia al estrés es alto, pero la situación ya iba a explotar, y yo tenía que tomar una decisión. Tenía claro lo que había pasado, mi padre me lo enseñó años atrás al hacerme leer aquel libro, *El principio de Peter*, que incluye la siguiente idea: «En una jerarquía, todo empleado tiende a ascender hasta su nivel de incompetencia».

Toda persona crece hasta que llega a su máximo nivel de incompetencia

Con que eso era lo que pasaba... Quien dije que llamaríamos «Rodrigo» era muy bueno en lo suyo, pero no sabía dirigir, y la empresa había crecido más rápido que sus habilidades, con lo que se había quedado atrás. Ahora era un completo incompetente en su puesto, así que tomé una decisión muy dura y, con el corazón en un puño, lo despedí. Al principio pensé que lo había entendido, e incluso diría que le vino bien, porque al parecer tenía un romance con la persona que se encargaba de comerse las quejas de los clientes. Eran los dos igual de incompetentes pero ninguno lo sabía.

¿Te puedes imaginar? Ninguno se había dado cuenta de que el problema era que no estaban al nivel para poder gestionar aquello y que la situación los había superado. Y, además, esto estaba agravado, porque, si estás saliendo con la persona culpable de que tu trabajo sea un infierno, no le vas a decir que es un paquete y que lo está haciendo mal, le vas a echar la culpa al de arriba. Y así fue. Dedicó bastante tiempo y esfuerzo en hablar mal de nosotros cuando él era quien lo gestionaba. Hasta ese punto llega la incompetencia del ser humano. Hasta el punto de, por simple odio, no poder reconocer nuestros límites y aceptarlos para trabajar desde ahí. Desde entonces, el hecho de escribir este libro ha marcado muchas decisiones que he tomado en mi vida, porque hasta yo mismo he sido un completo incompetente en más de una ocasión, y poder reconocerlo es la única forma de seguir creciendo.

Conozco a muchos empresarios que cada año facturan lo mismo, pero podrían decir que «es porque están bien así», o porque «no quieren más trabajo», o porque «ya tienen suficiente dinero»... Mira, en esos casos, yo digo que tu problema es que no sabes cómo hacer más dinero trabajando lo mismo. Y piensas que hay que trabajar más para ganar más o que no se puede..., o lo que sea que pienses. Es un pensamiento muy típico en las personas en general, y es muy fácil verlo, porque el nivel de ingresos es el que mide tu nivel de incompetencia, y cuántos años lleves ganando lo mismo determina en qué medida has llegado a tu tope en lo que sea que hagas en la vida.

Y otro lugar donde se nota mucho este principio de Peter es en la Administración pública, por eso funciona tan mal, porque la gente asciende a puestos que no saben realizar y, luego, nadie los puede echar. Entonces todo se descontrola, hay puestos de más, aumenta el gasto y quien dirige no tiene ni idea de qué debe hacer. Un completo desastre, ya ves.

Otro caso típico donde suele pasar es en grandes empresas, pero en ellas suelen darse cuenta y despedir a la persona o crearle un puesto para que no moleste y que siga cobrando mientras los demás trabajan. Es el típico puesto inventado que no sirve para nada, sólo para esperar un par de años hasta que se jubile.

Para mí fue muy difícil despedir a estas personas. Sobre todo porque al chico le tenía mucho aprecio. Por supuesto, me rompió el corazón cuando se puso a decir cosas difamatorias sobre mí. Yo siempre cuido a los míos, y, de hecho, a él le traté de explicar cuál había sido su problema. Le expliqué lo que dice *El principio de Peter*, y le hice ver que no estaba consiguiendo gestionar el departamento correctamente. Y, por supuesto, era mi responsabilidad no haberme dado cuenta antes y haberlo corregido para no llegar a ese punto..., eso por descontado. Pero él nunca vio su parte en el problema, y, hasta que no lo haga, jamás podrá superar esa limitación.

Para crecer, primero hay que mirar adentro. Y esto, si emprendes o ya tienes un negocio, es algo que te pasará frecuentemente, porque todo negocio crece hasta que su CEO o su director llega a su máximo nivel de incompetencia. Después de eso, deja de generar crecimiento y empieza a decir las tonterías que hemos dicho antes, como «estoy bien como estoy», «no necesito más dinero», «prefiero ser pequeño y tener menos trabajo» y mierdas similares. Excusas para no reconocer que no sabes cómo seguir avanzando y que necesitas ayuda para desbloquear el acceso al siguiente paso. Es puro ego del ser humano, y a todos nos pasa, no te preocupes si te sientes identificado y ahora mismo me odias. Es normal. Pero a continuación te voy a contar un secreto...

Una de las grandes diferencias entre el rico y el pobre es cómo gestionan el ego

El rico reconoce que no sabe algo y contrata a una persona para que le ayude. Y cuanto antes reconozca esto, antes avanzará para ganar más dinero. El pobre, mientras tanto, prefiere reconfortarse con frases como «prefiero ser pobre y feliz», «en realidad no necesito tanto dinero», «soy muy buen trabajador pero mi jefe no me valora», «debería cobrar más dinero, pero estoy bien donde estoy», «todo está en internet, lo aprenderé yo solo», etcétera. Si alguna vez has dicho frases como ésas, son frases típicas de pobre que justifica su pobreza para no salir de ahí. Si eres tan bueno, ¿cómo no te has montado un negocio o te han contratado en otro empleo mejor? Si todo está en internet, ¿por qué no eres multimillonario? Si no necesitas tanto dinero, ¿por qué te lamentas luego de no tener dinero para hacer equis cosas? Porque te lamentas, ¿verdad? Ja, ja, ja... ¿Qué me vas a contar a mí? Todas las personas somos iguales. Siempre es lo mismo. Tenemos contradicciones. Por eso es tan importante entender este capítulo, porque te ayudará a mirar dentro de ti mismo y a analizarte para mejorar. Y podrás determinar si no te ascienden porque no eres tan bueno como piensas y tienes algo que mejorar o no. Y normalmente es porque no eres tan bueno, ya te lo adelanto, porque si no podrás postularte en otra empresa, y seguro que te contratarían.

Esta historia que he contado tiene un final triste, pero en ella hay muchos aprendizajes. Hubo dos tristes despidos a dos personas que, a pesar de tener con ellas un trato profesional, se comportaron mal conmigo después. Pero lo importante no es sufrir o tener problemas, lo importante es aprender a arreglarlos y seguir avanzando. Ah, ¿y cómo sé que tengo razón? Muy sencillo, ahora tengo un director de departamento web, que se llama Carlos Carrasco, que es muy bueno y que está haciendo todo lo que el llamado «Rodrigo» no supo o pudo hacer. Y yo aprendí una gran lección para el resto de mi vida, y es que no porque una persona lleve contigo muchos años debes apegarte a ella. Dar oportunidades es necesario, no pasar a la acción a tiempo es un error. El punto medio es la virtud, pero entender cuándo es ese momento es tan difícil como entender cuándo debes cortar con una pareja a la que has querido mucho. Nunca es el momento, porque siempre esperas que vuelva a ser como antes.

37

Destruye a tu competencia

Descubrí cómo destruir a mi competencia y generar mucho más que ellos, robarles los clientes y conseguir el negocio más próspero del sector. Y lo que te voy a decir ahora es una información que he cobrado en muchas ocasiones en consultorías por miles de euros, pero te lo contaré sin ningún coste añadido, así que presta atención...

Era el año 2022, y mi agencia de marketing, NeoAttack, crecía rápido. Los costes subían en la medida en que escalaba la publicidad, pero todo iba viento en popa. Tal vez el problema era que los costes estaban subiendo mucho, pero aun así podíamos aguantar sin problema. Después de la COVID-19, todas las empresas se habían puesto las pilas, y la gente había empezado a invertir más y más en marketing digital, incluso lo hacía mi propia competencia, que normalmente tampoco invertía tanto (si no me equivoco, NeoAttack es la agencia de marketing digital que más invierte en publicidad online de España). Esta situación había hecho que los costes fuesen aumentando, y se pasó de un coste por cliente muy bajo durante la COVID-19 a un coste altísimo después, y no tenía pinta de bajar.

Por situaciones anteriores, yo sabía que el mercado se autorregula y que, normalmente, los que llegaban nuevos no aguantaban y se iban. De hecho, esto es algo que suelo decir a la gente en mis consultorías: que si empiezan a hacer publicidad y al tercer mes lo dejan porque no es rentable, son idiotas; que es justo por eso por lo que yo sigo invirtiendo más y más cada vez, y ellos no; que no se deben rendir antes de empezar. Así que, bueno, el ser humano siempre es igual y, como siempre, yo sabía que acabaría bajando el coste, pero, aun así, nos estaba haciendo perder margen temporalmente y necesitaba encontrar la forma de solucionarlo... Entonces, algo ocurrió. Fue como una iluminación (desde luego fue algo que atraje con mis pensamientos), fue uno de esos momentos en los que escuchas algo o ves o lees un libro y, de repente, te das cuenta y piensas: «Mierda, cómo no me había dado cuenta antes». Así fue.

Me puse a hacer cuentas. Podía ganar mucho más, la verdad, simplemente tenía que trabajar un poco más sobre dos variables y lo conseguiría. Y, si eso fuera así, podría pagar siempre más que nadie por cada cliente y crecer mucho más rápido que cualquier competidor. Parecía magia, así que me puse manos a la obra. Seguro que has oído hablar de estas dos variables, y son las dos más importantes que vas a poder manejar en tu negocio para poder escalar. No hay nada más importante, porque, en el juego de los negocios, gana quien puede pagar más. Gana quien paga más por empleados, porque puede tener a los mejores, gana quien puede pagar más por cada cliente que capta, y gana quien puede pagar más a sus vendedores para tener a los mejores. Quien puede pagar más siempre gana. Sólo hay que saber cómo pagar más. ¿Se te ocurre cómo?

Es sencillo, simplemente hay que conseguir que cada cliente te pague más y que tú gastes menos. Si un cliente me paga durante toda su «vida» (lo que dura nuestra relación de negocios) unos treinta mil euros y a mi competencia le paga cinco mil, siempre podré pagar más por captarlo y darle mejor servicio, porque los costes relativos son menores; y si, además, tengo más optimizados los procesos, pues la competencia ya no tiene nada que hacer. ¡Cómo no se me había ocurrido antes!

Así pues, tenía que aumentar el tiempo de «vida» de cada cliente. Cuanto más tiempo, más dinero. Pero no sólo era el número de años que estuviesen pagando, sino cuánto pagasen cada año. La clave estaba en conseguir que, además de pagar más dinero —algo que ya había logrado diferenciándonos, creando nuestro sistema CMI y demás—, ahora, durante ese tiempo, pagasen una mayor cantidad por año; así que no sólo había que mejorar el tiempo de permanencia, sino el *ticket* promedio por cliente. ¡Ésa era la clave!

Voy a insistir un poco más en esto, porque tal vez te acabo de descubrir la clave para escalar un negocio más rápido que nadie en tu industria. Tienes que pagar más a todo el mundo; tienes que poder tener mejores empleados; y tienes que poder pagar más por cada cliente, porque sólo así podrás siempre estar por encima de tu competencia en todos los sentidos. Y la única forma de conseguir eso es optimizando tus gastos, que es lo que hace todo el mundo. Pero no optimizar gastos recurriendo a proveedores más malos y que cobran menos, pues al final provoca que des peor servicio y hace que todo vaya peor.

También se pueden acortar los procesos, que es algo que no todo el mundo hace. Así que elimina parte de tus procesos y hazlos más rápido; si puedes hacerlo, sólo con eso conseguirás tener unos gastos muy por debajo de cualquier competidor. Pero, al final, ahí estamos compitiendo todos en lo mismo; es justo donde se enfoca la mayoría, pero, en realidad, no da tanto dinero como ampliar el *ticket* promedio por cliente ofreciendo más cosas y con más margen, y ampliando así el número de años que estén contigo. Eso sí que mejora considerablemente tu potencial de ventas.

No sé en qué momento me di cuenta de esto, pero mi negocio cambió por completo. Pudimos empezar a pagar más y empezamos a dar mejor servicio y a captar más clientes. Conseguimos mejores márgenes, mejores clientes, mejores resultados... Todo empezó a girar en una espiral de mejora continua. Increíble. Y, bueno, dejo dos consejos más aquí, porque creo que te vendrán bien (y lo mismo te quedas debiéndome unas vacaciones en el Caribe):

- Dar más, a veces, no supone un mayor coste.
- Dar más, a veces, sólo supone que parezca más.

Y, bueno, te lo explico, que no te quiero dejar a medias (no sea que me vayas a deber sólo medias vacaciones caribeñas). Te explico... Dar más, a veces, puede ser simplemente dar más, pero sin aumentar lo que te «cuestan» a ti las cosas. A veces, por ejemplo, dar más es dar lo mismo con un infoproducto que apoya al cliente en algún sentido. Es algo que haces una vez y que tiene un coste ínfimo para ti, pues es prácticamente gratis, pero que al cliente le supondrá un extra enorme. Por favor, relee el párrafo, porque, si haces esto, tus clientes te amarán.

Y, bueno, puedes hacerlo con infoproducto, pero también hay otras formas, como con software. Al final es la misma base: trabajas una vez para ofrecer algo que van a usar con mucha frecuencia y que aporta un extra que realmente amplía mucho el valor y hace que tu producto se vea mucho más «barato» para lo que ofrece.

Bien, y la parte dos, que es muy sencilla de entender. A veces, dar más no es dar más, sino que realmente parezca más. Esto lo entendieron muy bien muchas empresas de marketing hace años, por eso se centraron en mejorar las imágenes, los textos y la presentación de los productos. Hay veces que sólo con que parezca más ya es más. Y que parezca más te cuesta lo mismo que hacerlo igual pero peor. Estudia cómo puedes cambiar la descripción del producto, la *landing*, el envoltorio, la imagen en una tienda, el catálogo, la entrega, etcétera. Sólo con que parezca más a veces ya es más.

Dadme vuestro sucio dinero

Ahora sólo quedaba ver cómo podía conseguir que los clientes pagasen más. Y me puse a investigar como un detective en una misión secreta. Era clave conseguirlo, tenía que lograrlo, y no iba a desistir hasta que lo consiguiera. Y, después de mucho trabajar, empecé a ver cosas que podrían ayudar a mi misión de ganar más por cada cliente.

Primero necesitaba que la gente que gestionase los clientes tuviese una comisión para venderles más; tenían que estar motivados, porque si no era poco probable que se preocuparan tanto por venderles. Creamos un programa de comisiones específico y empezamos a hacer más viajes para visitarlos, porque las relaciones presenciales crean vínculos que aumentan la permanencia y facilitan las ventas. No diré que mis *project managers* son sólo chicas, guapas e inteligentes debido a que hoy en día la gente es muy sensible (ejem..., al menos muchos lo son). Sólo tienes que pensar como una persona con cerebro para conseguir resultados con cerebro. Y ellas son mejores en eso. A mí no me suele gustar hablar con la gente directamente, porque, como un cliente me toque las narices, lo mando a paseo en tres segundos, así que vi que, después de muchas pruebas, eso funcionaba mejor así.

En segundo lugar, decidí crear estrategias de venta específicas: por campañas, por temporada, por tipos de clientes, por resultados... Siempre que fuese un buen momento para ofrecer algo que le viniese bien al cliente, teníamos que hacerlo. Si podíamos hacerle una campaña de Black Friday para que vendieran más, se la ofrecíamos. Si analizábamos un pico en sus sectores, le vendíamos acciones extra para que ganase más, y, si veíamos que la competencia estaba usando una estrategia que parecía que funcionaba, se la ofrecíamos también para que no se quedase atrás. Y todo ello lo seguimos haciendo... Y si no, nos lo inventamos, porque, en realidad, si has prestado atención cuando hablaba de la captación de clientes, cuanto más haces más ganas. Da igual la época del año, porque hay que hacer más todo el tiempo, pero al cliente no se lo puedes decir así. Hay que justificarlo. Pues, bien, se justifica..., y *p'alante*.

Una vez creadas las estrategias, tuve que crear unos sistemas para que estos procesos fueran automáticos y no dejasen de hacerlos si yo no estaba encima. Era lo más difícil, porque a veces pasa que a la gente, hasta que coge el hábito, parece que la información se le esfuma igual que ha entrado. Es la polla... Así que esto era clave, porque, si yo no estaba encima, a veces se les olvidaba, y entonces de nada había servido todo el trabajo que habíamos hecho creando todas las estrategias, mis fumadas de pipa inventándome cosas para ganar más dinero y conquistar el mundo. Así que era clave la creación y el seguimiento del sistema.

Y una vez creados todo el sistema y los procesos en torno a la mejora del *ticket* promedio de cliente, el *cross selling* y el *up selling* (términos ingleses para decir que vendas más, hijo de puta) para cada tipo de cliente, llegó la hora de mejorar el tiempo de permanencia. Cuesta mucho mejorar el tiempo medio de permanencia por cliente, porque tienes que medir bien las acciones y los resultados, y no se puede hacer todo a la vez, así que fuimos poco a poco. Ya sabes que las visitas presenciales ayudaron, pero eso no fue suficiente. Trabajamos la venta y las expectativas de venta para que el cliente no pensase cosas que no iban a suceder, como alguno que creía que con veinte mil euros facturaría un millón al año. Ja, ja, ja..., mira, esto es posible, pero no es normal ni mucho menos. De hecho, el caso que he puesto antes de la gente de Sevilla que empezó con veinticinco mil al mes y en tres meses pasó a ciento sesenta mil al mes, en realidad apenas invirtieron cuatro mil euros para hacerlo. Pero eso no es normal. Eso está fuera de la lógica, y no sería sensato decir que eso pasa mucho, porque no pasa. Lo normal es facturar entre tres y ocho veces lo que inviertes en captación. Eso sí es normal. Lo de esta gente de Sevilla es una locura; no lo intentes en casa. Y, bueno, si mi cliente llegaba con esos humos y tenía unas expectativas erróneas, las probabilidades de perder al cliente aumentaban, porque si luego no se cumplía, pues, claro, el marrón le caía a la agencia. Así que hicimos unos resultados medios por sector para poder ofrecerles unas expectativas razonables basadas en la realidad, y encima se basaban en campañas cuyos números ya habíamos conseguido, así que no era nada que no fuese alcanzable. Como tenemos cientos de clientes, sabemos lo que podemos hacer con cada sector, así que, simplemente, decimos lo que sabemos que somos capaces de hacer, ni más ni menos. Y, bueno, a pesar de eso, sin asegurar resultados, ojo.

Y, por otro lado, trabajamos en el *onboarding*. Trabajamos todo lo que el cliente espera, pero también lo que ofrecemos; todos los servicios que los clientes tenían a su alcance, porque, a veces, ni siquiera lo sabían; todo lo que podían esperar, cómo iba a ser la comunicación y cuándo tendrían los informes. Todo para que nada estuviese fuera de su conocimiento y las cosas fuesen exactamente como les habíamos dicho que iban a ser.

Y, por último, había que cumplir esas expectativas. No hablo de dar más por mejor precio. Eso lo hacen las empresas que van a la quiebra. Tú no tienes que dar más por menos, tienes que dar más de lo que quiere el cliente y cobrar lo máximo que puedas garantizando lo máximo posible esos resultados. ¡Ésa era la clave!

El cliente quería saber que si metía «x» iba a sacar «y», y quería saber cuándo y cómo iba a suceder; y nosotros teníamos que conseguir que eso fuese lo más cercano posible a lo que le habíamos dicho que sucedería. Y, ojo, que a veces nos metemos en cosas que no deberíamos, pero que hacemos por el bien de todos. Con esto acabamos creando servicios como Mystery Shopper para llamar haciéndonos pasar por clientes y ver cómo vendían y demás. Porque, a veces (muchas), no éramos nosotros el problema, sino el vendedor, que era un cabeza de algodón. Recuerdo, por ejemplo, una abogada que nunca hizo nada online, sino toda la vida con el boca a boca, y, como no tenía comercial, puso en ello a la secretaria. Pues te puedes imaginar el espectáculo. Cien llamadas pidiendo presupuesto y ni una sola venta. Ya preocupados, llamamos y vimos lo que allí pasaba. Se lo dijimos, y nos despidió. Ja, ja, ja..., imagínate el caso. Hay veces que es muy duro reconocer lo malo que eres como empresario y que, bueno, ni con tacto se lo toman bien, porque no es nuestra responsabilidad hacer eso, pero, oye..., todo por la patria. Si podemos ayudar al cliente a mejorar cuando la cosa ya parece que se hunde, gastamos todas las balas.

Y, por supuesto, hay que cumplir las expectativas y lograr la promesa cumplida, y no dar por dar, sino dar lo que realmente quiere el cliente; eso fue lo que nos hizo mejorar drásticamente nuestro tiempo medio de vida por cliente y, con ello, nuestros márgenes, que a su vez nos permitieron aumentar nuestros esfuerzos en captación y seguir creciendo mucho más. Era perfecto, una máquina engrasada que, una vez lista, sólo había que ir puliendo poco a poco y que nos hacía poder pagar más que nadie por los clientes que teníamos.

Ahora, tú también conoces esta estrategia, y entiendes cómo funciona para poder aplicarla a tu sector. Y te aseguro que si lo haces correctamente y realizas la investigación correspondiente, tus márgenes aumentarán tanto que, con la reinversión adecuada, será imposible que no destruyas a tu competencia.

38

Más cantidad, mejor, más veces

Acababa de empezar con NeoAttack, como quien dice. A mi entender, yo ya era todo un «experto», y estaba facturando casi un millón de euros al año, aunque en realidad no tenía ni idea de lo que estaba haciendo. Tanto es así que no comprendí cómo funcionan los negocios y perdí bastante tiempo y dinero por querer jugar a los «mayores».

Este problema lo suelen tener muchos empresarios, sobre todo al empezar, en sus primeros años, porque quieren ponerse a hacer muchas cosas. Yo siempre lo digo en mis consultorías en Billionaire Code cuando veo que quieren hacer muchas cosas a la vez, los paro y les cuento una historia de las muchas en las que la he liado por querer jugar a los «mayores».

Éste es el caso de la historia que te conté sobre abrir oficinas en Colombia. Qué gran desastre fue decidir abrir en Colombia y tratar de vender allí. Y no fue un desastre por el hecho mismo de abrir las oficinas y tratar de vender allí, sino por quitar el foco de lo verdaderamente importante, que era seguir vendiendo mucho más aquí.

¿En qué momento un negocio del sector en mayor auge del mundo tiene como techo un millón al año? No tenía sentido, y no porque pueda no ser una buena idea, sino porque siempre se trata de más, mejor y más veces. Primero haces más de lo mismo; luego, lo haces mejor; y después, lo haces más veces. Y, cuando ya no puedes ir a más, sigues en el mismo mercado, pero con otra cosa.

En este caso, siempre es mucho más efectivo aumentar los sistemas de captación sólo de SEO que hacer, por ejemplo, SEO y publicidad en buscadores, como decidimos en el momento en que metí a un comercial y las ventas cayeron puntualmente por un cambio de algoritmo. Tenía que seguir dando *leads* a este comercial para que captase clientes, y no podía permitirme bajar el ritmo, así que tomamos esa decisión. Ésa sí fue una buena decisión, porque estamos aumentando los canales de captación después de estar haciendo el máximo que podíamos en ese momento y de haber hecho más, mejor y más veces durante cuatro años sin parar. Es entonces, al ver que ya no puedes crecer más rápido, cuando decides abrir otro canal de captación (nunca otro mercado).

Primero abres más canales de captación, y vuelves a hacer lo mismo. Más, mejor, más veces... Sólo con hacer más publicidad en buscadores pasamos de un millón al año a tres millones en los dos siguientes años. Sólo haciendo más, mejor y más veces lo mismo que veníamos haciendo. Y no es hasta que tocas el techo de crecimiento de ese canal de captación cuando empiezas uno nuevo. Y no te confundas, porque el techo de crecimiento no quiere decir que no haya más donde publicitarse, sino que deje de ser rentable invertir más ahí después de haber optimizado y vuelto a optimizar ochenta mil millones de veces la estrategia y ver que, efectivamente, ya no hay más donde rascar. Es entonces y sólo entonces cuando tienes que abrir otro canal de captación, bien sea orgánico o de pago, *outbound* o *inbound*, pero, hasta ese momento, nada.

Son muchos los clientes que quieren hacer muchas cosas a la vez, y eso no funciona si no tienen mucho capital, un gran equipo o mucha experiencia, porque abrir un canal que nunca has trabajado antes requiere tiempo hasta que lo conoces y empiezas a mejorar los números y eres competitivo ahí; con lo que, si no tienes capital para perder, un equipo grande para que no te quite a ti tiempo o mucha experiencia y conocimiento de lo que haces, es mejor que vayas uno a uno. Siempre es mejor uno a uno, porque dedicas mucho más tiempo que tu competencia, e inevitablemente, eso hará que, con la ley de la acumulación, consigas ver más cosas, mejorar más cosas y hacer que eso te funcione mejor que al resto, haciéndote así un hueco en el mercado en esa estrategia de captación.

Eliminando incógnitas de crecimiento exponencial

No quiero que vayas lento. No quiero que este párrafo anterior te frene, sólo quiero que hagas las cosas con cabeza. Eso no quiere decir que no puedes publicar en LinkedIn y a la vez en X, antes Twitter, y en Threads y mandar un e-mail al día. Yo, ahora mismo, mientras escribo estas palabras, hago tantas acciones de captación orgánicas como me permite el día, y las hago durante todo el día, porque son gratis. Hago tantas como puedo porque es la forma gratuita más sencilla y exponencial que existe para conseguir lograr mi propósito y llegar al máximo número de personas en el mundo.

Lo que quiero decir con que hagas más de lo mismo y luego añadas es que, si nunca en tu vida has trabajado un sistema de captación concreto, es mejor que le dediques el tiempo suficiente a uno para entender cómo funciona, que veas cuánto debes hacer de eso, cómo se hace; y, cuando ya hayas mejorado y te hayas involucrado lo suficiente, entonces puedes aumentar los canales de captación. Si tienes mucho tiempo, tal vez en una semana estés haciendo lo suficiente en ese canal de captación, porque no es recomendable hacer más acciones diarias. Yo no voy a ser quien te diga que hagas más o menos, eso tendrás que verlo tú, y tendrás que identificar cuál es la mejor forma de hacerlo para tu negocio, el mercado y el momento en que se encuentre ese canal de captación del que estemos hablando.

La ausencia de evidencia no es evidencia de ausencia

Esta frase la dijo Price Pritchett, y me encantó: «La ausencia de evidencia no es evidencia de ausencia». Es decir, que no puedas explicar algo no quiere decir que ese algo no tenga explicación. Que tú estés haciendo todo lo que esté en tu mano y no crezcas, y no veas qué pasa y por qué no creces, no quiere decir que no exista un motivo. Muchas veces, en la mayoría de los casos, no lo verás, y sólo te quedará la fe. Al igual que cuando ves un iceberg, tendrás que confiar en que la parte de arriba es sólo la punta y que hay mucho más que aún no estás viendo, y pensar que debes seguir trabajando para poder comprenderlo y llegar hasta ahí. Es algo que te sucederá a menudo y que no debe desesperarte. La mayoría se impacientará, pero si confías en que hay algo más y que es cuestión de tiempo que lo veas, al final lo verás. Y, cuando eso ocurra, pasarás al siguiente nivel de ingresos, y será tan grande el cambio que ni siquiera tú mismo lo podrás creer. Siempre ha sido así, lo he visto miles de veces, y siempre pasa lo mismo, así que confía aunque no veas motivo para confiar. Sigue adelante, y pronto lo verás.

Tu método no ha funcionado, ahora toca probar el mío

Y, bueno, a fin de cuentas, tu método no ha funcionado. Y ahora estás leyendo estas palabras, tal vez aún sin haberme hecho caso y sin haber aplicado paso a paso lo que aquí te he contado; quizá esperando descubrir si funciona o no y sin ver que yo ya soy rico y feliz y tengo todo lo que siempre quise en mi vida, y tú no. Y no lo digo para hacerte sentir mal, sino para que te des cuenta de la mala pasada que te puede llegar a jugar tu mente. Porque, si ya has empezado a aplicar lo que digo, no hablo para ti; pero sé que la mayoría no lo ha hecho, por eso quería pararme a recordarlo.

No sirve de nada leer sin aplicar. No sirve de nada juzgar sin probar. No sirve de nada hacer lo mismo una y otra vez sin obtener resultados distintos. Si es así, lo que te propongo es que, cuando acabes el libro, vuelvas a empezar y lo subrayes, lo estudies y apliques cada punto que aquí viene. Si lo haces, no tardarás mucho en ver los beneficios del Método Billionaire y sus efectos en todos los aspectos de tu vida. Aplícalo con fe, confía en ti y confía en el método. Date esa oportunidad de cambiar tu vida y lo agradecerás por el resto de tus días. O bien haz lo mismo de siempre, acábalo y empieza otro o no empieces nada. Desde luego te digo que, si llevas más de cinco años trabajando y no estás ganando dinero suficiente como para no tener que saber cuánto gastas, es porque tu método no es tan bueno. Eso es lo que yo tardé en hacer veinte mil euros mensuales de beneficio empezando desde cero y sin dinero.

Si ya estás teniendo resultados

Y si ya estás teniendo resultados y viendo el beneficio de todo lo que hemos hablado aquí, sería de gran ayuda para otras personas que subieses a redes sociales estos beneficios con el *hashtag* #metodobillionaire. De esta forma, muchas personas podrán ver tu testimonio y tus resultados y podrán así confiar en lo que están haciendo y dar ese salto de fe. Estarás ayudando a los demás, igual que yo te ayudé a ti, y eso te hará sentir mejor, porque, probablemente, ese pequeño gesto haya ayudado a muchas más personas de las que puedas llegar a imaginar.

El 95 por ciento de las personas llegará hasta aquí sin aplicar nada. Demuéstrales que funciona y ayúdalos a dar ese salto de fe. Te lo agradecerán eternamente, y yo también, por haberlos ayudado. Para ti, eso supone sólo un momento, y para ellos podrá ser una ayuda para el resto de sus vidas.

La teoría de Elon Musk

Estaba en una comida con mi familia, y en las noticias habían dicho que se estaba propagando un virus que estaba infectando a mucha gente, que era muy peligroso y que tal vez habría que limitar la movilidad de la gente y cerrar fronteras. No le di importancia, porque pensé: «¿Cómo van a cerrar el país y nos van a meter a todos en casa? Eso es imposible, si lo hacen se van a cargar toda la economía». No mucho después ya estábamos todos confinados. La pandemia de la COVID-19 fue un momento en la historia muy interesante en el que algunos se hicieron más ricos, y otros, más pobres. Siempre que pasa algo así hay dos tipos de personas, las que pasan a la acción y las que no.

En nuestra agencia no teníamos problema con el teletrabajo. Teníamos todo online, y podríamos hacerlo sin problema, así que mandé a todos a casa antes de que fuese obligatorio. Pero no fue ése el problema... Trabajar desde casa no es algo preocupante, pero que los clientes empiecen a parar los pagos sí lo es. Y eso fue lo que pasó.

Llamé a un cliente, quería parar, tenía miedo, y me dijo: «No sé lo que va a pasar, ¿y si esto va a peor?».

Cuando el miedo llama a tu puerta, todo se empieza a derrumbar. Y ahí se nota quién gana y quién pierde. Siempre pasa igual. El miedo, como ya hemos visto, nunca es buen acompañante; de hecho, es la peor compañía que puedes tener para conseguir éxito y dinero. A mi favor tengo que decir que lo intenté. Intentamos convencer a ese cliente de que lo mejor era seguir invirtiendo para cuando esto acabase estar muy por encima del resto. Ni caso. Pero ni caso nivel «una polla como una olla». Así de nulo fue el caso que nos hizo.

Otro más llamó, y lo mismo. Y uno detrás de otro. Yo sólo leía por los grupos a las *project managers*: «Otro cliente que quiere parar los trabajos...»; «Otro más, éste también quiere parar...»; «Éste no quiere seguir, y dice que lo deja y ya veremos más adelante».

La gente estaba entrando en pánico. Con cada llamada, mi corazón se oprimía más. El pecho me iba a reventar, me estaba mareando, y la tensión la tendría altísima, porque era como si me hubiese explotado el cerebro. Sentí que iba a perder la conciencia, y en un momento dado me senté en una silla, tambaleándome. «Mierda, vamos a perderlo todo. Seis años de trabajo para perderlo todo en una mañana. No puede ser», pensé. Seguro que te lo puedes imaginar.

Habían cerrado todos los comercios, y, con ello, sus ingresos; y, claro, su decisión «lógica» es activar el modo supervivencia. La mayoría no tendrían ni ahorros, y tenían que hacer lo posible para mantenerse a flote, así que, simplemente, cortaron todos los gastos, incluido el de marketing digital. Recibimos llamadas hasta perder el 70 por ciento de la facturación que teníamos... ¡El 70 por ciento de la facturación!, y yo tenía a cincuenta empleados en sus casas. Pocos momentos de ansiedad y estrés he pasado como en esa época. Sentía que el mundo se iba a la mierda y que todo lo que había construido con tanto esfuerzo iba a desaparecer. No me lo podía creer. Me acostaba preocupado, me levantaba preocupado. Y, para colmo, mi mujer estaba embarazada y yo tenía que hacerme cargo de todo. Tenía que ser una broma. ¿Por qué?, ¿por qué ahora? Tenía que hacer algo, porque estar así era insostenible, así que mi mente se puso a pensar. Pensar siempre es la solución a todos los problemas, y pensar con frialdad.

A ver, ¿qué podemos hacer? Mi competencia está pasando por lo mismo, y he hablado con algunas personas del sector y también están perdiendo clientes. Nadie parecía tener la respuesta, y todos estaban en modo pánico, pero algo tenía que hacer. Seguro que algo podíamos hacer. Y, mira, no conozco a Elon Musk, pero me puse a pensar qué haría él si estuviera en esta tesitura nuestra. Seguro que tendría algún consejo maravilloso que me ayudaría a gestionar esto... Y entonces lo pensé: en las crisis hay que hacer lo contrario que todo el mundo. Si todos paran para poder tener un poco de aire, yo debo duplicar el trabajo y las inversiones. Eso es lo que debo hacer. Ya había escuchado alguna vez que cuando cae la bolsa es cuando hay que invertir, porque cuando todos tienen miedo es cuando se gana. Habría invertido si hubiese sabido, pero no tenía ni idea, y tenía que sacar el trabajo de mi vida, así que tenía que jugármela.

Hay un dicho que siempre repetimos en NeoAttack: «Hemos venido a jugar». Lo repetimos siempre porque, cuando empezamos, yo no tenía ni idea y había que hacer cosas que nunca habíamos hecho, y, como no tenía ni idea de si funcionarían siempre decía: «Hemos venido a jugar». Era mi forma de decir: «Si perdemos dinero, pues lo perdemos, pero algo hay que hacer, no nos vamos a quedar quietos, hay que seguir avanzando». Así que aquello era mi oportunidad. Una vez más habíamos venido a jugar, y yo tenía que hacer lo que nadie. Ésa era mi oportunidad.

Decidí no parar la publicidad y seguir como estábamos. Si los costes eran más bajos, los pocos *leads* que hubiese en el mercado serían para mí. Si todos tenían miedo, entonces era el momento de invertir más, porque nadie lo estaba haciendo. Era arriesgado, sí. Me estaba jugando mi futuro, el de mi familia, de mi hija nonata y de cincuenta personas más, pero merecía la pena intentarlo. En ese momento, antes de verano, estaba invirtiendo unos cinco mil euros al mes.

Me comuniqué con la directora de PPC (pago por clic) y se lo dije. «¿Estás seguro? Piensa que si todos han quitado las pujas será por algo», me respondió. Era justo eso. Por algo las han quitado, porque todos van igual y haciendo lo mismo, pero nosotros no, nosotros íbamos a hacerlo distinto, porque no voy a ser yo quien recomiende eso a mis clientes. Así que mantuvimos las inversiones en publicidad..., y rezamos.

Creo que los primeros días apenas dormí, y, cuando dormía, a menudo tenía pesadillas. Era mucho dinero, y aquello tenía que funcionar sí o sí, así que estuve atento viendo qué tal iba, hablando con los del área comercial continuamente para ver la evolución y recogiendo *feedback*. Costaba cerrar los clientes, pero los que contactaban eran aquellos que querían invertir incluso con la situación actual, así que empezamos a ver resultados. Tres meses más tarde estábamos recuperando la facturación total, y a final de año acabamos facturando el doble que al inicio e invirtiendo cuarenta mil euros al mes en publicidad. ¡Pasamos de cinco mil a cuarenta mil al mes! Y estábamos duplicando la facturación y saliendo victoriosos de algo que parecía el fin del mundo.

Mierda, qué suerte, dirán algunos. ¿Suerte?, los cojones. Sabía lo que tenía que hacer, y al mismo tiempo estaba muerto de miedo. Sabía que tenía que hacerlo, es lo que se hace en momentos de crisis, lo había leído en tantos libros tantas veces que sería estúpido no hacerlo. Es más, hasta a mis clientes se lo recomendaba. Yo sabía que había que hacer eso. Habíamos mantenido a todos trabajando cuando la facturación bajó para hacer más esfuerzo en captación de clientes que el resto, y, además, metiendo publicidad. Eso no es suerte, amigo, eso es conocimiento y afrontar miedos, es tener fe y hacer lo que toca hacer.

Fue un año muy complicado, pero, desde luego, mereció la pena, y, por supuesto, aprendí cosas importantes que ahora te quiero contar a ti. La primera cosa importante creo que está clara: cuando todos dejan de invertir es cuando tú tienes que duplicar el esfuerzo y la inversión. Eso, simplemente, hará que adelantes al resto, inevitablemente. Hago esto cada verano, cada Navidad, cada fin de semana... Con los años, eso me da una ventaja muy grande sobre el resto de mis competidores, y no sólo con publicidad, sino con horas de trabajo y sacrificio. No pueden competir contra mí, es imposible, a menos que metan la misma intensidad que meto yo en el trabajo. La segunda lección muy importante y que hizo que nos fuese tan bien es que confíes en ti y en lo que sabes hacer. Yo sabía que era el momento de invertir porque nadie lo hacía y los costes publicitarios eran bajísimos, y confié en mi instinto y lo hice. Siempre es una buena idea escuchar tu intuición.

Puto Elon Musk. Gracias por eso, aunque tú ni siquiera supieras que me ayudaste, sí fuiste mi consejero y me impulsaste a tomar las decisiones adecuadas. Gracias.

39

Creación de procesos y sistemas

Hace tiempo me invitaron a una charla TEDx. Fue sobre creación de procesos y sistemas, porque es algo de lo que hablo mucho en general. No por nada, sino porque es necesario para no colapsarte a partir de cierto volumen de negocio. (Si quieres aprender más sobre esto, puedes ver esa charla en el canal de TEDx en YouTube.)

El caso es que siempre llega un punto en el que, como no tengas bien definidos los procesos y analizado todo, la cosa explota. Y no explota flojito, sino que empiezas a perder clientes, los empleados nuevos no saben qué tienen que hacer, la gente está perdida, los clientes, perdidos también, no hay mediciones de absolutamente nada y dejas de crecer..., y encima quedas mal porque das un mal servicio.

No lo digo por decir, porque todo lo que digo ya me ha pasado. Jamás había oído hablar de sistemas hasta que mi amigo Leonard Dima me lo explicó. Leonard es un empresario muy inteligente y me contó cómo se creaban los sistemas para poder escalar un negocio. Creo que al principio no le di mucha importancia, porque no tenía ese problema, pero después el problema fue creciendo y acabé metiéndome la hostia por no escuchar.

Ahí fue cuando me empecé a interesar por la creación de procesos y sistemas, y eso es justo lo que te quiero contar a ti para que no te pase y puedas conseguir tener todo controlado antes de tener problemas y que te pasen factura.

Mira, piénsalo bien. ¿Cómo hace McDonald's para que todo sea igual en todos sus restaurantes? ¿Crees que la gente se lo inventa en cada caso y ya está? ¿Hay una persona que le dice a cada empleado todo, o bien emplean un proceso algo más avanzado?

Yo no lo sé, pero quiero imaginarme que tienen manuales de procesos; y es que hasta el orden en que ponen el pepinillo está marcado por protocolo, porque saben que se tarda menos tiempo en montar una hamburguesa si lo pones de esa forma y porque es menos probable que se caiga. Ya está todo medido, estudiado..., y los empleados no tienen que pensar en nada, sólo ejecutar.

Eso les permite principalmente dos cosas: la primera es que todo se va a hacer igual en todos lados, con lo que no tienen que inventar nada, sino que sólo se inventa una vez y se deja por escrito, y todo funciona exactamente igual; y la segunda es que, cuanto más automatizado esté el proceso, menos cualificación del personal se necesita. Tal vez en McDonald's no lo veas tan claro, pero hay restaurantes que tienen ya la pasta hecha y la salsa en bolsitas. Sólo tienen que juntar, remover y listo. Por eso les sale todo exactamente igual, y, además, se ahorran tener un cocinero u otro más, que siempre es el mayor problema a la hora de escalar restaurantes, porque es de la persona de la que más dependes, y, para escalar un negocio a lo bestia, eso no puede (o no debe) suceder.

Cuanto más dependas de cada persona, menos escalable es el negocio, porque si esa persona falla o se va, tienes un problema. Así que, cuanto más definido esté lo que tiene que hacer el empleado, más fácil va a ser poder escalar.

Por supuesto, eso no vale en la toma de decisiones. Los puestos directivos son los que analizan y mejoran los procesos para que el resto los hagan; si se automatiza también la tarea de estas personas, no habrá posibilidad de mejora, y al final acabarás siendo menos competitivo.

Entonces, si ya tienes un negocio y no tienes procesos y sistemas, tienes que crearlos. Y, si no tienes negocio, quédate con lo que vamos a ver a continuación, porque, en cuanto empieces a crecer, te vendrá bien aplicarlo.

Pasos para la creación de procesos y sistemas

Bien, cuando creamos un proceso, lo que necesitamos es identificar las partes del proceso para que quede bien definido. Por ejemplo, un proceso de ventas de mi agencia de marketing sería el siguiente:

1. Recibimos una petición de presupuesto.
2. Identificamos si el peticionario tiene dinero o no para poder contratar; si es que sí lo tiene, le damos cita, y si es que no, le recomendamos otras agencias.
3. Si tiene dinero, según cuánto tenga, se le redirigirá a un comercial o a otro; cuanto más tenga, más probable es que se le redirija a un comercial con mayor porcentaje de cierre.
4. Entonces pasamos a la primera reunión de las dos que haremos. En la primera se analiza qué quiere el cliente para poder darle una solución; no dura más de 30 minutos.
5. En la segunda reunión le hacemos una propuesta económica para lo que entendemos que le viene mejor según su situación.
6. Después hacemos el seguimiento de las propuestas y el cierre.
7. Y, finalmente, hacemos el envío a administración de documentación para la firma del contrato, los datos para el giro bancario mensual, etcétera.

Como veis, el proceso no tiene por qué ser complicado; de hecho, es algo sencillo, son pasos que hemos establecido, aunque puedan haber cambiado con el tiempo. Al principio, yo lo hacía todo; luego, un comercial me ayudaba, y yo hacía contratos y cobros; después, esto lo hizo una persona de administración; más adelante pasamos de hacer una reunión e hicimos dos; luego, metimos un calificador, porque había muchos *leads* y llegaban algunos que no tenían dinero suficiente, etcétera.

Los procesos no tienen por qué ser inamovibles. Es más, lo normal es que tengas que cambiarlos según crezca la empresa; e incluso pueden cambiar si metes algún software para así ahorrar tiempo en alguna parte del proceso. La gracia de esto es que puedes medir porque ya tienes identificado el proceso y el tiempo que quita cada parte de este para poder acortarlo.

Y, además, también puedes medir los *inputs*, lo cual hace que, si algo va mal, tengas controlado qué está fallando. Por ejemplo: sé que llegan unos mil *leads* al mes, pero este mes han llegado unos ochocientos *leads*; entonces ya sé que algo está fallando, y puedo revisarlo. Otro ejemplo: llegan unos mil *leads* al mes, pero resulta que, normalmente, un 70 por ciento de los peticionarios no tiene dinero suficiente, mientras que este mes concreto es un 80 por ciento; entonces ya sé que algo hemos cambiado que hace que la calidad del *lead* haya bajado, con lo que podemos reaccionar y revisar.

Ésa es la gracia de los procesos, que nos permiten analizar cómo vamos, si mejora o empeora y, además, los tiempos para poder acortarlos. Porque, generalmente, los procesos son mejores cuanto más cortos son, porque ahorrarás tiempo..., y tiempo es dinero. Por eso, todo lo que se puede hacer con un CRM o un ERP automáticamente siempre será mejor que si se hace manualmente. Y todo lo que puedas tener medido siempre será mejor que lo que no tienes documentado.

Al principio, tú lo miras todo porque estás en el día a día, pero, cuando la empresa crece, no puedes estar pendiente de todo y tienes que delegar estas tareas y mirar simplemente los KPI (*key performance indicator*, o 'indicador clave de desempeño') que van por encima. En el caso de las ventas, miras cuáles son las ventas del mes, que es el resumen de todos los KPI del proceso juntos. O bien, si quieres tener más información, puedes medir la facturación que entra y cuántos clientes y qué *ticket* o qué sector, por si necesitas información para contrastar con la persona que corresponda para emprender acciones con respecto a ello.

40

Es hora de poner excusas

Llegados hasta aquí, me imagino que es probable que en tu mente tengas muchísimas excusas para no seguir lo que digo en este libro. Incluso después de ver que hay un montón de gente que, tras leer el libro y seguirlo, está teniendo resultados, siento que muchos seguiréis con excusas. Se me ocurren algunas: «No será tan fácil, si no ya lo habría hecho todo el mundo»; «Me da vergüenza, no sé cómo empezar, no sé qué vender, me cuesta hablar en público»; «Para mi país, eso no funciona, o para mi ciudad no funciona, o para mi sector no funciona, o para mi servicio no funciona»; «No tengo ordenador (no lo necesitas)»; «No tengo dinero (no lo necesitas)»; «Soy muy joven, o muy mayor, o me falta un brazo, o soy tartamudo...».

Puedes inventarte todas las excusas que quieras. Al final, las excusas son eso, sólo excusas. Estás tratando de evadir tu responsabilidad de hacer lo que tienes que hacer. No es relevante nada de lo anterior, lo único relevante es si lo haces o no. ¿No lo haces porque eres tartamudo o porque tienes miedo a que te critiquen? En realidad es por miedo, no porque no puedas. Y eso tiene que ver con todo. Si no lo haces, no es porque no se pueda, no funcione o no te vaya a ir bien, es simplemente que tu cabeza quiere protegerte porque piensa que esto es un peligro. Como si haciéndolo te fuese a pasar algo, ¿sabes? Como si tú ya vieras que te va a pasar algo malo. Absolutamente, no se trata de nada de eso. Simplemente es que hay unos bloqueos mentales que tienes desde pequeño y que, si no los afrontas, te estarán estorbando el resto de tu vida para hacer cualquier cosa que quieras para destacar y tener éxito.

Las excusas nunca son la razón por la que haces algo valioso, simplemente son eso, excusas. Te inventas cosas para evadir la verdadera razón de tu decisión, la que sólo tú sabes y que eres el único que puede desbloquear. Ésa es la razón paralizante.

Simplemente, piensa que eso que te bloquea es lo que seguramente lleva bloqueándote toda la vida por algo que te pasó y que hizo que se crease una creencia en ti. Es eso que hace que no consigas lo que quieres y que te llena de infelicidad. No se trata del problema que tienes, sino de no afrontar el problema. Mira, con frecuencia, a mí me dicen que, claro, que yo, «X», porque no tengo hijos... Cambia «X» por lo que quieras. Pero la realidad es que tengo una hija de cuatro años y tengo otro recién nacido. Y, cuando les digo que sí tengo hijos, ellos vuelven a poner otras excusas, relacionada con niños o no, pero siguen probando con excusas. Necesitan encontrar algo que encaje con aquello que piensan que es el motivo de que ellos no lo han hecho y yo sí; algo por lo que ellos no han podido tener éxito, un impedimento de cualquier tipo, lo que sea. Pueden ser hijos, tiempo o que les falte una oreja. Siempre hay una buena excusa para no asumir tu parte.

Una excusa no va a hacer que nada cambie; un gran motivo por el que luchar sí lo hará. Cualquier justificación para no actuar es sólo eso, una justificación. La gente exitosa no se justifica, simplemente lo hace, y ya está. Y si te conviertes en un caso de éxito o no después de leer este libro dependerá sólo de la cantidad de excusas que uses para no hacer todo lo que he puesto aquí o que no uses ninguna, y para evadir una parte o no hacerlo el tiempo suficiente. Eso lo harán muchos para dejarse una puerta abierta al fracaso y poder echarme la culpa. Si no lo hacen todo, ya tienen la justificación en su cabeza, pero no asumirán su parte, y dirán que el Método Billionaire no funciona; incluso aunque haya miles de personas diciendo que sí funciona, les dará igual, porque eso es más cómodo que reconocer que no hicieron todo lo que dije aquí durante todo el tiempo necesario. Simplemente, se trata de excusas.

Si decides que el éxito no sea una opción sino que sea el único camino, dejarás de poner excusas y te pondrás a trabajar. Volverás a leer cada capítulo, subrayarás e irás poniendo todo en práctica para conseguir lo que te has propuesto. Leerás tus metas a diario, te convencerás de que lo vas a lograr hasta que tengas plena fe en lo que estás haciendo. Dejarás todos los miedos a un lado, el miedo al fracaso, al dinero, a la crítica..., da igual, y despejarás tu cabeza de todo y empezarás a sentir tu corazón. Y, en ese momento, una llama se encenderá, y lo entenderás todo. Sentirás una fuerza por dentro que nunca sentiste y tomarás la determinación cada día para que ese día merezca la pena; para que tus ancestros estén orgullosos, que tu dios esté orgulloso, que tu familia y tus hijos estén orgullosos. Y harás que esta vida merezca la pena.

Lo conseguirás eliminando las excusas, las creencias y todo lo que has aprendido anteriormente que te bloquea, y dejando paso a la paz, la alegría y la iluminación. La inteligencia infinita del universo te indicará el camino. Siempre estuviste preparado para este momento, es sólo que aún nadie te había ayudado a dar el paso; pero, cuando lo das, todo cambia y ya no hay vuelta atrás. Empezarás a vivir tu vida de una forma completamente distinta y volverás a soñar. Verás que tus sueños pueden cumplirse y te levantarás con la misma ilusión cada día, como si ya se hubiesen cumplido. Porque no es la meta, es el camino. Y te encontrarás disfrutando y sintiendo la energía y la fuerza de esa persona que ha conseguido ser su mejor versión. Que ha conseguido recuperar la ilusión y que está dispuesta a dejar huella en este mundo.

Y, cuando sientas que te faltan fuerzas, vuelve aquí y lee este capítulo de nuevo; incluso lee el libro otra vez. Yo siempre estaré contigo para apoyarte en el camino y volver a coger energía para seguir caminando hacia tu destino. El éxito es sólo para los valientes. Demuestra al mundo quién eres.

41

Entonces, ¿qué se necesita para tener éxito?

Después de hablar con cientos de personas exitosas, además de darme cuenta de que el éxito tiene unas características y un método concreto al que hemos dado forma en este libro, he detectado que las personas exitosas también tienen unas características concretas. Esas características son la clave para poder desarrollar tu máximo potencial, y, realmente, todas las puedes adquirir, porque nadie viene con ellas desde que nace.

No hay nadie con éxito que no las tenga todas. Nadie. Así que míralas bien e introdúcelas en tu «dieta» del éxito. Trabajar en ellas y anotarlas como algo indispensable a mejorar te ayudará a conseguir todo lo que te propongas y a que éste no sea otro libro más en tu cuenta de lecturas.

Motivación y propósito

Nadie nace con propósito, ni nadie está siempre motivado. Pero, en la medida en que consigas levantarte por la mañana con una buena actitud y enfocado en tu propósito, conseguirás más o menos rápido llegar a tu objetivo.

La mayoría de las personas no tienen propósito. No se levantan por nada, no leen a menudo las cosas que les gustaría conseguir ni se enfocan en ello. Una vez que acaban la universidad se ponen a trabajar, y, cuando sienten que ganan poco, se esfuerzan más, estudian algo más para mejorar sus condiciones laborales o encontrar otro trabajo. Eso es todo. Y, la verdad, eso es todo para ser pobre, no para tener dinero y ser feliz. Para poder tener éxito, ser feliz y tener dinero, lo que necesitas es no perder de vista tu propósito y trabajar cada día con la actitud de una persona que sabe que va a ganar. Si te levantas así y trabajas en alcanzar esa actitud mental, cada día tu rendimiento será mayor y tu enfoque en resultados multiplicará tus probabilidades de éxito.

Recuerda que el propósito es clave para enfocar tus pensamientos, tus decisiones y tus resultados. Sin un propósito lo suficientemente grande, caerás en el primer bache.

Conocimiento y aprendizaje

Necesitarás aprender constantemente. O, bueno, más que aprender, comprender, porque debes interiorizar el conocimiento y poder aplicarlo. Necesitarás interiorizar el conocimiento que te hará mejor en lo que sea que vayas a vender, pero también necesitarás conocerte a ti mismo para poder mejorar como persona y subir de nivel. Hay varios libros que me ayudaron mucho y que te recomendaría leer. Aunque no creo que debas leer muchísimos libros para poder llegar a tus primeros diez mil euros mensuales. En realidad, con estos que menciono tienes suficiente, y deberías estudiarlos y leerlos en bucle para no mezclar conceptos e intoxicar ideas; son los siguientes: *Piense y hágase rico*, de Napoleon Hill; *La regla de oro de los negocios*, de Grant Cardone; *Hábitos para ser millonario*, de Brian Tracy; *Conversaciones con Dios*, de Neale Donald Walsch; *Tú naciste rico*, de Bob Proctor; *Burlar al diablo* (novela), de Napoleon Hill; *El principio de Peter*, del Dr. Laurence J. Peter y Raymond Hull; y *El poder de tu alter ego*, de Todd Herman.

Verás que muchos conceptos se repiten en ellos, pero, como entenderás, la repetición es la clave de esto, así que no tengas reparo y léelos una y otra vez. No creo que los hayas leído todos tres veces antes de que llegues a tu objetivo. Aunque, como ya he dicho varias veces, en realidad, sólo con este que estás leyendo ahora ya deberías tener suficiente. En todo caso, a mí me sirvieron mucho esos libros, y por eso te los recomiendo a ti también. Son grandes autores y grandes libros, y no hay nada más increíble en la humanidad que el poder de traspasar información de unas personas a otras a lo largo de la historia. A un precio ridículo tendrás a tu alcance el saber de las personas con más éxito del mundo en sus campos, sólo para ti. Aprovecha esa ventaja que te da el universo y úsala a tu favor. Y, recuerda, no es la cantidad, sino la capacidad de aplicar.

Mantener disciplina y perseverancia

Probablemente, una de mis palabras favoritas es *perseverancia*, porque sin duda es la cualidad más importante de todas. La diferencia entre el exitoso y el fracasado es el número de veces que lo han intentado. Los que fracasan se rindieron antes de dar con la tecla. Siempre es igual. Nunca lo intentaron lo suficiente, el miedo pudo con ellos, la falta de confianza acabó por cortar sus esperanzas..., y abandonaron. No dejes que esto te suceda. Ponte una meta tan loca que merezca la pena intentarlo día tras día, y aplica la disciplina necesaria para llevar a cabo el proceso día a día, sin fallar. No fallarte es el primer paso para encontrar el camino. No puedes decir que vas a hacer algo y no hacerlo, siempre tienes que cumplir tu palabra, que seguir hasta el final y que hacer lo que has dicho que vas a hacer. Así que comprométete con la vida, con tu vida y la de tu familia. Es esa disciplina la que hará que con el tiempo agradezcas no haber ido de fiesta sino haberte quedado trabajando; y, cuando pasen los años, tus amigos te preguntarán cómo lo hiciste, la gente dirá que fue suerte y quien no te conozca dirá que pasó en dos días. Tú sabes lo que hay que hacer: sólo seguir con el plan hasta que se cumpla. Nada más.

Tener confianza y fe

El siguiente punto clave es la fe. Está claro que tener fe no es algo sencillo. Es complicado creer en ti mismo cuando nadie nunca ha creído en ti. Y tener confianza ciega en que, si pones el suficiente trabajo, acabarás alcanzando tu meta no garantiza nada. Pero ¿sabes qué?, todas las personas de éxito creyeron en sí mismas, así que es seguro que no tendrás éxito si no crees en ti mismo.

Por el motivo que sea, cuando crees en ti haces las cosas de otra forma. Se nota en tu actitud, en tu forma de expresarte, en la manera en que te comunicas, en cómo haces las cosas. Todo cambia... ¿Y tú sabes qué es lo más importante para confiar en ti? No fallarte a ti mismo. Cuando eres tan disciplinado que haces siempre lo que dices, tu confianza va aumentando, porque nunca fallas, y eso te da un superpoder, porque sabes que tú no fallas y que, como mucho, el que esté en frente va a estar igual, pero no mejor, porque, si tú no has fallado año tras año, las mayores probabilidades son que los demás vayan cayendo por el camino.

¿Por qué crees que Cristiano Ronaldo acabó superando a todos? Simplemente, porque no falló, y cada año cumplió cada día; y, sin embargo sus competidores no fueron capaces, así que cada vez quedaba menos y menos gente a su nivel, hasta que fueron tantos los años de disciplina que finalmente sólo había dos. Cristiano y Messi, que ganaban todos los balones de oro sin que nadie pudiese ni acercarse.

Ésa es la recompensa de confiar en ti. Que, al final, le pones tanta fuerza, tanto empeño y tantas ganas que todos se acaban quedando detrás, superados por algo que nadie te podrá quitar nunca: tu fe.

Hacer, no temer

La gente de éxito no tiene miedo. Aprovecha cualquier oportunidad para seguir avanzando en las casillas de la partida de la vida; sin dudar, sin titubear. Un ejemplo claro es mi actual amigo Dimas Bueno. Dimas vivía en Venezuela, y lo contraté un tiempo como *freelance*. Era tan bueno que cuando abrí mis oficinas en Bogotá (Colombia), le dije que si quería ir allí a dirigirlas, y él, sin dudarlo, me dijo que sí.

Se acababa de casar cuando se lo ofrecí. Una semana después de casarse me había dicho que sí, y que se iba a marchar sin su esposa para estar allí unos meses antes de traerla a ella. Tenía excusas de sobra para quedarse en Venezuela, pero decidió irse, y el destino no se lo puso fácil. Camino del aeropuerto, a Dimas lo atracaron con una pistola y le quitaron todo lo que tenía, menos el móvil, curiosamente (parece que, al ser un iPhone, el ladrón no lo quiso). Ya sin nada, Dimas llegó al aeropuerto y fue a hacer el *check in*, pero no le dejaron hacerlo. Al parecer tenía que comprar un billete de vuelta a Venezuela para poder salir; así que me llamó. Por suerte, yo estaba despierto y pude comprar su vuelo de vuelta, y él pudo salir. Cómo es el destino que sólo le dejaron el móvil y, sin nada más, aun así decidió irse.

Llegó a Bogotá sin nada, literalmente, y después, tras trabajar cinco años para mí allí, acabó viniendo a España a vivir, trabajando también para mí, pero desde Madrid. Cambió su vida por completo por no tener miedo, por no decir que no, por ser valiente y por luchar por lo que quería en su vida. Porque podía haber tenido miedo de mudarse de Venezuela a Colombia sin haberme visto en la vida o, después, de venir a España sin ningún tipo de seguridad sobre su futuro, pero no lo tuvo.

Para muchos, Dimas fue afortunado por encontrarme. Para los que me conocen, yo tuve la suerte de encontrarlo a él, porque, cuando había un problema, aunque no supiera resolverlo de inmediato, él siempre se ofrecía, investigaba y lo resolvía.

Dimas nunca dudó en hacer algo que yo le dijese, siempre estaba listo para trabajar, día y noche, todos los días de la semana. Quienes trabajan directamente conmigo saben que yo no sé qué día de la semana es, y saben que les puedo escribir o llamar cualquier día a cualquier hora. Él aceptó eso, sin miedo, sin quejas, siempre dispuesto a darlo todo por cambiar su vida..., y la cambió.

Me siento afortunado de tenerle cerca. No tiene miedo de nada, es un luchador, y la verdad es que, cuando encuentras a alguien así en tu vida, no puedes dejarlo pasar. Me vi reflejado en él, y sé lo que vale ser así, por eso estoy tan agradecido y por eso creo que este ejemplo es perfecto para demostrar cómo el éxito está en cualquier lugar siempre que no tengas miedo de abrazarlo.

Recuérdalo siempre. La mayoría de las personas nunca van a hacer el suficiente esfuerzo para obtener un éxito extremo porque están tan concentradas en proteger lo que tienen o lo que han conseguido que el miedo que tienen no les deja arriesgarse y alcanzar nuevas cuotas de éxito. Da igual el punto en el que estés, los exitosos siempre están dispuestos a jugársela y a apostar todo porque confían en ellos, no temen, conocen sus posibilidades y van a por todas sin importar el resultado, y porque saben que, sea como sea, lo acabarán logrando. Por eso siempre ganan.

Hoy, Dimas es uno de mis mejores amigos, y, aunque trabajamos mano a mano, mi amistad con él está por encima de todo.

Ayudar y dar antes de recibir

Las generaciones más jóvenes de hoy en día son basura. Lo siento si eres joven, pero sois basura. Pensáis que venís con todo bajo el brazo sin haberos ganado nada. Lo merecéis todo, pensáis: una casa, comida, un buen trabajo, cobrar mucho, no hacer ni el huevo... Increíble. Y es increíble porque esta sociedad la construyeron personas que no escatimaron en dar antes de recibir, y no al revés.

¿Cuántas personas han trabajado gratis para aprender y, luego, poder ejecutar? ¿Cuántos han hecho horas extras para demostrar su valía y ascender? ¿Cuántos han dado un poco más sólo por lograr el éxito? Sin ir más lejos, Warren Buffet, quien, antes de ser el mayor inversor del siglo, trabajó gratis para Benjamin Graham, pero lo hizo porque, en realidad, Warren sabía que, si no cobraba, quien estaba ganando más en esa fórmula era él mismo, al minimizar su coste de aprendizaje y de tiempo para lograr el conocimiento que quería adquirir.

Yo regalé horas y horas de contenido (y las sigo regalando en redes y en e-mail) a cambio de nada..., gratis. De hecho, este libro es casi gratis, o incluso tal vez lo estás leyendo gratis en algún lugar..., eso es irrelevante. Ahí está la prueba.

Pero no es sólo esto, porque esta teoría se ha aplicado en miles de momentos en la historia y así educan los padres a sus hijos. Así se lo dijeron a Robert Kiyosaki cuando lo pusieron a trabajar para que aprendiese. De hecho, eso recomiendan muchos gurús en el mundo: trabaja aunque sea gratis en un gran lugar para poder aprender de los mejores.

No es casualidad que esto se repita tanto, y es simplemente por la ley de la compensación (o ley de causa y efecto). Cuando tú das, el universo te acaba devolviendo. A veces no con la misma persona, a veces, te devuelve con otras, a veces, no en el mismo momento y, a veces, más adelante. Pero el universo siempre te devuelve lo que das si lo haces con amor y sin esperar nada a cambio.

Preocúpate en dar más a todo el mundo. A tus clientes y a los que no lo son. A tu esposa, a tus hijos, a tu familia. Y no sólo dinero, aquí no hablamos sólo de dinero, da conocimiento, da cariño, da amor..., y te volverá multiplicado.

Llámalo Dios, llámalo karma... A mí me funciona, pero, como sabes, sólo funciona cuando lo haces sin esperar nada a cambio y desde el amor, no desde el miedo. Si las plegarias de algunas personas no funcionan es porque las hacen cuando ya no les queda más remedio, siempre desde el miedo, desde la duda, desde la desesperación... Eso no es fe, eso no es dar a cambio de nada. Tú no puedes pedir así, porque no se te dará.

Aprende a dar y a hacer tu trabajo desde el amor y la ayuda, y recibirás eso multiplicado. Y creo que no hay nadie que tenga un éxito extremo que no haya hecho las cosas así, siempre desde la bondad.

Pertenecer a una comunidad

Seguro que, después de todo, ya sabes la importancia de estar bien rodeado; por eso pertenecer a una comunidad te ayudará a mejorar, y no sólo eso, te ayudará a conseguir mantener tu actitud, a ser constante, a aprender de otros, a intercambiar conocimientos y opiniones, a ver nuevos puntos de vista... Por eso creé la comunidad Billionaire, precisamente para que la gente tuviera ese lugar de encuentro con personas de ingresos y aficiones afines. Al principio no le di tanta importancia, porque no entendía lo mucho que le importaría a la gente, pero hoy tengo claro que es uno de los puntos más fuertes de mis programas.

Trabajo duro

Uno de los grandes mitos sobre la gente de éxito es que trabajan poco. ¿Poco?, ¡por los cojones! Esos casos son aislados; conozco demasiados ricos (incluido yo mismo, aunque esté feo decirlo, y que se joda quien se sienta molesto), y todos son muy trabajadores. Los ricos holgazanes son casos excepcionales, o bien se da en profesiones en las que el talento está por encima de todo lo demás, como pasa con ciertos cantantes.

El verano pasado estuve en el mismo hotel que estaba alojado Anuel AA (@anuel), un cantante de *trap* bastante famoso. El tío estaba fumando porros y bebiendo en una zona apartada del hotel. Y, la verdad, lo admiro por eso... No le admiro por fumar porros y beber alcohol, pues eso creo que debe hacer que tenga el cerebro hecho papilla, sino porque tener éxito manteniendo esos hábitos tan malos es algo increíble y que escapa a toda lógica. Supongo que se debe a que, simplemente, el tipo tiene talento. Te gustará o no te gustará, pero tiene talento, porque a mucha gente le gusta, y eso es lo que hoy en día importa. Si te parece que canta mal o bien, a mí me da igual; a mí me gusta, y hacer lo que hace es lo que él quiere en su vida, y lo ha logrado. Pero no pienses que a ti te va a pasar igual. Esto es un caso entre millones. Normalmente, los cantantes son algo excepcional, porque ya te digo que, para un empresario que dirigiese un negocio fuera de la música, mantener eso estaría complicado. Y no digo que no se pueda, simplemente que hay que ser demasiado bueno para hacerlo; y creo que si él no tuviese esos vicios seguro que sería todavía mejor.

Entonces dile algo a Pedro Buerbaum (@pedrobuerbaum), que estuvo tres años sin salir de La Pollería, sin vacaciones y sin parar de trabajar, que triunfó sólo porque inventó unos gofres con forma de penes. Sería estúpido pensar que el éxito es sólo eso.

O dile a Carlos Muñoz (@mastermunozoficial) que tuvo éxito sólo porque tuvo suerte, cuando este Muñoz ha publicado un montón de libros, no para de crear contenido y ha hecho varios negocios millonarios desde cero y sin capital. Yo he visto cómo este tío hacía directos todas las semanas sin fallar y en varias plataformas, trabajando los domingos, los sábados, los festivos... Eso no es suerte, eso se llama trabajo duro.

Los ricos tienen callos. Yo no sé qué es un fin de semana. Hoy es sábado, son las dos del mediodía. ¿Crees que me importa que sea sábado? Me he levantado a las cuatro de la mañana y llevo todo el día trabajando. ¿Crees que no hay un patrón común de trabajo duro entre la gente más exitosa? Ya te digo yo que sí. Porque no es sólo la disciplina y la perseverancia, es la intensidad de trabajo. Es el trabajo hasta el desgaste, hasta que tu cerebro no puede más. Ésa es la forma en que debes trabajar para alcanzar las cuotas más altas de éxito.

Aunque esto no es lo que quiere la gente. No es divertido, por eso la mayoría no lo hará y buscará alternativas *light* en las que ganar dinero rápido y acabará perdiéndolo todo. Siento arruinarte esa ilusión.

Tiempo para procesar

Otro factor en común entre la gente de éxito es que saben que se necesita tiempo. Es como un bebé en gestación... Por mucho que quieras, en tres meses no va a salir. Necesita nueve meses para poder nacer. Y nueve mujeres juntas tampoco tienen un bebé en un mes. Por muchas vueltas que le des, son esos meses, y ya está. Pues con el éxito es lo mismo, sólo que no sabes cuándo sale. De ahí que lo mejor sea seguir aplicando el máximo de esfuerzo posible sin pensar en el tiempo.

Si yo hubiese pensado en el tiempo habría parado mucho antes. Pero, dos años después de empezar, yo seguía intentándolo sin apenas ganar dinero. Es ridículo lo poco que ganaba y lo rápido que pasé a multiplicar mis ingresos entre el año dos y el cuatro. Fue algo casi mágico, porque si hubiese cogido el histórico para trazar los dos siguientes me habría echado a llorar; pero no pensé en eso, y seguí poniendo trabajo masivo, simplemente seguí luchando por mi sueño sin parar, y el tiempo hizo el resto.

El tiempo juega a tu favor, y, cuanto más tiempo estés poniendo más trabajo que el resto del mundo, bien enfocado, con acciones masivas, tal y como las hemos visto en el libro, mayores serán las probabilidades de que superes a tu competencia. Y estoy seguro de que, con el tiempo suficiente, lo harás. Es simplemente cuestión de plantar y esperar. No te desesperes, créeme, lo que vas a recoger compensa con creces todo lo que haces por ganarlo.

Yo nunca me habría esperado tener tanto dinero. Pero la realidad es que ahora no sólo lo veo claro, sino que me veo con muchísimo más. Voy a tener cantidades absurdas que no puedes casi ni imaginar, pero no me importa esperar para obtenerlas. Sé que eso va a llegar a mí igual que ha venido todo hasta ahora. Sólo tengo que seguir poniendo trabajo, y el tiempo hará el resto.

Resiliencia

La capacidad para adaptarse a situaciones adversas con resultados positivos es como cuando sufres pero, a pesar de todo, sigues adelante. Eso es. Y, sinceramente, no conozco a nadie con éxito que no haya sufrido y tenido fracasos; eso es una condición para tener éxito, y cualquiera que lo tenga te lo dirá. Y hablo de fracaso en el sentido más amplio de la palabra. No tienes por qué haberte arruinado, simplemente puedes haber tenido problemas de cualquier tipo que te hayan afectado mucho en tu camino, pero que después te hayas repuesto y seguido adelante.

Todo el mundo ha tenido baches, ha pasado crisis, ha perdido familiares o amigos. Y, en el camino al éxito, cada problema se multiplica porque tienes mucha presión. No puedes tomarte un descanso, no puedes parar, tienes que seguir adelante para poder estar al nivel necesario para llegar donde quieres, pero no pasa nada, porque precisamente el no fallarte a ti mismo y seguir adelante es lo que te saca de ahí.

Dios te pone problemas delante, y, según cómo los afrontes, hará que subas de nivel o no. Si no te estresas y los gestionas bien, subes de nivel. Si no, sigues ahí hasta que lo pases. O seguirás en el mismo lugar para siempre, como muchos.

Cuando confías en lo que haces y sigues a pesar de todo, en tu cerebro se crea un efecto positivo que te ayuda a entender que al final siempre acabas saliendo adelante; y eso te ayuda a confiar cada vez más en ti a pesar de sufrir cualquier tipo de revés. Yo, por ejemplo, me repito siempre: «Todo me sale bien». Es como un mantra que repito, porque sé que, a pesar de que algo salga mal, mientras yo siga adelante y poniendo todo mi empeño, al final saldrá bien. Porque es precisamente eso lo que marca la diferencia, la actitud con la que afrontas los problemas.

La gente tiende a perderse en la ira, el odio o el miedo, pero es simplemente porque no han cuidado su entorno y no se han protegido lo suficiente. Si tu entorno te apoya, salir de esos momentos con positividad y remontar será mucho más fácil. De ahí que sea tan importante cuidar de con qué gente te juntas, los lugares donde vas y los pensamientos que dejas entrar en tu cabeza.

Si no cuidas esto, cuando tengas un revés, todo se irá a la mierda y tú caerás detrás. Te lo dice uno a quien le ha pasado, ya lo has visto antes.

Actitud de mejora continua

A la persona exitosa no le vale con ser bueno, quiere siempre mejorar. Y no es malo querer mejorar, simplemente es que, si puedes hacer algo mejor, ¿para qué lo vas a hacer peor? A veces es sólo cuestión de preguntar al cliente, y otras veces, de preguntarte a ti mismo si podrías haber actuado de otra forma, negociado distinto o tomado otra decisión mejor.

Analizar lo que haces te permite mejorar para las próximas veces. Reflexionar te ayuda a identificar patrones de mejora, y pensar en qué más puedes hacer para seguir dando más de ti te lleva a una actitud de mejora continua que, aplicándola el tiempo suficiente, te hará ser mucho mejor que los demás.

En NeoAttack, cuando me ausenté, dejé un sistema de mejora. Lo llamo el sistema de mejora continua, y es algo que deben hacer los responsables para mejorar siempre ellos y la empresa. Consiste simplemente en reunirse cada semana para proponer nuevas ideas de mejora y revisar cómo se llevan las anteriores. Las propuestas las hacen todos los empleados, y con eso analizamos opiniones y vemos qué podemos seguir haciendo para conseguir ser cada día un poquito mejores.

No hace falta hacer grandes avances; simplemente, con hacer algo un poco mejor cada vez, al final del año habrá una mejora sustancial, y lo notarás en los resultados. No hay nada mejor que una actitud de mejora continua para llevarte a tu mejor versión.

Querer aprender siempre

Y, por último, algo que tiene la gente de éxito es que siempre quiere aprender. Cuando se juntan con gente que gana más que ellos, se callan, y preguntan y escuchan todo el tiempo posible. Y, en cualquier otra circunstancia, están aprendiendo, leyendo e investigando para seguir mejorando. No hay ningún camino más fácil para hacer dinero que aprender de otros que ya lo han hecho, y la gente exitosa lo sabe.

Por eso es tan importante saber a quién escuchar y no distorsionar tu visión con mensajes de mil personas, que es algo que hacen mal muchos. Por ejemplo, leen este libro, se ponen con otro, y otra persona les dice algo completamente distinto y lo prueban a la vez. Empiezan a dividir su atención y a hacer cosas de unos y de otros en lugar de atender a un método exclusivamente y llevarlo hasta el final. Mezclar nunca ha funcionado. Primero consigues que funcione para ti, y luego haces pruebas, pero no seas como esos que empiezan en un negocio, a los tres meses no les funciona y prueban otro... y así. Eso nunca ha funcionado y nunca va a funcionar. Es mucho mejor escuchar sólo a una persona y seguir su ejemplo, darle tiempo suficiente y ponerte manos a la obra. Si realmente confías en lo que te ha dicho y ves que esa persona tiene resultados demostrables, entonces, no lo dudes y hazlo; pero no te quedes ahí, siempre busca seguir aprendiendo y mejorando.

Gratitud

La gratitud es la actitud que llena tu tanque de felicidad. Empecé a hacer mis ejercicios de gratitud por petición de mi psicóloga. Me dijo que me ayudaría en mi día a día, así que empecé. Debo decir que antes de eso ya me había leído un libro sobre gratitud con ejercicios y todo, pero ¿sabes qué hice? ¡Nada! Me leí el libro, me salté los ejercicios y seguí adelante. No funcionó; me dio igual. Puede que fuese porque no le di importancia. Probablemente me daba igual. Hoy, todos los días, en mi oración de la mañana y la noche agradezco por la vida que tengo, y eso no sólo me hace ser consciente de lo que quiero y de por qué lucho en la vida, sino de cosas que ya tengo y que me hacen muy feliz. Eso me ayuda a estar en paz y a disfrutar el camino, a saber dar gracias por cosas que de otra forma pasaría por alto, como un abrazo de mi hija, una mirada de mi esposa o una gestión tonta en la que me ayuda mi madre para que yo no pierda tiempo. Son pequeños detalles que me llenan de alegría y paz, y que, como bien sabes, son fuente de una vibración superior que, sin darte cuenta, te ayudará a llegar a cosas más grandes.

No malinterpretes estas palabras. Sólo agradecer es como trabajar duro, y no sirve para materializar tus sueños si no viene acompañado del resto de los pasos del libro. Tal vez hoy no lo veas y no quieras hacer lo que te digo, o tal vez sí. Pero, en cualquier caso, siempre estará en tu mano volver aquí y empezar. Y si no lo haces no será porque no lo hayas intentado o no te haya hecho ver una y otra vez mis errores para que tú no los cometas. Porque, ya sabes, el sabio es el que aprende de los errores ajenos.

Trabaja a tres años vista, pero céntrate en el hoy

En una entrevista le preguntaban a Jeff Bezos, fundador de Amazon, el *e-commerce* más grande del mundo hoy en día, cómo conseguía ir siempre a la vanguardia del mundo. Su respuesta fue muy sencilla, pero es importante de entender: «Siempre voy tres años por delante».

Trabaja tres años por delante, porque piensa en qué va a ser importante de aquí a tres años, y eso le permite centrarse en lo que realmente importa. Por ejemplo, ¿la gente querrá recibir más rápido sus paquetes? Si la respuesta es que sí, que cada día los querrá tener más rápido, entonces es algo en lo que sí que debe centrarse. Ése es el pensamiento. Si consigues pensar en lo que será importante en el futuro, podrás adelantarte al futuro. Pero eso no quiere decir que te preocupes por lo que pueda pasar mañana ni por lo que pasó ayer. El momento importante es *hoy*. Lo principal para nosotros no es ver lo que apenas se vislumbra allá a lo lejos, sino hacer lo que tenemos claramente a nuestro alcance.

Si te preocupas por el mañana, tendrás ansiedad y no te centrarás en lo que puedes hacer hoy. Si te preocupas por el pasado, tendrás depresión y vivirás lo que ya pasó, sin poder centrarte en tu vida real y en hacer mejor el *ahora*, que es lo que tienes que hacer. Si consigues que cada día sea importante y centrar tu esfuerzo en lo que puedes hacer hoy, conseguirás unos mejores resultados el día de mañana.

El truco está en poder visualizar cómo será el futuro y centrarte en aplicarlo cada día. Haz lo mejor que puedas hacer hoy, y preocúpate, haz planes, prepárate. Pero sin ansiedad. Por eso hay tanta gente en la actualidad que repite la frase «sólo por hoy» para no agobiarse ante las grandes batallas del futuro. Porque si te pones a pensar en lo que tienes que lograr, en todo el trabajo que tienes que hacer, a lo que te gustaría llegar..., entonces es posible que te agobies. Eso no funciona así. Debes pensar en todo lo que quieres lograr desde la fe, desde la ilusión, sabiendo que llegará como y cuando tenga que llegar. No desde la ansiedad de pensar en qué día va a poder ocurrir sólo porque quieres que pase ya.

Cuanta más prisa tengas en lograr algo, menos rápido lo vas a conseguir. Cuando lo persigues, lo repeles. Debes trabajar cada día para acercarte a tus objetivos, pero no desde la ansiedad de querer lograrlo ya. Hazlo, simplemente, sabiendo que va a llegar y que tú estás haciendo todo lo que está en tu mano para lograrlo. El tiempo hará el resto.

42

Construye un equipo de élite

No todos llegarán a este punto de la lectura. La mayoría no llegará a este punto. Casi nadie lo hará. Pero tienes que tener en cuenta algo importante: tú puedes ser todo lo bueno que quieras, llegar al nivel más alto, poner en práctica todo lo que aquí hemos visto, pero nunca serás igual de bueno que un equipo entero a este mismo nivel, porque, cuando se juntan dos o más mentes con un mismo deseo y un propósito superior, se crea un efecto que Napoleon Hill llama «mente maestra», en la que es como si el poder de las mentes involucradas se multiplicara. Por eso se hacen consejos de administración en grandes empresas, por eso hay reuniones estratégicas de guerra, por eso en ninguna organización que se precie tomará las decisiones solamente una persona.

En cuanto empieza a crecer una organización, siempre se forman equipos maestros para poder aumentar la potencia de sus decisiones juntando sus mentes. Y por eso, sea como sea, debes crear un equipo. Si no me crees, mira todas las empresas más importantes del mundo, mira a las personas que más éxito tienen en el mundo, y verás que siempre tienen un equipo detrás. No lo hicieron solas, nunca están solas. Me da igual si tu equipo es de *freelancers* o de contratados, pero debes crear uno, y tú debes ser la mejor opción posible para esas personas, que normalmente será gracias a un gran propósito o un gran salario. Y ellos deben ser los mejores en lo que hagan, y deben estar igual de involucrados que tú. Si realmente quieres operar en los niveles más altos de éxito y dinero del mundo, deberás encontrar personas dispuestas a operar a tu mismo nivel y a trabajar a tu ritmo, no a trabajar como el resto del mundo. No digo que toda tu organización tenga que ser así. Si tienes cientos o miles de personas, así deberán ser los directores, al menos. Pero si sois pocos en el equipo, entonces eso es mucho más importante aún, porque el resultado dependerá del equipo.

No puedes competir tú solo contra un equipo completo que juega a tu mismo nivel. Jamás vas a poder estar al mismo nivel por mucho que quieras. Ahora, consigue a personas que quieran estar a ese nivel y a las que les pagues como corresponde. Eso va a ser complicado; sobre todo encontrarlas será más difícil que conseguir el dinero para pagar por sus servicios, porque no hay mucha gente así, y la mayoría de los que hay se lo montaron por su cuenta o están muy bien pagados, así que cuida bien a los que encuentres, porque los necesitarás en el camino a la cima.

Contratar a los que trabajan

Era el año 2017. Me había mudado a una nueva oficina en Madrid, compartida con un tipo que tenía una agencia de marketing en Venezuela y principalmente vendía páginas web y aplicaciones móviles. Nos mudamos juntos porque le pedí una web y, bueno, nos entendimos y acabamos mudándonos juntos. Teníamos dos agencias complementarias, porque yo no hacía webs y él no hacía marketing, así que podíamos compartir clientes y así retroalimentarnos. La colaboración tenía buena pinta.

En cuanto empezó las campañas de marketing, contrató a un comercial. No le funcionó, y probó otro más. Tampoco funcionó, y volvió a probar. Fueron unos cuantos hasta que dio con uno que parecía que sí era bueno. Al menos yo le vi vender bastante. La cosa fue a mejor y empezaron a entrar más clientes. Su negocio funcionaba, en el mío seguía vendiendo yo mismo como siempre, y poco a poco íbamos creciendo. Hasta que pasó... Tuvimos un encontronazo porque dejó de pagar su parte del alquiler, y decidí cambiar de oficina. Era algo previsible; al final, él tenía sus intereses, y yo, los míos. Pero ese tiempo me había servido para cerrar más clientes y tener un espacio mejor donde trabajar. La oficina anterior era un despacho de tres metros cuadrados en Vallecas (zona humilde de Madrid), y ésta estaba en la avenida de América (zona media de Madrid), así que a mí me mereció la pena el cambio, hasta que todo se torció. Ahí decidí mudarme a la plaza Conde de Casal (zona media también), cerca de donde vivía, y donde había encontrado una pequeña oficina de unos setenta metros cuadrados en la que podíamos seguir creciendo.

No fue hasta un par de semanas después que me enteré, por un contacto en común, que al comercial que estaba en la anterior agencia no le estaban pagando el salario hacía ya dos meses, y, como era bueno, pensé: «Bien, ésta es la mía, vamos a ver qué pide». Y lo invité a mis oficinas. Al final acabé contratándolo y prestándole un euro para volver a su casa porque no tenía ni para desplazarse. Tampoco tenía dinero para comer, y le adelanté la mitad del sueldo para que pudiese vivir tranquilo, pero ésa fue una de las mejores decisiones que tomé en mi vida. Me ahorró un montón de tiempo en decidir a quién contratar, y acabé con un comercial que en su día había vendido enciclopedias para el Grupo Planeta, esta misma empresa con la que estoy publicando este libro. Para vender enciclopedias a puerta fría hay que ser muy buen comercial, y él lo es. Hoy agradezco que se cruzase en mi camino, porque pasó de ser comercial a director comercial, y de ahí a gerente de NeoAttack. Y todo porque contraté a una persona que ya sabía cómo trabajaba y porque estaba trabajando, y no sólo por eso, sino porque yo mismo lo había visto trabajar.

Lo siento si estás en el paro, pero a quien hay que contratar siempre es al que está trabajando. Al menos para este nivel de resultados. En el 99 por ciento de las ocasiones, una persona de este nivel estará trabajando porque nadie lo va a echar. Estarían locos si lo echasen, así que no vas a poder encontrarlo buscando en las páginas web de búsqueda de empleo. Esta persona estará trabajando y deberás encontrarlo en negocios muy prósperos que están creciendo al menos lo mismo que la media de su sector. Normalmente, ahí siempre se encuentra el mejor talento, y es ahí donde debes buscar. Si no tienes dinero para eso, no te preocupes, empieza por tu propia cantera y ve subiendo, pero no pierdas de vista la meta. En cuanto tengas dinero, paga a los mejores, porque ellos harán que puedas dar mejores resultados y cobrar más, lo cual, a su vez, habrá compensado de sobra el dinero que les pagaste por entrar. Siempre es igual. No es que tengas que esperar a ganar más para contratarlos, es que los contratas para ganar más en cuanto tengas dinero. El juego es justo al revés, no lo pierdas de vista.

En ese punto ya estarás generando más de diez mil euros al mes. Como este libro está enfocado en los primeros pasos, dejaremos la ampliación de este tema para otro libro más técnico. Aquí, simplemente quería hacer hincapié en ello, por si creces muy rápido y para que lo tengas en cuenta.

Epílogo

Quiero decirte una última cosa

Creo fervientemente en lo que hago, y creo que quien da, a su vez, recibe. Por eso quiero darte algo más antes de terminar. He dedicado muchas horas a esto, y no lo habría hecho con tanto cariño si no pensase que iba a ayudar a mucha gente; y quiero asegurarme de que uno de ésos seas tú, así que voy a darte algo más para que te ayude en tu camino al éxito.

Si quieres aprender de inmuebles, te recomiendo mi primer libro, *El precio del dinero: secretos de un inversor inmobiliario millonario*. Lo puedes comprar en Amazon o tenerlo gratis si tienes Kindle Unlimited.

Si quieres aprender a crear o escalar un negocio, tengo una *master class* sobre cómo creé y escalé mi agencia de marketing NeoAttack de cero a tres millones de euros al año; en ella te explico trucos y estrategias para que tú puedas aplicarlos también en tu negocio. La puedes encontrar aquí: <https://billionairecode.net/caso-de-estudio-vip/>.

Si tienes un negocio y necesitas una agencia de marketing digital para que te ayude a hacerlo crecer, puedes contratar nuestros servicios aquí: <https://neoattack.com/>.

Si quieres seguir aprendiendo sobre negocios y mentalidad gratis, una de las mejores plataformas es YouTube. Hay miles de contenidos para que puedas seguir ampliando tus conocimientos. Puedes acceder aquí: <https://www.youtube.com/@mr.madurga/>.

Si quieres seguirme en redes sociales, puedes encontrar enlaces a distintas redes en este *link*: <https://mrmadurga.com/links/>.

Y, por último, sé que a veces da pereza, pero, si eres generoso y quieres ayudarme con la difusión, me sería de gran ayuda que dejases una reseña para poder llegar a más empresarios y emprendedores del mundo. Sería algo muy importante para mí, y te estaré muy agradecido.

Espero que este libro te sirva de guía y que consigas todas tus metas en la vida.

Un abrazo.

Jesús Madurga López,
fundador de Billionaire Code
(billionairecode.net)